STUDIA
HUMANITATIS
문명텍스트

STUDIA
HUMANITATIS
문명텍스트
28

독일적 특성과 예술에 대하여

헤르더·괴테·프리시·뫼저 지음 | 안성찬 주해

서울대학교출판문화원

STUDIA HUMANITATIS
문명텍스트
28

독일적 특성과 예술에 대하여

초판 1쇄 인쇄 2016년 12월 25일
초판 1쇄 발행 2016년 12월 30일

지은이 헤르더·괴테·프리시·뫼저
주해 안성찬
펴낸곳 서울대학교출판문화원
펴낸이 성낙인

책임편집 김미진
디자인 최선아

출판등록 제15-3호

주소 08826 서울 관악구 관악로 1
대표전화 02-880-5252 | 팩스 02-888-4148
마케팅팀(주문상담) 02-889-4424, 02-880-7995
이메일 snubook@snu.ac.kr
홈페이지 www.snupress.com

ISBN 978-89-521-1859-2 94850
978-89-521-1574-4 (세트)

이 저서는 2007년 정부(교육과학기술부)의 재원으로
한국연구재단의 지원을 받아 수행된 연구임(NRF-2007-361-AL0016).

❁ 책을 내면서

이 책은 헤르더가 자신의 글 두 편에 괴테, 프리시, 뫼저 세 사람이 집필한 세 편의 글을 덧붙여, 모두 다섯 편의 텍스트를 모아 발간한 『독일적 특성과 예술에 대하여-몇 편의 팸플릿(*Von deutscher Art und Kunst-Einige fliegende Blätter*)』을 번역하고 주해한 것이다. 이는 문명텍스트총서 제2권으로 발간된 헤르더의 『인류의 교육을 위한 새로운 역사철학(*Auch eine Philosophie der Geschichte zur Bildung der Menschheit*)』에 이은 문명텍스트연구의 두 번째 성과이다. 본 연구자는 서울대학교 인문학연구원 HK문명연구사업단이 수행하고 있는 문명연구의 토대인 문명텍스트연구에서 주로 헤르더를 번역·주해하고 그의 사상사적 위치를 조명하는 데 중점을 두어왔다. 그 이유는 다음과 같다.

첫째로, 본 연구자는 문명연구에 참여하면서, 서구 문명의 전 지구적 확산을 주된 흐름으로 하는 근대 문명사를 '오리엔탈리즘과 옥시덴탈리즘의 변증법'이라는 관점에서 고찰해왔다. 여기에서 오리엔탈리즘은 근대 서구 문명이 확산되는 과정에서 이것이 다른 문명과 그 문화를 자신의 관점에서 일방적으로 규정해온 방식을 가리키고, 옥시덴탈리즘은 다른 문명이 서구 문명과의 교류와 갈등을 통해 이를 수용하는 과정에서 주로 자신에 고유한 '정신문화'를 내세워 서구의 '물질문명'을 비판해온 양상을 가리킨다. 본 연구자는 이러한 오리엔탈리즘과 옥시덴탈리즘의 변증법이 나타난 최초의 국가가 독일이고, 이를 분명히 보여주는 대표적인 사상가가 헤르더라는 점에 주목하여, 그의 텍스트를 우선적인 고찰대상으로 삼았다. 둘째로, 독일이 "서구화와 자기주장 사이(Michèle Knodt/Beate Kohler-Koch, *Deutschland zwischen Europäisierung und Selbstbehauptung*, Frankfurt a.M./New York 2000)"를 오가며 독일적 근대성을 형성하는 과정에서, 헤르더야말로 '민중'과 '민족'의 의미를 함께 지닌 'Volk'의 개념을 내세워, 좋은 의미에서건 나쁜 의미에서건 독일의 자기주장의 근거를 마련하고, 이를 통해 근대 독일의 중요한 사상적 흐름인 독일 낭만주의와 독일 민족주의가 성립하는 데 가장 커다란 영향을 끼친 사상가이기 때문이다. 셋째로, 이처럼 헤르더가 독일 근현대 문화의 흐름을 이해하는 데 매우 중요한 인물임에도 불구하고, 그의 저서가 국내에 거의 소개되지 않았고, 그에 대한 연구가 상대적으로 적게 이루어져 있기 때문이다.

텍스트 연구에서 우선적 원칙으로 삼은 것은 이 텍스트와 우리 사이에 가로놓인 시공간적 거리를 매개하는 것이었다. 이를 위해 번역에 있어서는 가능한 한 원문에 충실하면서도 가독성을 높이려 했고, 일반 독자와 전문 연구자 모두에게 도움이 될 수 있도록 충실한 주를 달려고 노력했다. 그리고 본문 텍스트 뒤에 해제를 붙여 이 텍스트의 기원과 문화사적 의의, 각 텍스트의 주요 내용 등을 소개하여 이 텍스트에 대한 독자의 이해를 높이려 했다. 해제의 뒤에는 괴테의 글 「독일적 건축예술에 대하여」에 대한 연구논문을 실었다. 이 논문은 텍스트 연구의 부산물로서, 텍스트 연구 과정에서 작성하여 2011년 『괴테연구』(제24집)에 게재했던 논문 「독일적 건축예술에 대하여-청년기 괴테의 예술론」을 다소 손본 것으로, 이 텍스트에 대한 독자들의 보다 심화된 이해에 도움을 주고자 하였다.

텍스트 중에서 헤르더의 오시안에 대한 글과 괴테의 고딕 건축에 대한 글은 이미 번역본이 나와 있다. 헤르더의 글은 『오시안과 옛 민족들의 노래』(이해경 역, 동과서 2009)라는 제목의 단행본으로 발간되었고, 괴테의 글은 예술에 대한 괴테의 글을 모아놓은 『예술론』(정용환 역, 민음사 2008, 7-17쪽)에 「독일적 건축술에 대하여」라는 제목으로 실려 있다. 이 중에서 헤르더 번역은 가독성에 적지 않은 문제가 있을 뿐만 아니라, 편집 과정에서 생겨난 것으로 보이는 많은 오류가 걸러지지 않은 채로 인쇄되는 등의 문제점을 노출하고 있고, 괴테의 텍스트는 전체적으로 정확하고 유려하게 번역되었으나, 책의 성격상 독자를 위한 주가 별로 달려 있지 않다. 이 책에 실린 텍스트는 헤르더의 글을 보다 정확하고 가독성 있게 번역하고, 괴테의 글에 보다 풍부한 주를 달아 관심 있는 독자와 전문 연구자에게 도움을 주려 하였다는 점에서 나름의 의미와 가치를 지닌다. 그 외 다른 세 편의 텍스트는 국내 초역이다.

이 책이 나오기까지 많은 분들의 도움이 있었기에, 이 자리를 빌려 감사의 뜻을 전한다. 우선 텍스트 연구의 시작단계부터 격려와 응원을 아끼지 않고, 번역을 마친 후에는 글 전체를 읽고 꼼꼼한 지적과 조언을 해준 국내의 대표적 헤르더 전문가 김대권 교수께 감사의 인사를 드린다. 건축학과 건축사 전문가로서 해박한 지식을 바탕으로 고딕 건축에 대한 두 편의 텍스트를 꼼꼼히 교열해준 인문학연구원의 동료 서정일 연구교수께도 감사의 인사를 전한다. 또한 텍스트 연구 과정에서 토론과 조언을 통해 많은 생산적 자극과 도움을 준 서울대학교 인문학연구원의 동료교수들 모두에게 감사의 뜻을 전한다. 끝으로 이 책의 편집과 발간을 맡아준 서울대학교출판문화원에 깊은 감사를 표한다. 이 책이 원래 목표로 했던 형식과 내용을 어느 정도 갖추었다면, 이는 모두 이 분들의 도움에 힘입은 것이다. 하지만 그럼에도 불구하고 이 책의 내용에 결함이 있다면, 이는 물론 전적으로 본 연구자의 책임이다.

2016년 12월

관악산 연구실에서 안성찬

✿ 차례

❁ 일러두기

1. 번역과 주해의 기준 판본으로는 이름셔(Hans Dietrich Irmscher)가 편찬하여 레클람(Reclam) 보편총서(UB) 7497권으로 출간한 『헤르더, 괴테, 프리시, 뫼저: 독일적 특성과 예술에 대하여(*Herder, Goethe, Frisi, Möser: Von deutscher Art und Kunst-Einige fliegende Blätter*)』(Stuttgart 1999)를 사용하였다.

2. 헤르더의 두 편의 글 「오시안」과 「셰익스피어」는 독일고전출판사(Deutscher Klassiker Verlag)에서 1993년 이래로 발간작업을 진행하고 있는 『헤르더 저작집(*Herder Werke*)』 중에서 그림(Gunter E. Grimm)이 편찬하여 제2권으로 간행한 『요한 고트프리트 헤르더 미학과 문학에 관한 저술 1767-1781(*Johann Gottfried Herder Schriften zur Ästhetik und Literatur 1767-1781*)』(Frankfurt a.M. 1993)에 실린 텍스트와 주석도 참조하였다.

3. 본문에서 굵은 글씨로 강조한 단어와 구절은 원문에 이탤릭체로 표시된 강조 표시에 따른 것이다.

4. 인명과 도서명의 원어는 처음에만 병기하는 것을 원칙으로 하였다.

5. 성경 인용은 개역개정판을 기준으로 하였다.

6. 본문에 사용된 약어 SWS는 다음의 헤르더 전집을 가리킨다. Johann Gottfried Herder, *Sämtliche Werke*, Hrsg. Bernhard Suphan u. a., 33 Bde., Berlin 1877-1913.

1장

헤르더

오시안 및 옛 민족의 시가에 대한 편지에서 발췌한 글 모음집

(J. G. Herder: Auszug aus einem Briefwechsel über Oßian und die Lieder alter Völker)

… 당신처럼 나 또한 우리 민족과 우리의 언어를 위해 나온 오시안 번역[1]에 대해 원작 서사시에서 그랬던 것만큼 커다란 기쁨을 느끼고 있습니다. 로물루스의 비천한 도시[2]에서처럼 사람들이 양서의 영향력에 대해 완전히 불신하지만 않는다면, 고귀함, 무구함, 소박함, 활력, 인생의 행복으로 충만한 그런 시인은 틀림없이 사람들에게 감동을 주고 마음을 뒤흔들어, 스코틀랜드의 오두막에서 살고 싶다는 소망을 불러일으키고, 자신의 집을 오두막 축제에 헌당하고 싶게 만들 것입니다. 정신을 고양시키는 탁월한 묘사와 독일어의 강점을 겸비한 **데니스**의 번역은 많은 노력과 탁월한 취향을 드러내 보여주고 있어, 나는 이 책을 즉시 내 장서 중 애독서들 속에 끼워 넣으며, 스코틀랜드의 바드(Barde)[3]가 독일 땅의 음유시인을 일깨웠다는 축하의 인사를 전했습니다. 전에 당신은 스코틀랜드 오시안의 진본 여부에

1 맥퍼슨은 고대 켈트족의 오시안 서사시를 발견하여 이를 번역했다고 주장하며 책을 출간하였다. *The Works of Ossian, the Son of Fingal*, 2 Vols., Translated from the Galic Language by James Mcpherson, 3rd Ed., London 1765. 오스트리아 빈의 예수회 소속 문필가, 번역가, 동물학자인 데니스(Johann Nepomuk Cosmas Michael Denis, 1729-1800)는 『고대 켈트족 시인 오시안의 시』라는 제목으로 오시안의 서사시를 독일어로 번역해 출간했다. *Die Gedichte Ossians, eines alten celtischen Dichters*, 3 Bde., Wien 1768-1769. 맥퍼슨은 1760년에 이 서사시를 처음 출간하면서 고대 켈트어로 전해진 것을 번역했다고 주장하였는데, 실제로는 부분적으로 전해진 것을 바탕으로 그가 마음대로 창작하고 덧붙인 것이었다.

2 "로물루스의 비천한 도시"(faece Romuli)는 로마를 가리킨다. 키케로의 『베레스 반박문(*In Verrem*)』 III, 29에 나오는 표현으로, 여기에서 키케로는 플라톤의 이상국가에 비교하여 로마를 비천한 도시로 표현하고 있다.

3 바드는 고대 켈트족 부족문화 전통 안에서 전승된 이야기와 시가를 노래하던 가인 혹은 음유시인을 가리킨다.

대해 고집스럽게 의문을 표명하였습니다만,[4] 이제는 그 옹호자인 내 말에 귀를 기울여 더 이상 고집스럽게 의심하기보다는, 그 모든 노력과 취향과 독일어 번역의 강점에도 불구하고 우리말로 번역된 오시안이 더 이상 참된 오시안이 아니라고 주장하기 바랍니다. 하지만 이 자리는 이것을 입증하기에는 내게 지면이 부족하니, 터키의 율법승(Mufti)[5]이 소견(Fetwa)[6]을 내놓듯이 내 주장을 제시할 수밖에 없습니다. 여기에서 그 율법승의 이름은 …

… 독일어본 오시안에 내가 반대하는 이유는 당신이 선의를 가지고 추측하듯이 독일 육각운 자체에 대한 내 고집스러운 반감 때문만은 아닙니다. 내가 클라이스트나 클롭슈토크의 육각운에서 아무것도 느끼지 못한다면, 당신이 어찌 내 감수성을, 영혼의 음조와 조화를 믿을 수 있겠습니까? 하지만 당신 자신도 그런 결론에 도달했듯이, 클롭슈토크의 육각운을 오시안에 적용하다니요! 그러니 눈물을 흘릴 수밖에요![7] 데니스 씨가 오시안의 원래의 문체에 내면의 귀를 기울

---

4 게르스텐베르크(H. W. Gerstenberg)는 『문학의 특성에 대한 서한(*Briefe über die Merkwürdigkeiten der Literatur*)』(1766)의 여덟 번째 서한에서 다음과 같은 프랑스 비평가의 주장을 인용하고 있다. "맥퍼슨 씨가 자신의 텍스트를 탁월하게 위조하였거나, 최근의 손길이 가해진 작품을 너무도 경솔하게 진본으로 여겼을 것이라고 우리가 믿는 이유는 여러 곳에서 발견되는 현대적인 흔적, 그리고 호메로스 등등에서 머리에 새기게 되었을 것으로 보이는 다양한 작은 힌트들을 통해서 즉시 알아챌 수 있습니다." *Deutsche Literaturdenkmale*, Bd. XXIX/XXX, Stuttgart 1890, 57.

5 이슬람법의 해석과 적용에 관해 소견을 내놓을 수 있는 자격을 지닌 이슬람 법학자.

6 율법승이 이슬람교에서 벌어지는 경전과 법률 해석과 관련된 논쟁에서 피력하는 견해를 뜻한다.

7 "그러니 눈물을 흘릴 수밖에요"(hinc illae lacrimae)는 로마의 시인 테렌티우스(Terentius)

였다면, 그런 짓을 하지는 않았을 것입니다! 오시안의 문체가 그토록 간결하고, 강렬하고, 남성적이고, 이미지와 감성에 있어 분절적이라면, 클롭슈토크의 문체는 상세한 표현, 탁월함, 파도처럼 밀려왔다가 밀려가는 감정의 분출, 연관된 언어를 퍼붓는 어법을 그 특징으로 합니다. 그 얼마나 차이가 큽니까! 그런데 클롭슈토크의 육각운으로 번역된 오시안이라니요! 클롭슈토크의 문체로 번역된 오시안이라니요! 오시안을 **서사작가**(Epopöist)[8]로 간주한다고 할지라도, 이들보다 더 상이한 두 사람을 나는 알지 못합니다.

하지만 오시안은 서사작가가 아닙니다. 당신에게 말하고 싶은 것은, 이에 관해서는 『비평 총서』[9]에서 이미 이야기하였으며, 이것은 내게 그리 중요한 문제도 아닙니다. 내가 당신에게 상기시켜 드리고자 하는 것은 오시안의 시가 **노래**, 즉 **민중의 노래**라는 사실입니다. 그것은 부족적 전통 안에서 입으로 전승되어 오랫동안 지속적으로 불려

의 희극 『안드리아(*Andria*)』 I, 1, 99에 나오는 표현이다. 이 희극의 등장인물 팜필루스는 이웃 여인의 장례식에서 눈물을 흘려 사람들에게 감동을 주는데, 후에 그 눈물의 이유가 죽은 여인을 위한 것이 아니라, 그녀의 아름다운 여동생에 다가가기 위한 것이었음이 드러난다. 이 구절은 키케로, 호라티우스 등 로마의 문필가들 및 이들의 글을 읽은 서구의 많은 문필가들에 의해 관용구로 사용되었다. 마르크스와 엥겔스의 글에도 이 구절이 빈번히 등장한다. 여기에서 헤르더는 자신이 오시안 번역본에 문제를 제기하는 이유가 육각운 자체에 있는 것이 아니라, 클롭슈토크의 육각운을 오시안에 적용하는 것이 잘못되었다는 데 있음을 이 라틴어 관용구를 통해 표현하고 있다.

8 민중들 사이에 전승되어온 이야기를 노래하는 고대의 가인(歌人)이 아니라, 서사적 작품을 창작하는 시인이나 작가를 말한다.

9 헤르더는 1768년에 이미 『일반 독일 총서(*Allgemeine Deutsche Bibliothek*)』에 데니스의 오시안 번역에 대한 서평을 기고한 바 있다. 여기에서 헤르더는 클롭슈토크의 육각운이 오시안의 노래가 지닌 리듬의 특성을 제대로 재현할 수 없다고 지적한 바 있다. SWS IV, 321 이하 참조.

온 노래입니다. 이것이 우리의 우아한 서사적 형식에 담길 수 있을까요? 그것이 가능할까요? 나의 친구여, 나는 우선 오시안의 기원에 대한 당신의 고집스러운 의심에 대해 내면적 확신에 입각해, 그리고 작품 자체의 정신이 예언적 목소리로 말해주는 것에 의거해 이렇게 이야기하고 싶습니다. "맥퍼슨이 그것을 지어냈다는 것은 불가능한 일이다! 우리 시대에 그런 것을 지어낸다는 것은 가능하지 않다!" 내면적 확신에 의거해 나는 또한 이렇게 외치고자 합니다. "그것을 본래의 모습으로 노래하는 것은 가능하지 않다! 거친 산악 민족의 음조로 그것을 본래의 모습 그대로 계속 노래하여 보존하는 것은 가능한 일이 아니다! 따라서 여기에서 노래한 것, 그토록 오래 노래 불리어왔던 것은 오시안이 아니다!" 내 내면의 증거에 대해 당신은 어떻게 생각하십니까? 이하에서는 우선 이 문제에 대해 당신에게 이야기하는 것으로 지면을 채우고자 합니다.

… 당신이 독일어본 오시안을 부분들로 나누어 개별적으로 비교함으로써 "독일어본 오시안은 영어본만큼 훌륭하다!"고 나를 고집스럽게 설득하려 한다면, 나는 당신을 믿으려 하지 않을 것입니다. 단순하고 빠른 감수성이 어찌 부분들로 나뉠 수 있단 말입니까? 그것은 숙고에 의한 분할을 통해 입증될 수 없으며, 적어도 이것이 앞에서 말한 빠른 감수성이 될 수 없는 것은 분명합니다. 그리고 당신은 아마도 너무나 자주, 거의 일상적으로 이런 생각을 해오지 않았나요? "어떤 한 사람이 입 밖으로 내놓은 것이 다른 사람의 첨언에 의해, 제삼의 언어를 통한 개작과 반복을 통해 재현될 수 있을까? 그것이 다른 어조, 다른 시선, 다른 목소리, 다른 음조를 통해 재현될 수 있을

까?" 내가 그 의미만은 유지하려 한다 해도, 그 음조, 색조, 장소와 목적의 고유성을 포착하는 너무도 빠른 감수성은 어떻게 재현할 수 있을까요? 어떤 시의 모든 아름다움, 어떤 말의 모든 정신과 힘은 바로 여기에 근거하고 있는 것이 아닐까요? 우리말로 번역된 오시안이 문학적으로는 영어본만큼이나, 아니 오히려 그보다 더 훌륭할 수도 있다는 것에 나는 동의할 수 있습니다. 하지만 그것이 우아한 문학작품이라는 것 때문에 그것은 더 이상 고대의 바드 오시안일 수 없습니다. 바로 이것이 내가 말하고자 하는 것입니다.

셰익스피어의 작품이나 영국 민요모음집에 나오는 옛 노래를 하나 골라 음향과 각운과 어구와 어두운 멜로디가 지니는 모든 서정성을 떼어내고, 단지 그 의미만을 취하여 다른 언어로 번역한다면 어떻게 될까요? 그것은 어떤 곡의 음표나 어떤 페이지의 철자들을 마구 뒤섞어 놓는 것과 마찬가지가 아닐까요? 그 페이지의 의미가 도대체 어디에 남아 있을까요? 그 곡이 어디에 남아 있을까요? 마침 셰익스피어의 『십이야(*Twelfth-Night*)』에 나오는 노래 하나가 지금 내 손 안에 있습니다. 사랑의 열병을 앓고 있는 공작이 세상과 작별하려 하면서 부르는 노래입니다.

저 오래된 옛 노래가
발랄하고 경망스러운 이 시대의
가벼운 분위기와 냉정한 말보다
내 열정의 고통을 더 많이 덜어주누나.
-- 오래되고 소박한 노래
햇살을 받으며 물레질하는 이들과 뜨개질하는 이들

뼈바늘로 실을 엮는 한가한 처녀들이
그 노래를 불렀지. 소박하고 진실하게
무구한 사랑의 노래를
그 옛날처럼 -

that old and antik song
Me thought it did relieve my passion much -
More than light airs and recollected terms
Of these most brisk and giddy-paced times.
-- it is old and plain
The Spinsters and the Knitters in the Sun
And the free Maids that weave their Thread with Bones
Do use to chant it: it is silly sooth
And dallies with the innocence of Love
Like the old Age -[10]

자, 이런 찬양의 말을 들으니 당신도 사랑에 빠진 기사처럼 이 노래를 부르고 싶어지지 않습니까? 이 노래를 데니스의 육각운으로 즉시 번역해보시지요.

---

10 셰익스피어의 『십이야』 II, 4에 나온다. 헤르더는 이것을 그의 『민중시가집(*Volkslieder*)』에 수록하였다. SWS XXV, 289 이하 참조.

노래

오라, 오라, 죽음이여!
서글픈 사이프러스 나뭇가지에 나를 눕혀다오!
날아가라, 날아가라, 숨결이여!
아름답고 냉혹한 여인의 손에 나는 죽음을 맞았노라!
주목나무 천으로 짠 하얀 수의,
오, 그것을 준비해다오!
내 죽음의 진실은
어느 누구도 그 한 조각이나마 나누지 못하리!

한 송이 꽃도, 향기로운 단 한 송이 꽃도
내 검은 관 위에 뿌리지 말아다오
친구 하나, 단 하나의 친구도 찾지 말아다오
내 뼈가 묻힐 그곳에서 내 주검에
수천의 탄식일랑 거두어다오
나를 이런 곳에 묻어다오
진실한 연인들이 내 무덤을 찾을 수 없는 곳에
나를 위해 눈물을 흘릴 수 없는 곳에.

Song

Come away, come away, death!
And in sad cypress let me be laid!

Fly away, fly away, breath!
I am slain by a fair cruel Maid!
My Shroud of white stuck all with yew
Oh prepare it!
My Part of death, no one so true
Did share it!

Not a Flow'r, not a flow'r sweet
On my black Coffin let there be strown
Not a Friend, not a Friend greet
My Poor Corpse, where my Bones shall be thrown.
A thousand thousand Sighs to save
Lay me o where
True Lover never find my Grave
To weep there.

생생하게 노래된 이 소박한 무언의 민요에서 아무 느낌도 받지 않는 사람이라면 그는 결코 내 친구가 될 수 없을 것입니다.

이 노래를 번역한다면 어떻게 될까요? (빌란트는 대부분의 다른 사람들처럼 이것을 번역하지 않았습니다.)[11] 스칼드(Skalde)[12]의 노래와 아스

11 계몽주의 시기의 대표적인 작가 빌란트는 셰익스피어의 희곡 22편을 독일어로 번역하였다. Christoph Martin Wieland, *Shakespeares theatralische Werke*, 8 Bde., Zürich 1762-1766.

12 고대 아이슬란드의 영웅서사시 사가(Saga)를 노래하던 음유시인.

파시아의 묘비명의 가인, 그리스의 추수하는 자의 노래, 메추라기와 하늘나라의 추수하는 소녀와 선량한 목사의 마음의 불안을 노래한 감미로운 비가의 가인인 저 시인[13]처럼 내가 그 유연성을 신뢰하는 몇몇 사람의 경우에도, 비록 그가 많은 점에서 탁월하기는 하지만, 형식, 음향, 음조, 멜로디, 모호하고 이름 붙일 수 없는 그 모든 것들을 통해, 그 노래에 의해 우리의 영혼에 흘러들어오는 외적인 감각적 흔적 이외에 도대체 어떤 방식으로 내적 감수성의 흔적을 보존할 수 있을까요. 도즐리의 『고대시가집(*Reliques of Ancient Poetry*)』[14]을 펼쳐 한쪽 끝에서 다른 쪽 끝까지 훑어보면서 아무 시나 당신 마음대로 번역해 보십시오. 그 노래의 음조를 빼고 그 번역에서 무엇을 취할 수 있겠습니까!

도즐리의 『시가집』에 들어 있지 않은 것을 내가 의아스럽게 여기고 있는 저 사랑스럽고 감미로운 로만체[15] 「헨리와 카타리나」를 당신은 알고 있을 것입니다.

---

13 게르스텐베르크를 말한다. 여기에서 언급된 시들은 *Gerstenbergs Vermischte Schriften*, Altona 1815에 실려 있다. 스칼드의 노래는 이 책의 2권 87쪽 이하, 아스파시아의 묘비명의 가인은 같은 책 128쪽, 추수하는 자의 노래는 221쪽 이하, 선량한 신부의 마음의 불안을 노래한 「밤에게(An die Nacht)」는 261쪽에 각각 실려 있다.

14 원래 제목은 *Reliques of Ancient English Poetry, Consisting of Old Heroic Ballads, Songs, and Other Pieces of Our Earlier Poets; together with some few of later date*, 3 Vols., London 1765. 퍼시(Thomas Percy)가 편찬한 이 시가집은 처음에 익명으로 출간되었다. 1767년 런던에서 간행된 이 책의 2판을 사용한 헤르더는 여기에서 발행인 도즐리(J. Dodsley)의 이름으로 인용하고 있다.

15 스페인에서 유래한 민요조의 담시(譚詩).

옛날에 브리튼 섬에는
유명한 헨리 경이 살고 있었네 -

In ancient times in Britain Isle
Lord Henry was well knowne -

새뮤얼 비숍이라는 영국의 학교교장이 『한가한 시간을 위한 시(*Ferias Poeticas*)』라는 책을 내며, 여기에 (이 굉장한 제목을 당신에게 써서 보여드립니다.) **"라틴어 역 영국 비가 시집"**(*Carmina Anglicana Elegiaci plerumque argumenti latine reddita*)[16]이라는 제목을 써 붙였는데, 이 **라틴어 역 영국시**(*Carminibus Anglicanis latine redditis*)에는 **비가적 내용**(*Elegiaci argumenti*)인 우리의 로만체도 **비가적 운율**(*Elegiaco versu*)의 억양과 의미에 맞춰 읊어지고 있습니다.[17] 이 시는 다음과 같이 시작됩니다.

영국의 귀족들 중에 일찍이
헨리쿠스라는 고귀한 영예를 지닌 이가 있었노라!

Angliacos inter proceres innotuit olim
Henricus priscae nobilitatis honos!

---

16 이 책은 1766년 영국에서 발간되었다. *Volkslieder*, SWS XXV, 166 이하 참조.

17 헤르더는 이러한 라틴어 표현과 이에 이어지는 라틴어로 번역된 시를 통해 소박한 민중의 언어가 엄격하고 장중한 느낌을 주는 라틴어로 번역되었을 때 생겨나는 기묘한 부조화를 보여주려 하고 있다.

여기에서 로만체가 도대체 어디에 남아 있단 말입니까? 이것이 오시안의 경우와 다르지 않다는 것을 당신은 맥펄레인의 저 멋진 『테모라(*Temora*)』 번역[18]만 한번 보더라도 알게 될 것입니다. 이 작가 자신이 스코틀랜드인으로서 오시안의 노래를 듣고 그를 느껴본 사람이 아닙니까? 이 라틴어 학자의 뛰어나고 민첩한 손에서 감동적인 곳이 어떻게 되어버렸는지 보시지요. 오스카가 스러지자 시인은 갑자기 이야기를 중단하고 그의 연인에게로 방향을 돌립니다. 『미에 관한 학문과 자유예술 신총서』 9권 2호 344쪽[19]에 맥퍼슨, 맥펄레인, 데니스의 번역이 연이어 실려 있으니, 한번 펼쳐 보시기를! …

… 당신이 제기한 반론은 매우 기이합니다. 당신이 즐겨 그렇게 부르고 있듯이 옛 고딕풍 시가인 압운시, 로만체, 소네트, 그리고 그런 종류의 기교적이거나 심지어 작위적인 스탠자[20]에 대해 당신은 내게 동의를 표합니다. 하지만 야생적이고 예의를 모르는 민족들의 (야생적이고 예의를 모르는 민족들이라고요?) 꾸밈없는 옛 시가에 대해서는 나는 당신의 입장을 그대로 받아들일 수 없습니다. 당신에게는 오시안과 그의 고귀하고 위대한 핑갈이 그저 야생적이고 예의를 모르는 민족에 지나지 않는다는 것인가요? 오시안이 모든 것을 이상화했

---

18 스코틀랜드인 맥펄레인(Robert McFarlane, 1734-1804)이 오시안의 서사시 『테모라』를 라틴어로 번역한 것을 말한다. *Temorae liber primus versibus latinis expressus, auctore Roberto Mcfarlan A. M.*, London 1769.

19 Christian Felix Weiße, Hrsg., *Neue Bibliothek der schönen Wissenschaften und der freien Künste*, Bd. IX, Leipzig 1769, 2. Stück, 344.

20 각운이 달린 8행으로 된 시구.

다면, 그렇게 이상화할 수 있었던 사람, 그러한 이미지, 그러한 역사, 밤의 꿈과 낮의 표상, 기분전환과 최상의 즐거움을 그렇게 이상화할 수 있었던 사람이 야생적 민족이라고요? 사람들은 자신이 옹호하는 견해를 고수하려 하면 잘못된 길로 빠져 들기 마련입니다. 어떤 민족이 더 야생적일수록, 다시 말해 더 활기차고, 더 자유로울수록 (이 단어는 그 외의 것을 의미하지 않습니다!), 그 민족에게 시가가 있다면, 그 시가도 더 야생적일 수밖에 없습니다! 다시 말해 더 활기차고, 더 자유롭고, 더 감성적이고, 더 서정적일 수밖에 없습니다! 그 민족이 기교적이고 학문적인 사고방식, 언어, 문자로부터 거리가 멀수록, 그만큼 더 그 민족의 시가는 종이를 위해 만들어진 것이거나 죽은 문자로 이루어진 시행이 아닙니다. 서정적인 것, 노래의 활력과 춤사위, 이미지의 활기찬 현현, 내용과 감성의 연결성과 필연성, 단어와 음절, 그리고 많은 경우 심지어 자구의 균형, 멜로디의 흐름, 그리고 생생한 세계와 격언시와 민족시에 속해 있다가 이와 더불어 사라져가는 수많은 다른 것들, 바로 이것들에, 오직 이것들에 시가가 지니는 모든 놀라운 힘이 의존하고 있습니다. 시가는 그 민족의 행복이고 추진력이고 전승된 노래이자 기쁨의 노래입니다! 시가는 야생적 아폴론의 화살로서, 이것으로 그는 가슴을 꿰뚫고, 영혼과 기억을 여기에 묶어놓습니다. 시가가 오랜 시간을 견뎌낼수록, 시간의 힘과 시대의 변화를 이겨낸 그 시가는 그만큼 더 강렬하고 감성적이 됩니다. 그런데 지금 이야기가 어디로 향하고 있는 건가요?

오시안에도 도처에 등장하는 스칸디나비아인들이 부드럽게 이상화된 스코틀랜드인들보다 더 야생적이고 거친 민족이라는 것에는 의심의 여지가 없습니다. 잔잔한 감정이 흐르는 그들의 시를 나는 알지 못합니다. 그들이 등장하는 곳은 암벽이나 얼음, 얼어붙은 대지 위입니다. 그러한 환경이나 문화로 인해 내가 아는 한 그들에게서 오시안에 비교할만한 작품은 찾아볼 수 없습니다. 하지만 보름(Worm), 바르톨린(Bartholin), 페링스키욀드(Peringskiöld), 베렐(Verel)이 편찬한 책[21]에 나오는 시가들을 보면, 얼마나 풍성한 운율이 들어 있습니까! 그리고 각각의 운율은 귀가 직접적으로 느낄 수 있는 박자에 얼마나 정확하게 맞춰져 있습니까! 유사한 두운들이 시행의 중간에 대칭적으로 배열되어 있어, 박자를 맞추기 위한 암호가 되고, 전사들의 등장과 행진을 위한 두드림이 됩니다. 유사한 두운들은 음유시인의 노래가 방패에 부딪혀 퍼져나가도록 하기 위한 것입니다. 2행시구(Disticha)와 시행이 서로 호응합니다! 모음도 그렇습니다! 음절이 협화음을 이룹니다! 너무도 재빠르고 너무도 정확해서 책으로 단련된 우리들로서는 그것을 눈으로 찾아내는 것도 어려울 지경입니다. 이것을 읽었던 것이 아니라 들었던 저 민족들, 어린 시절부터 듣고 노래했으며, 이에 맞춰 그들의 귀를 훈련시켰던 저 활기찬 민족들에게도 운율과 박자를 따라가는 것이 어려웠으리라고 생각하면 안 됩니다. 훈련된 귀보다 강력하고 지속적이고 민첩하고 예민한 것은 없습니다! 한번 깊이 받아들이면, 그만큼 오래 지속됩니다! 어릴 때 말을 더듬게 되

21 다음의 책들을 말한다. Olaus Wormius, *Danica litteratura antiquissima vulgo gothica dicta*, Kopenhagen 1636. 같은 저자의 *Runer seu danica litteratura antiquissima*, Kopenhagen 1636; Thomas Bartholin, *Antiquitatum de caussis contemptae a Danis adhuc gentilibus mortis libri* III, Kopenhagen 1689(『에다』의 「베그탐스크비다(Vegtamskvida)」가 여기에 실려 있다.); Johann Peringer de Peringskiöld, *Monumenta Sueo-Gothica*, Stockholm 1710-1719; Olaus Verel, Hrsg., *Hervarar-Saga*, Upsala 1672.

면, 그것이 얼마나 생생하게 반복되고, 살아 움직이는 세상의 모든 현상들과 결합하여 거듭 강력하게 되살아납니까. 언젠가 심리의 문제를 다루게 되면, 음악, 노래, 연설에서 생겨나는 수많은 기이한 현상들의 예를 당신에게 이야기할 수 있을 것입니다.

내가 과장하고 있다고 생각하지 마시기 바랍니다. 스칼드의 136종의 리듬 중에서 노래로 부를 수 있는 하나의 리듬만을 보름의 책을 통해 자세히 연구해보았습니다. (이 리듬에 대한 운율론인 『에다(*Edda*)』 2부는 내가 아는 한 아직 출간되지 않았기 때문입니다!)[22] 8행으로 된 이 리듬에서 두 개의 2행시구만 운율이 정해져 있는 것이 아니라, 모든 2행시구마다 세 개의 유사한 두운, 그리고 화음을 이루는 세 개의 단어와 음향이 들어 있고, 이것들이 다시금 운율에 맞춰져 있어, 연 전체가 운율적으로 루네[23] 구조로 되어 있다는 것에 대해 당신은 어떻게 생각하십니까? 이 모든 것이 음향이고, 살아 있는 노랫소리이고, 박자와 기억을 일깨워주는 자명종입니다. 모든 것이 두드리고, 충돌하고, 함께 울립니다! 시험 삼아 보름(Worm)의 책에 루네 문자로 적혀 있는 리그너 로드브로그(Regner Lodbrog)의 조가(弔歌)를 연구하고, 이어서 이것을 전혀 다른 음조와 운율의 독일어로 된 섬세하고 우아한 번역본[24]으

22 다음의 책을 말한다. *Philosophia antiquissima Norvego-Danica, dicta Wolupsa, quae est pars Eddae Saemundi, isl. et lat. publici iuris primum facta a Petro J. Resenio*, Kopenhagen 1665.-*Edda Islandorum ao. Chr. 1215 isl. conscripta per Snorronem Sturlae Islandiae nomophylacem, nunc primum isl., dan. et lat. op. et studio Resenii*, Kopenhagen 1665. 레세니우스(Resenius)의 이 책에는 스칼드에 대한 운율론이 들어 있지 않았다.

23 고대 게르만족의 문자.

24 Michael Denis, *Die Lieder Sineds des Barden*, Wien 1772, 57 이하 참조. 헤르더는 덴마크 왕 로드브로그의 조가 마지막 부분을 『비평총서(*Kritische Wälder*)』에서도

로 읽어보세요. 아름다운 그림이 일그러진 동판화가 되어버리고 맙니다! 이제 어떤 사람이 나타나서, 디제(Dysen)[25]의 전투의 노래[26]나 오딘[27]이 지옥문 앞에서 벌이는 마법의 대화,[28] 또는 『에다』에 나오는 신들의 최후의 심판[29]을 육각운으로 된 그럴싸한 영웅시로 만들거나, 데니스 씨가 그랬듯이 가울과 모르니스의 대화나 핑갈과 로스크라나의 대화[30]를 멋진 그리스 운율에 담아낸다고 가정해 봅시다. 또는 에

인용하고 있다(SWS III, 24 이하). 여기에서 그의 인용은 데니스의 책이 아니라 다음의 책에 근거하고 있다. Paul Henri Mallet, *Introduction á l'histoire de Dannemarc*, Kopenhagen 1755-1756. 헤르더가 인용에 사용한 책은 이 책의 독일어 번역본이다. Gottfried Schütze, *Geschichte von Dänemark*, 3 Bde., Rostock/Greifswald 1765-1769. 헤르더는 1765년 2월 하만에게 보낸 편지에서도 이 책을 읽어보라고 권한 바 있고, 1765년에는 『쾨니히스베르크 학문과 정치 신보(*Königsbergische Gelehrte und Politische Zeitungen*)』 64호 I부에 이 책의 서평을 기고한 바 있다(SWS I, 73 이하). 헤르더는 위에 언급한 말레의 저서를 통해 처음으로 북구 시가, 특히 『에다』에 대한 지식을 얻게 되었으며, 본문에 나오는 『에다』 2부에 대한 언급도 이 책에 근거한 것이다.

25 북구신화에 나오는 출산과 운명의 여신. 전쟁터에서 용감하게 싸우다 죽은 전사들을 영웅들의 혼령이 모여 사는 발할라(Walhall)로 인도하는 발키리(Walküre)와 동일시되기도 한다.

26 이 책 65쪽에 실린 「발키리의 베틀노래」와 헤르더의 『민중시가집』 SWS XXV, 478 이하 참조.

27 북구신화의 최고신. 보단(Wodan)이라고도 한다. 영어의 수요일(Wednesday)은 이 신의 이름에 유래를 두고 있다.

28 『에다』 「베그탐스크비다」를 가리킨다. 앞의 주 21과 헤르더의 『민중시가집』 SWS XXV, 470 이하 참조.

29 『에다』 「푈루스파(Völuspâ)」를 가리킨다. 헤르더의 『민중시가집』 SWS XXV, 460 이하 참조.

30 가울(Gaul)과 모르니스(Mornis), 핑갈과 로스크라나(Roskrana)는 오시안의 『테모라』에 나오는 인물들로서, 이들의 대화는 3권과 4권에 각각 나온다.

빈트 스칼다스필러[31]의 하코를 위한 애도의 노래[32]를 로스차일드 묘지[33]의 음조로 된 비가로 만든다고 합시다. 신들의 아버지 오딘과 늙은 스칼다스필러가 무슨 말을 하겠습니까? 이러한 스칼드의 리듬이 아일랜드나 스칸디나비아에 한정되지 않는다는 사실을 당신은 하이크스[34]와 다른 사람들의 글에서 볼 수 있을 것입니다. 가장 최근의 것으로는 도즐리의 『시가집』에 실린 「양심의 불평」 앞에 붙은 해설(2권 3장 277쪽)을 들 수 있는데, 여기에서는 앵글로색슨족에게도 그러한 예가 있다는 것을 여러 곳에서 볼 수 있습니다.

하지만 더 많은 예가 있습니다. 오시안의 시가들을 두루 살펴보십시오. 켈트족 음유시인들은 그들이 노래했던 모든 사례들에 있어 지금도 지상에서 살면서 노래하고 행동하는 다른 한 종족과 매우 유사합니다. 이 종족의 역사에서 나는 아무런 선입견이나 망상에 빠지지 않고 오시안과 그의 선조들의 역사를 거듭 재인식하게 됩니다. 북아메리카의 다섯 부족이 바로 그들입니다. 죽음 앞에서 부르는 노래와 전쟁 때 부르는 노래, 전투할 때 부르는 노래와 묘지에서 부르는 노래, 선조에게 바치거나 선조를 기리는 역사 찬가, 이 모든 것에서

---

31 에빈트 스칼다스필러(Evind Skaldaspiller)는 노르웨이의 음유시인 Eyvendr Skaldas-pillir(?-990)를 가리킨다.

32 스칼다스필러가 스토르드(Stord) 섬 전투에서 죽은 하콘(Hakon) 왕을 위해 지은 노래를 가리킨다. 헤르더는 이것을 「하콘 왕의 죽음의 노래(König Hako's Todes-gesang)」라는 제목으로 그의 『민중시가집』에 실었다. SWS XXV, 217 이하 참조.

33 클롭슈토크가 1766년 덴마크 왕 프리드리히 5세의 죽음에 즈음하여 지은 비가. 로스차일드 묘지(Rothschildgräber)는 덴마크 왕가의 묘지인 로스차일드 돔을 가리킨다.

34 George Hickes, *Linguarum veterum septemtrionalium thesaurus grammatico-criticus et archaeologicus*, Oxford 1705.

음유시인 오시안과 북아메리카 원주민은 공통점을 보입니다. 북아메리카인들의 고통의 노래와 복수의 노래는 예외라고 하겠는데, 부드러운 심성의 칼레도니아[35] 사람들은 그 대신에 자신들의 노래를 사랑의 부드러운 피로 채색했습니다. 샤를부아,[36] 라피토,[37] 로저스,[38] 캐드월러더 콜든[39] 등 모든 여행기 저자들이 이방인의 귀에 들려오는 이 노래들의 음조와 리듬과 힘에 대해 말하고 있는 것을 한번 보시기 바랍니다. 이들의 모든 보고에 따르면 활발한 움직임, 멜로디, 신호언어와 몸짓언어가 무척 중요하다는 것을 당신은 인정하게 될 것입니다. 스코틀랜드인들을 아는 사람으로서 아메리카인들과 오랫동안 살았던 여행자, 예를 들어 팀버레이크[40] 선장은 두 민족의 노래 사이에 명백한 유사성이 있다고 인정한 바 있습니다. 이로부터 계속 추론해보십시오. 데니스의 번역에서 우리는 완강하고 견고하게 대지 위에 발을 딛고 있는 오늘날의 인간이 나름으로 탁월한 시적 언어로 표현한 의미와 내용을 듣습니다. 하지만 모든 야생적 민족에 비교하면 그에게서는 아무런 소리나 음조도 들려오지 않고, 칼레도니아의 언덕에서 불어와 우리를 들어 올리고 뒤흔들며 그 노래들이 지닌 생

35 스코틀랜드 북부 지방.

36 Pierre François Xivier de Charlevoix, *Histoire et déscription générale de la Nouvelle France*, Paris 1744.

37 Joseph François Lafiteau, *Mœurs des sauvages Amériquains comparées aux Mœurs des premiers temps*, Paris 1724.

38 Robert Rogers, *A Concise Account of North America*, London 1765.

39 Cadwallader Colden, *The History of the Five Indian Nations Depending on the Province of New York in America*, New York 1727.

40 Henry Timberlake, *The Memoirs of Lieutenant H. T., who accompanied the three Indians to England in the year 1762*, London 1765.

생한 음조를 들려주는 생명의 바람을 느낄 수 없습니다. 우리는 앉아서 글을 읽으며 완강하고 견고하게 땅에 달라붙어 있습니다.

영국으로의 여행계획[41]이 내 영혼을 설레게 할 때, 오 친구여, 당시에 내가 스코틀랜드인들과 만나는 것을 얼마나 기대했는지 당신은 모를 것입니다! 잉글랜드 민족의 공적인 정신과 연극무대, 그리고 활기찬 무대를 살펴봄으로써, 이 경탄할 만한 민족의 역사, 정치, 철학, 특성과 관련하여 외국인인 내 머릿속에 모호하고 기이하게 형성되어 혼란을 불러일으키던 모든 관념을 계몽할 생각이었습니다. 그다음에는 무대를 스코틀랜드 사람들에게로, 맥퍼슨에게로 옮길 생각이었습니다! 그곳에서 나는 이 활기찬 민족의 노래를 듣고, 이것이 만들어내는 모든 영향을 눈으로 보고, 이 시가들 안에 살아 숨 쉬는 모든 장소를 찾아보고, 그들의 풍습에 남아 있는 이 오래된 세계의 자취를 연구하고 싶었습니다! 얼마 동안이나마 고대의 칼레도니아인이 되고 싶었습니다. 그러고 나서 잉글랜드로 돌아와 스코틀랜드의 기념비적 문학작품들과 수집된 예술작품들, 그리고 그 세부 특성을 더 알아보려 했습니다. 이 계획이 나를 얼마나 기쁘게 했었는지요! 번역가로서 나는 데니스가 걸어갔던 것과 전혀 다른 길에 발을 들였을 것입니다. 그에게서는 원어에 대한 맥퍼슨의 연구[42]조차도 아무 의미 없는 것이 되고 말았습니다.

---

41 1769년 유럽 여러 지역을 향해 여행할 때 헤르더는 영국으로의 여행계획도 세웠으나 풍랑을 만나 실행하지 못했다. 헤르더가 메르크(J. H. Merck)에게 보낸 1770년 10월 28일 자 편지 참조. *Herders Briefe*, Hrsg. von W. Dobbek, Weimar 1959, 77.

42 이에 대해서는 오시안의 시에 대한 맥퍼슨의 논문 참조. 이 논문은 *The Works of Ossian*, translated by James Macpherson, London 1765 안에 들어 있다.

… 당신은 야생적 삶에 대한 나의 열광을 비웃을지도 모르겠습니다. 볼테르가 네 발로 기어 다니고 싶어 한다고 루소를 비웃었듯이 말입니다.[43] 그렇다고 해서 우리의 풍습이 지니는 장점들을 (어떤 점에서 그러하든 간에) 내가 경시한다고 생각하지는 마십시오. 인류는 활동무대와 교육과 윤리에 있어 진보하도록 만들어졌습니다. 자신이 등장하고 연기하고 살아가야 하는 무대를 불만족스러워하는 인간에게 화가 있을진저! 그러나 또한 인간성과 윤리에 대해 성찰하는 철학자로서 자신의 무대가 유일한 무대인 자, 그리고 그것이 비록 최악의 무대라고 할지라도 첫 번째 무대를 부인하는 자에게도 화가 있을진저! 무대 위의 각 장면이 진행되고 있는 연극 전체의 일부분이라면, 그 장면마다 인간성의 새롭고도 매우 특이한 측면이 나타나기 마련입니다. 하지만 우선은 내가 **오시안의 시가에 나타난 심리학**을 가지고 당신을 괴롭히지는 않으리라는 것을 알아주시기 바랍니다. 이에 대한 사상은 적어도 내 영혼 안에는 깊고도 생생하게 자리 잡고 있으므로, 당신은 진기한 많은 것들을 읽게 될 것입니다.

자 그러면 이제 시작해봅시다. 당신은 내가 왜 한편으로는 야생적 민족의 시가에, 그리고 다른 한편으로는 오시안에 대해 그러한 감정을 지니고 있는지 아십니까? 내가 오시안을 처음 읽었던 것은, 시민계층에 속한 독자들, 풍습과 오락으로 인해 산만해진 독자들이 **소일거리로 간간이 독서하는 방식**으로 외에는 그것을 거의 읽지 않던

43 루소의 『인간 불평등 기원론』에 대해 볼테르가 써 보낸 1755년 8월 30일 자 서한에 들어 있는 표현.

그런 상황 속에서였습니다. 당신은 내가 항해 여행[44]을 떠났던 것을 알고 있을 것입니다. 하지만 당신은 그러한 긴 항해 여행이 어떤 영향을 미치는지, 이런 항해 여행에서 사람들이 어떤 느낌을 갖게 되는지는 잘 모를 것입니다. 시민 세계의 직무와 번잡함과 실없는 유흥에서, 학자의 등받이 의자와 사교계의 부드러운 소파에서 갑자기 벗어나, 소일거리도 도서열람실도 교양인을 위한 신문이나 일반 대중을 위한 신문도 없이, 온 사방으로 열린 바다 위의 갑판에 서게 된 느낌을 당신은 모를 것입니다. 여기에서 사람들은 리쿠르구스(Lykurgus)[45]의 공화국처럼 엄격한 법률을 갖춘 작은 국가 안에, 활발하게 일렁이는 전혀 다른 자연이 펼치는 연극 한가운데에, 심연과 하늘 사이를 떠돌면서 매일 동일하고 끝없이 이어지는 것들에 둘러싸여 살아가게 됩니다. 그러다가 때때로 멀리 보이는 새로운 해안, 새로운 구름, 이상적인 지역을 발견하면, 고대 스칼드의 시가와 행적을 담은 책을 손에 든 채 영혼 전체가 그것으로 채워져, 그것들이 일어났던 장소에 도달하게 됩니다. 여기에 수많은 기적들에 대한 이야기가 들려오는 올라프 절벽(Klippen Olaus)[46]이 있고, 저기 건너편 섬은 마술사

44 1769년 헤르더는 쾨니히스베르크 대학 졸업 후 목사이자 문필가로서 생활하던 리가를 떠나 배로 유럽 여러 곳을 여행하였다. 앞에 언급된 영국 여행도 이때 계획되었던 것인데, 이는 풍랑 등 여러 가지 사정으로 인해 이루어지지 못했다. 이 항해 여행에 대해서는 헤르더의 여행일지 *Journal meiner Reise im Jahr 1769*(Ausgabe in Reclams Universal-Bibliothek, Nr. 9793[4]) 참조. 이 여행기는 우리말로도 번역 출간되었다. 『1769년 여행일지』, 김대권 역, 인터북스 2009.

45 기원전 9세기 스파르타의 입법자.

46 덴마크의 섬 제란트(Seeland)와 스웨덴 남부 지역 쇼넨(Schonen) 사이에 있는 해협을 가리킨다. 이곳에서 서기 1000년에 노르웨이의 왕 올라프 1세 트뤼그바손(Olaf I. Tryggvason, 963-1000)이 폼머른(Pommern) 지역을 기독교화하기 위한 정복전쟁에서

아제(Zauberase)[47]가 별이 이마에 새겨져 있는 네 마리 황소로 밭을 갈던 곳입니다. "바닷물이 폭우처럼 허공으로 솟구치는 그곳에서 이마에 여덟 개의 별이 번쩍이는 황소들이 쟁기를 끌며 오갔다."[48] 예전에 스칼드와 바이킹들이 대지의 허리띠를 달리는 말(배) 위에서 칼과 노래로 무장하고 바다를 떠돌아다니던 잔트란트[49]를 거쳐, 이제 멀리 보이는 해안을 지나갑니다. 이곳은 핑갈이 행적을 남기고 오시안이 슬픈 노래를 불렀던 곳입니다. 대기가 춤추고 고요함이 깃드는 이 세계에서 스칼드와 바드의 노래는 교수의 강단 옆에서와는 전혀 다르게 읽힙니다. 트로이 폐허 위에서 호메로스를 읽고 있는 우드,[50] 바람을 안은 돛과 삐걱거리는 조종간 아래에서 읽는 아르고호 이야기와 오디세이와 루시아드(Lusiaden),[51] 그 사건이 일어났던 섬을 바라보며 읽는 우탈(Uthal)과 니나토마(Ninathoma) 이야기,[52] 이런 감성적인 상황은 적어도 감성적 인간인 내게는 커다란 영향을 끼칩니다. 폭풍도

부상을 입고 바다에 뛰어들어 자살했다.

47 북유럽 신화에 나오는 예언과 전쟁의 신.

48 헤르더가 『에다』를 필기로 발췌한 곳에는 다음과 같이 적혀 있다. "스웨덴 왕 길프(Gylf)는 노래로 그를 즐겁게 한 노파에게 상으로 네 마리 황소가 밤낮으로 갈아야 하는 경작지를 하사했다. 그 노파는 아제(Ase) 여신족 중 하나인 게피오나(Gefiona)였으며, 이 여신은 자신과 켄타우로스 사이에서 태어난 아들들인 네 마리 황소를 북쪽 나라에서 데려와 이 땅을 깊이 갈게 함으로써, 제란트 섬을 풍요롭게 경작하였다"(SWS V, 720).

49 유틀란트(Jutland) 반도를 가리킨다.

50 Robert Wood, *An Essay on the Original Genius of Homer*, London 1769.

51 포르투갈의 시인 카몽이스(Luis Vaz de Camoes, 1524-1580)의 민족서사시 「오 루시아드(Os Lusiadas)」를 가리킨다. 루시아드는 주신 디오니소스의 아들인 루즈의 자손을 일컫는 말로, 포르투갈 민족을 지칭한다.

52 우탈과 니나토마는 오시안의 시 「베라톤(Berrathon)」에 나오는 연인.

파도도 이제 더 이상 밀려오지 않고, 밤비가 내리는 가운데 바닷물이 넘실대는 난파된 배에서 핑갈을 읽으며 아침을 기다리던 그날 밤을 나는 아직도 생생하게 기억합니다. … 오랫동안 사귀어온 친밀한 친구에게 의존하듯이 이런 종류의 인상에 의존하는 오래된 상상을 용서하시기 바랍니다.

하지만 당신이 비난하는 내 열광의 기원이 여기에 있는 것은 아닙니다. 만일 그랬다면 나의 열광은 아마도 개인적인 미혹, 내게 나타난 바다의 유령에 불과할 것입니다. 이 고대의 야생적인 노래와 리듬과 춤을 현존하는 민족들에게서 볼 수 있는 기회가 내게 있었다는 사실을 알아주시기 바랍니다.[53] 우리의 문화가 이들에게서 언어와 시가와 관습을 완전히 빼앗고, 그 대신에 일그러지고 무의미한 것을 제공하는 일이 아직 일어나지 않고 있었던 것입니다. 나는 그런 옛 노래의 야생적인 운율을 듣게 되면, 프랑스인 마르셀이 했던 것과 같은 고백을 하게 됩니다. "하나의 미뉴에트 속에 이렇게 많은 것이 들어 있다니!"[54] 이에서 더 나아가 그 민족들이 자신들의 노래를 일그러진 미뉴에트나 이런 종류의 운율과 바꾼들 거기서 무엇을 얻을 수 있겠습니까?

---

53 리가 체류 초창기인 1765년이나 1766년에 리투아니아의 민중시가에 접하게 된 기회를 말하는 것으로 추정된다. 이에 대해서는 『단장(*Fragmente*)』 2집, SWS I, 266 참조.

54 여기에서 헤르더는 당대의 유명한 프랑스 무용가의 말을 인용하고 있는 것으로 추정된다. 전해지는 일화에 따르면 이 무용가는 사람의 움직임과 자세를 통해 그의 성격을 알아내는 능력을 지니고 있었다고 전해진다. 이 일화에 대해서는 Claude Adrien Helvetius, *De l'esprit*, Paris 1758, II. Disc. Chapt. 1, Not. 2 참조.

레싱이 『문학서한(*Literaturbriefe*)』[55]에서 루이히(Ruhig)[56]로부터 인용한 리투아니아의 시 두 편을 알고 있을 것입니다. 그리고 그 안에 이 언어의 감성적 리듬이 얼마나 많이 들어 있는지도 알 것입니다. 가르실라소 디 베가(Garcilaso di Vega)[57]의 페루 시 한두 편을 인용해보겠습니다. 단어와 음향과 리듬을 가능한 한 옮겨보려고 노력하겠지만 당신은 이것이 얼마나 번역하기 어려운지 보게 될 것입니다.

첫 번째 시는 황혼 녘에 연인이 부르는 세레나데입니다.

자려무나, 자려무나, 오 소녀여,
살포시 내 노래 속으로
한밤에, 오 소녀여
내가 너를 다시 깨우리니!

Schlummre, schlummre', o Mädchen,

---

55 Gotthold Ephraim Lessing, *Briefe, die neueste Literatur betreffend*, 33번째 서한: Abschied einer heiratenden Tochter 그리고 Eine Tochter hatte ihren Geliebten begleitet, Phillip Ruhig에서 인용.

56 Phillip Ruhig, Betrachtung der litauischen Sprache in ihrem Ursprung, Wesen und Eigenschaften, in: *Litthauisc-deutsches und deutsch-litthauisches Lexikon*, Königsberg 1748, 75. 헤르더의 『민중시가집』 SWS XXV, 88, 404; 90, 587 참조.

57 페루의 시인. 여기에 언급된 그의 시의 출전은 다음과 같다. *Histoire des Yncasrois du Peru etc. Traduite de l'Espagnol de l'Ynca Garcilasso de la Vega, par J. Baudoin*, Amsterdam 1704. 「아름다운 비의 여신」 라틴어 번역본으로는 *Garcilasso di Vega Historia peruviana* cap. 27. 헤르더가 인용한 독일어본 저서는 Daniel Georg Morhof, *Unterricht von der deutschen Sprache und Poesie, deren Ursprung, Fortgang und Lehrsätzen*, Lübeck und Frankfurt 1682, 381 이하.

Sanft in meine Lieder,

Mitternachts, o Mädchen,

Weck' ich dich schon wieder!

그의 소녀에게 이보다 더 달콤한 말이 무엇이 있을까요? 다른 시는 천둥과 번개에 대한 그들의 신화를 허구화한 이미지입니다. 구름 속에서 물동이를 든 요정이 적절한 시기에 대지에 물을 뿌려주려고 준비하고 있습니다. 요정이 이 일을 하지 않아 대지가 가뭄으로 쇠약해지면, 그녀의 오라비가 와서 물동이를 깨버립니다. 이것이 번개와 천둥이고, 그 직후에 다시 비가 내립니다. 가뭄 끝에 비를 동반하는 폭풍우에 대해 노래하고 있는 감각적이고 직관적인 이 시, 이 노래, 혹은 기도를 한번 들어보시기 바랍니다.

아름다운 여신,
하늘의 딸이여!
찰찰 넘치는
물동이를
네 오라비가
깨버리고 말았네
그래서 하늘에는
폭풍우가 몰려오고
번개와 천둥이 내리치네!

아름다운 여신

왕의 딸이여!

이제 비를 우리에게

방울방울 내려주네

부드러운 비를!

하지만 때로는

눈송이도 뿌려주고

그리고 또 우박도!

당신에게 그렇게

세상의 정령인 그이가!

세상의 신인 그이가!

비라코카[58]가!

힘을 주었고

직분도 주었기에!

Schöne Göttin,

Himmelstochter!

Mit dem vollen

Waßerkruge,

Den dein Bruder

Jetzt zerschmettert

Daß es wettert

58 비라코카(Virakocha)는 잉카족의 태양신.

Ungewitter,

Blitz und Donner!

Schöne Göttin,

Königstochter!

Und nun träufelst

Du uns Regen

Milden Regen!

Doch oft streuest

Du auch Flocken

Und auch Schlossen!

Denn so hat dir

Er der Weltgeist!

Er der Weltgott!

Virakocha!

Macht gegeben

Amt gegeben!

지혜를 구하기 위해 이 시를 인용한 것은 물론 아닙니다. 어리석은 페루인에 대한 평판을 당신도 잘 알 것이기 때문입니다. 내가 말하고자 하는 것은 리듬과 노래의 대칭입니다. 원본에 비교할 때 내가 손댄 복제품은 밋밋하고 빈약할 따름입니다.

당신은 라플란드인에 대한 클라이스트의 시를 알고 있을 것입니다. 이 건실한 사람의 손은 우리에게 더 아름답게 다듬어진 것을 내놓았음이 분명합니다. 그런데 내가 만일 다듬지 않은 원래의 라플란드인의 노래[59]를 내놓는다면 어떨까요? 이것은 제3자의 손에서 나온 것인데, 왜냐하면 지금 내게는 셰퍼(Johannes Scheffer)[60]가 편찬한 책이 없기 때문입니다.

오 태양이여, 그대의 밝은 빛이 오라 호수에 반짝이는구나!
오라 호수를 볼 수만 있다면, 가문비나무 꼭대기에라도 오를 텐데!
그 꼭대기에 올라 꽃 같은 나의 여인을 볼 텐데!
그 모든 가지를 자르고, 푸른 가지를 꺾어버릴 텐데 -
내게 날개가 있다면, 까마귀 날개가 있다면, 그대에게로 날아가
흘러가는 구름을 좇아, 오라 호수로 날아갈 텐데!
하지만 내게는 날개가 없네! 오리의 날개가! 오리의 발이!
나를 네게 데려다줄 거위의 물갈퀴가 있다면!
오 그대는 오래 기다렸네, 그리도 많은 날들을! 그리도 많은 아름다운 날들을,
생기를 내뿜는 눈과 상냥한 마음을 가진 그대여! -
엮어진 활시위와 강력한 쇠사슬보다 강한 것이 무엇이 있으련가?

---

59 Ewald von Kleist, *Neue Gedichte*, Berlin 1758, 16. 헤르더의 『민중시가집』 SWS XXV 93, 405 참조.

60 Johannes Scheffer, *Lapponia sive gentis regionisque Lapponum descriptio accurata*, Frankfurt a.M. 1673, 25 Hauptstück. 앞의 주 55에서 언급한 『문학서한』의 33번째 서한에서 레싱은 이렇게 출처를 밝히고 있다. 위의 본문에서 언급한 대로 헤르더는 이 책을 가지고 있지 않았으므로, 추정컨대 그는 Morhof, 앞의 책, 378이나 클라이스트에게서 이 시를 인용한 것으로 보인다. 『문학서한』에서 레싱 자신도 셰퍼의 책을 가지고 있지 않다고 밝히고 있기 때문이다.

그것으로 우리의 사랑을 묶어다오, 감각과 의지를 변하게 하는 사랑을:
사랑하는 젊은이의 의지는 바람결 같고
사랑하는 이의 상념은 오랜 상념과 같으니!
내가 그 모든 상념을 따른다면, 옳은 길에서 벗어나게 되리니.
그리하여 나는 결심했네, 확실한 길을 가기로!

O Sonne, dein hellester Schimmer beglänze den Orra-See!
Ich würde den Fichtengipfel ersteigen, könnt' ich schauen den Orra See!
Ich würd' ihn ersteigen, den Gipfel, meine Blumenfreundinn zu sehn!
Ich würd ihn bescheeren, ihm alle Zweige, seine grünen Zweige stümmeln -
Hätt' ich Flügel, zu dir zu fliegen, Flügel der Krähen
Dem Laufe der Wolken folgt' ich, ziehend zum Orra-See!
Aber mir mangeln die Flügel! Enteflügel! Füsse der Ente!
Rudernde Füsse der Gänse, die mich zu dir bringen!
O du hast lange gewartet, so viel Tage! schöne Tage,
Du mit erquickenden Augen, mit deinem freundlichen Herzen! -
Was ist stärker, als Flechte Sehnen! als eisene, mächtige Ketten?
So feßelt uns die Liebe, die Umschafferinn Sinns und Willens:
Denn der Wille des liebenden Jünglings ist Windesgang
Die Gedanken des Liebenden lange Gedanken!
Folgt' ich ihnen allen, ich irrte vom rechten Weg' ab.
Drum bleibt mir Ein Entschluß, die sichre Bahn zu gehn!

이미 말했듯이 이 라플란드인의 노래는 제3자의 손에서 나온 것입니다. 그럼에도 불구하고 이 젊은 라플란드인의 갈망, 태양과 나뭇가지와 구름과 물갈퀴 그 모든 것을 가지고도 그의 소녀 오라 호수에게 가는 것이 너무 멀게 느껴지는 이 라플란드의 마음이 그 얼마나 자연스럽고 열정적으로 표현되어 있습니까! 그가 가는 길의 빠르고 느림, 서둘러 달려가는 그의 영혼, 앞을 향해 나아가는 그의 상념, 올바른 길을 찾으려는 그의 열망, 이 모든 것이 얼마나 자연스럽고 열정적으로 다가옵니까? "하나의 미뉴에트 속에 이렇게 많은 것이 들어 있다니!" 여기에서 내가 당신에게 내놓은 것은 더듬거리고 조각난 잔재에 불과한데도 말입니다.

라플란드의 또 다른 연가인 「순록의 노래」[61]도 나는 당신께 소개하고 싶었습니다. 그런데 이것이 사라져버리고 말았습니다. 종이쪽지 찾는 것을 좋아하는 사람이 어디 있겠습니까? 그 대신에 오래되고 소름 끼치는 스코틀랜드 노래[62]가 여기 있군요. 이 노래는 내가 원어에서 직접 취해왔기 때문에 더 잘 보증할 수 있습니다. 이 시는 어머니와 아들 사이의 대화로 되어 있는데, 매우 마음을 흔드는 이 지방의 멜로디가 스코틀랜드어에 보조를 맞추고 있어 많은 지면을 할애할 가치가 있습니다.

---

61 *Volkslieder*, SWS XXV, 92, 271 참조.

62 *Volkslieder*, SWS XXV, 19, 476 참조. 여기에 실린 시를 헤르더는 퍼시의 『고대시가집 I』, 57쪽에서 취해 왔다. 퍼시의 저서에 대해서는 앞의 주 14 참조.

네 칼이 어째서 그렇게 붉은 피로 물들었느냐?
에드워드, 에드워드야!
네 칼이 어째서 그렇게 붉은 피로 물들고
너는 그렇게 슬픈 표정으로 걸어가고 있느냐! - 오!
내 독수리를 처죽였어요!
어머니, 어머니!
내 독수리를 처죽였어요!
그것이 내 마음을 슬프게 하네요! - 오!
네 독수리의 피는 그렇게 붉지 않단다!
에드워드, 에드워드야!
네 독수리의 피는 그렇게 붉지 않단다,
내 아들아, 내게 털어놓으렴! - 오!
내 적토마를 처죽였어요!
어머니, 어머니!
내 적토마를 처죽였어요!
그리도 당당하고 충성스럽던 말을! 오!
네 말은 늙어서 그럴 필요가 없단다!
에드워드, 에드워드야
네 말은 늙어서 그럴 필요가 없단다,
네 마음을 짓누르는 것은 다른 고통이구나! 오!
내 아버지를 처죽였어요,
어머니, 어머니!
내 아버지를 처죽였어요,
그것이 내 마음을 괴롭히네요! 오!

그러면 이제 어쩔 작정이냐?
에드워드, 에드워드야!
그러면 이제 어쩔 작정이냐?
내 아들아, 내게 털어 놓으렴! 오!
땅 위에서는 내 발이 쉴 수 없답니다!
어머니, 어머니,
땅 위에서는 내 발이 쉴 수 없답니다!
바다를 건너가렵니다! 오!
네 궁궐과 궁전은 어떻게 하고,
에드워드, 에드워드야,
네 궁궐과 궁전은 어떻게 하고,
그리도 웅장하고 아름다운 궁전은! 오!
아! 항상 세워지고, 가라앉고, 무너지기 마련이지요,
어머니, 어머니,
아! 항상 세워지고, 가라앉고, 무너지기 마련이지요,
이제 더는 그것을 못 볼 거에요! 오!
네 아내와 아이는 어떻게 되라고,
에드워드, 에드워드야?
네 아내와 아이는 어떻게 되라고,
언제 바다를 건너가려느냐 - 오!
세상은 넓답니다! 그 안에서 구걸하며 살라지요,
어머니, 어머니!
세상은 넓답니다! 그 안에서 구걸하며 살라지요,
이제 더는 그들을 못 볼 거에요! - 오!

네 어미는 어찌하라고?
에드워드, 에드워드야!
네 어미는 어찌하라고?
내 아들아, 내게 말해다오! 오!
지옥의 저주가 당신께 내리라지요,
어머니, 어머니!
지옥의 저주가 당신께 내리라지요,
당신이, 당신이 내게 그렇게 하라고 시켰으니까요! 오.

Dein Schwert, wie ists von Blut so roth?
Edward, Edward!
Dein Schwert, wie ists von Blut so roth
Und gehst so traurig da! – O!
Ich hab geschlagen meinen Geyer todt!
Mutter, Mutter!
Ich hab geschlagen meinen Geyer todt,
Und das, das geht mir nah! – O!
Dein's Geyers Blut ist nicht so roth!
Edward, Edward!
Dein's Geyers Blut ist nicht so roth,
Mein Sohn, bekenn mir frei! – O!
Ich hab geschlagen mein Rothroß todt!
Mutter, Mutter!
Ich hab geschlagen mein Rothroß todt!

Und's war so stolz und treu! O!
Dein Roß war alt und hasts nicht noth!
Edward, Edward,
Dein Roß war alt und hasts nicht noth,
Dich drückt ein ander Schmerz! O!
Ich hab geschlagen meinen Vater todt,
Mutter, Mutter!
Ich hab geschlagen meinen Vater todt,
Und das, das quält mein Herz! O!
Und was wirst du nun an dir thun?
Edward, Edward!
Und was wirst du nun an dir thun?
Mein Sohn, bekenn mir mehr! O!
Auf Erden soll mein Fuß nicht ruhn!
Mutter, Mutter,
Auf Erden soll mein Fuß nicht ruhn!
Will wandern über Meer! O!
Und was soll werden dein Hof und Hall,
Edward, Edward,
Und was soll werden dein Hof und Hall,
So herrlich sonst und schön! O!
Ach! immer stehs und sink' und fall',
Mutter, Mutter,
Ach immer stehs und sink' und fall',

Ich werd' es nimmer sehn! O!
Und was soll werden dein Weib und Kind,
Edward Edward?
Und was soll werden dein Weib und Kind,
Wann du gehst über Meer – O!
Die Welt ist groß! laß sie betteln drinn,
Mutter, Mutter!
Die Welt ist groß! laß sie betteln drinn,
Ich seh sie nimmermehr! – O!
Und was soll deine Mutter thun?
Edward, Edward!
Und was soll deine Mutter thun?
Mein Sohn, das sage mir! O!
Der Fluch der Hölle soll auf Euch ruhn,
Mutter, Mutter!
Der Fluch der Hölle soll auf Euch ruhn,
Denn Ihr, Ihr riethets mir! O.

카인의 형제 살해 이야기가 이보다 더 끔찍한 내용의 민중노래로 묘사될 수 있을까요? 이 노래의 살아 있는 리듬이 어떤 영향을 줍니까? 수많은, 너무도 많은 민중들의 노래가 그러합니다! 하지만 내 서한이 책이 되어서는 안 될 테니, 이 정도로 줄이겠습니다.

… 마침내 당신은 민중시가에 주목하게 되어 더 많은 시들을 알

려달라고 독촉하고 있습니다. 하지만 나는 다시금 당신과 반대되는 내 완고한 입장을 보여주고자 합니다. 당신이 지지난번 서한에서 제기한 반론이 아직 내 마음에 걸리기 때문입니다. "D 씨에게도 많은 서정적 작품들이 있고, 이것들도 매우 아름답습니다!"

물론 그에게도 서정적 작품들이 있고, 이것들도 아름답습니다. 하지만 서정적 작품들이 얼마나 되고, 무엇 때문에 이것들이 아름다운 것일까요? 그에게서 서정적이 아닌 다른 것이 원본에서는 대체 어떨까요? 그의 송가가 꽃이 되게 해주는 시의 토대가 육각운일까요? 그리고 도대체 어떻게 해서, 무엇 때문에 그의 시가 아름다운 것일까요? 로마와 그리스의 아름다운 운율, 그리고 그 안에서의 아름다운 배열 때문에 그렇다면, 나는 바로 그런 이유로 그것들이 더 이상 음유시인 오시안의 아름다운 노래가 아니라고 주장하는 바입니다! 맥퍼슨이 거의 모든 작품에서 시가의 리듬과 멜로디와 운율에 들어 있는 야생적인 것, 부드러운 것, 축제적인 것, 전사적인 것을 열렬히 옹호하였던 이유가 바로 여기에 있습니다. 이런 것들이야말로 노래의 영혼입니다. 여기에서 고백하지만 나는 대부분의 경우 로마와 그리스의 운율을 선택하지도 권하지도 않습니다. 내가 야생적인 민족의 노래에서 음조를 취하는 경우, 나로서는 그러한 로마와 그리스의 운율 중에 결코 **어느 하나도** 권하지 않을 것입니다. D 씨와 경쟁하고 싶은 마음은 추호도 없습니다. 그는 매우 시적인 문체와 언어를 구사하고 있습니다. 하지만 나는 그런 이질적인 운율이 아니면서도 마찬가지로 훌륭한 작품, 마찬가지로 세련된 작품을 그에게서 단 한 편이라도 보고 싶습니다. 솔직히 말해 그가 선택한 운율은 대체로 잘못된 것들입니다.

이를 검증하려면 3권을 훑어보시기 바랍니다. 누군지는 모르겠지만 어떤 예술비평가가 그에게 스칼드 운율을 더 많이 사용하라고 권했습니다. 당신은 이 번역자가 어떻게 이 충고를 오용했는지 보시게 될 것입니다. 덴마크의 스칼드의 손에서 마술의 음조, 힘찬 음조, 칠현금의 음조, 기적의 음조, 그리고 이에 상응하여 사랑과 우정과 매혹의 음조를 냈던 저 뛰어나고 다채로운 황금 하프가 이 번역자의 손에서는 두 개의 채로 두드리는 나무 북이 되고 말았습니다. 이로 인해 셀마(Selma)[63]의 아름다운 노래와 감미로운 카릭투라(Carrikthura)[64]가 추하게 일그러진 것이 한탄스러울 뿐입니다. 1권에서 이 번역자는 심지어 모든 형식의 각운이 사용된 칸타타를 **발명해냈는데**, 여기에서 단 두 개의 각운도 제대로 성공하지 못해, 작품 전체가 비평할 가치조차 없게 되고 말았습니다.

이 점에서 예를 들어 클롭슈토크는 언어적 측면에서 얼마나 다릅니까! 다른 때에는 그리도 물 흐르듯이 유창한 언어를 구사하는 이 시인이 얼마나 짧고, 힘차고, 분절된 언어를 사용하고 있습니까! 『헤르만 전투』[65]에서 그는 고대 독일어를 구사하려고 얼마나 많은 노력을 기울이고 있습니까! 어떤 산문이 그의 육각운에 비견될 수 있겠습니까! 어떤 서정적 운율이 다른 때에는 그리도 유창한 그의 그리스

---

63 오시안에 나오는 여인.

64 오시안에 나오는 노래.

65 클롭슈토크가 토이토부르크에서 로마 군단을 궤멸시킨 헤르만의 영웅적 삶을 그린 3부작 드라마 중 하나. 이 3부작은 『헤르만 전투(*Hermanns Schlacht*)』(1769), 『헤르만과 제후들(*Hermann und die Fürsten*)』(1784), 『헤르만의 죽음(*Hermanns Tod*)』(1787)으로 이루어져 있다.

운율에 비견될 수 있겠습니까! 그의 바르디트(Bardit)[66]에 드라마적 특성이 부족하다 해도, 적어도 그의 바르디트에는 서정적인 특성이 있습니다. 그리고 이 서정성 안에서 적어도 언어구조만은 드라마적 특성을, 독일적 특성을 지니고 있습니다! 예를 들어 이 고귀하면서도 단순한 구절을 읽어보십시오.

바람이 스쳐가는 시냇가 이끼 위에[67]

Auf Moos', am luftigen Bach etc.

수많은 구절들이, 거의 모든 다른 구절들이 이렇습니다. 데니스의 번역에서 바드의 음조로 된 어떤 것이 있다면 내게 보여 주십시오. 클롭슈토크는 이처럼 자신을 부정하고, 변화를 감수할 수밖에 없었습니다. 이처럼 그럴 수밖에 없었다는 것이야말로 위대한 가르침이 아닐까요? 최근에 당신은 데니스의 운율을 찬양하면서, 데니스의 핑갈과 로스크라네(Fingal und Roskrane)에서 (「브레멘 기고문」에 들어 있는)[68] 클롭슈토크의 헤르만과 추스넬데(Hermann und Thusnelde)를 떠올렸다고 내게 써 보냈습니다. 이것이 더욱 안 좋은 것은 클롭슈토크의 최근 바드 음조가 헤르만과 추스넬데에서 사용한 것과 달라졌기

66 클롭슈토크가 그의 드라마 『헤르만 전투. 연극무대를 위한 바르디트(*Hermanns Schlacht. Ein Bardit für die Schaubühne*)』에서 사용한 용어로서, 여기에서 바르디트는 바드의 합창이 들어 있는 연극을 의미한다.

67 Klopstock, *Hermanns Schlacht*, 11. Szene.

68 *Neue Beiträge zum Vergnügen des Verstandes und des Witzes*, Bremen 1744-1757.

때문입니다. 최근의 클롭슈토크에게서 이처럼 변화되고 더 강해진 바드 음조를 느낀 것은 나뿐만이 아닙니다. 그것이 더 나아진 것이든 더 나빠진 것이든 간에, 나는 이에 상관하지 않고 이 시인의 연륜과 본성을 계속 따라갈 것입니다. 나는 다음 구절에 들어 있는 독일적인 바드 운율에 자긍심을 느낍니다.

어리석은 네게 조국이 무엇을 해주었던가[69]

Was that dir Thor, dein Vaterland

짧고도 극적인 수많은 대화와 사상의 투척(投擲)[70]을 보여주는 최근의 모든 작품들에서도 나는 그런 자긍심을 느낍니다. …

… 우리가 교환한 서한의 실마리가 너무 가닥이 많아, 이것을 계속 이끌어가기 위해 어디를 붙잡아야 할지 모르겠군요. 내 손에 잡히는 것에서 시작하는 것이 최선이 아닐까 합니다.

당신이 "옛 시가에 들어 있는 드라마적인 것에 대하여"에서 했던 지적은 내 느낌으로는 내가 항상 고대인의 특성이라고 생각했던 것

---

69 클롭슈토크의 송가 「우리와 너희(Wir und Sie)」 1행.

70 헤르더는 시문학에서 나타나는 착상과 표현에 대해 투척(Wurf)이라는 용어를 사용하고 있는데, 이는 철학과 학문에서의 단초(Ansatz)와 유사한 것이라 할 수 있다. 하지만 단초가 이성적 성격을 지니고 있어 합리적 설명과 예측이 가능한 데 반해, 시적 투척은 감성에 기초를 두고 있어 방향성을 예견할 수 없다는 점에서 차이를 지닌다.

과 상통합니다. 이러한 특성에 우리 근대인이 다가갈 수 없는 것은, 죽어 있는 한 순간을 그린 그림이 지속적이고 행동하고 살아 있는 연극 장면에 다가갈 수 없는 것과 마찬가지 이치입니다. 여기에서 우리의 송가는 죽은 그림에 해당되고, 살아 있는 연극 장면은 고대인, 특히 야생적인 민족의 서정적인 작품에 해당됩니다. 이들의 모든 말과 시는 행동입니다. 예를 들어 샤를브와의 책에 나오는 에스키모의 즉흥적인 전투와 화평의 연설을 읽어보십시오. 그 안에 들어 있는 모든 것은 이미지이고, 시의 연(聯)이며, 장면입니다! 오딘의 지옥순례,[71] 발키리의 베틀노래,[72] 헤어포어의 모반의 노래,[73] 그리고 오시안의 모든 작품, 모든 페이지에서 우리는 행동을 발견합니다! 내가 너무 많은 작품을 들먹이면서, 아무것도 내놓지 않는다고 당신이 또다시 지적하지 않도록, 내가 진 빚을 갚기 시작하겠습니다. 지금 이것을 여기에 쓸 시간이 없기 때문에, 앞에서 언급한 몇 편을 동봉하겠습니다. 이것들을 새로 다듬어 보다 이상적으로 만들어 당신에게 보낼 수도 있겠지만, 그렇게 하면 그것은 더 이상 지금 그대로의 모습이 아니게 될 것입니다. 당신과 내게 중요한 것은 조각상의 녹청(Aerugo)처럼 작품의 어둡고 단순하고 북구적인 마법의 음조일 것입니다.

---

71 Odins Höllenfahrt, 앞의 주 27 참조. Bartholin, 앞의 주 21, 혹은 Chr. F. Weiße, *Von den Barden nebst etlichen Bardenliedern aus dem Englischen*, Leipzig 1770, 75 이하 참조.

72 Webegesang der Valkyriur: Bartholin 혹은 Weiße, 위의 책, 69 이하. *Volkslieder*, SWS XXV, 470 이하, 478 이하 참조.

73 Beschwörungslied der Hervor, 추정하기로는 Hickes, 앞의 주 34, P. I. 193-195.

오딘의 지옥순례[74]

몸을 일으켰다 오딘이
인간의 최고신이
말을 붙잡아
훌쩍 말 위로 올라
아래로 내달린다
지옥[75]문을 향해.
그때 그에게 다가오는 것은
지옥을 지키는 개.

피가 흩뿌려져 있다
개의 가슴에!
벌어진 아가리와
날카로운 이빨이
거품을 물고 으르렁거리며.
물어뜯고
짖어댔다
마법의 왕을 향해
오랫동안 짖어댔다!

---

74 『에다』에 나오는 발더의 악몽에 대한 노래를 헤르더가 다듬은 것.

75 북구신화에서 지옥은 여신 헬(Hel)이 다스리는 니플헤임(Niflheim)이다.

오딘이 계속 말을 달리니
지축이 흔들렸다.
이제 그가 다다른 곳은
높은 지옥의 성,
오르막을 달려올라
지옥의 성문을 향해 가니
그곳에는 예언의 여인[76]이
무덤에 누워 있었다.

현자들이 노래 불러
죽은 자들을 깨우는
무덤의 노래가 울려 퍼졌다
북쪽을 바라보며
루네를 내려놓고
주문을 외우며 물었다.
대답하라고
마침내 화가 난 그녀가
몸을 일으키며
죽음의 목소리를 낼 때까지:

"이 남자는 누구인가?

---

76 북구신화에 나오는 예언녀 발라(Wala 혹은 Vala)를 가리킨다.

나는 그대를 모르오!
내 휴식을
방해하는 자를!
눈에 묻히고
얼음에 덮이고,
빗물에 씻기고,
이슬에 젖어
그리도 오래 누워 있었건만!"

나는야 방랑자,
전사의 아들이라오.
지옥의 사정을
내게 알려주오.
그대에게 나는
내 세상의 소식을 전해줄 테니!
저 황금의자는
누구를 위해 마련된 것이오?
저 황금침대는
누구를 위해 놓여 있는 것이오?

"발더[77]를 위한 것이오,

---

77 북구신화에서 발더(Balder 혹은 Baldur)는 오딘의 아들로서 세상의 빛과 밝음을 대변한다.

여기를 보시오! 이 음료를,
꿀 음료라오
방패가 그 위에 놓여 있소!
이제 곧 그것을 잃고
신들이 상심할 것이오!
내키지 않는 말을 하였으니
이제 나를 쉬게 해주오!"

아직 쉬지 못하오, 처녀여!
더 알아야 할 것이 있어
그만두지 못하겠소,
모든 것을 알 때까지!
말해주오, 발더에게
죽음을 안겨줄 자가 누구인지?
오딘의 아들에게서
목숨을 빼앗을 자가 누구인지?

"그것은 호더[78]라오,
그가 그의 형제에게
죽음을 안겨줄 것이오
그리고 목숨을 빼앗을 것이오

---

78 호더(Hoder)는 오딘의 눈먼 아들, 발더의 형제로서 세상의 어둠을 대변한다.

오딘의 아들에게서!
내키지 않는 말을 하였으니
이제 나를 쉬게 해주오!"

아직 쉬지 못하오, 처녀여!
더 알아야 할 것이 있어,
그만두지 못하겠소,
모든 것을 알 때까지!
말해주오, 호더에게
복수할 자가 누구인지
발더를 살해한 자를
무덤으로 보낼 자 누구인지?

"서쪽나라에서 린다[79]가
한밤중에 오딘에게
아들[80] 하나를 낳아줄 것이오,
태어나자마자 그는
무기를 들 것이오
손도 씻지 않고,
머리도 빗지 않을 것이오,
발더를 살해한 자를

---

79 린다(Rinda)는 대지와 생산을 주관하는 거인족 여신.
80 복수의 신 발리(Wali)를 가리킨다.

무덤으로 보낼 때까지.
내키지 않는 말을 하였으니
이제 나를 쉬게 해주오!"

아직 쉬지 못하오, 처녀여!
더 알아야 할 것이 있어,
그만두지 못하겠소
모든 것을 알 때까지.
저 처녀들[81]은 누구길래,
저기서 소리 죽여 울며
하늘을 향해
고통스럽게 면사포[82]를 던지는 거요
그것을 말해주기 전에는
쉴 생각을 하지 마오.

"오 그대는 방랑자가 아니구려,
내가 잘못 알았구려!
그대는 바로 오딘
인간의 최고신."

---

81 바다의 신 애기르(Ägir)와 여신 란(Ran) 사이에 태어난 아홉 딸들로서 파도를 주관한다.

82 파도를 의미한다.

그리고 그대는 현자
처녀 예언자가 아니구려;
예언하는 여인이 아니구려!
세 거인의 어머니[83]가
바로 당신이구려!

"떠나시오, 오딘! 길을 떠나
고향으로 가시오! 떠나시오!
고향으로 돌아가 자랑하시오,
인간 중에 그 누구도
그대가 했던 것처럼,
알아내려 했던 자는 없다고,
언젠가 아르게[84]가
사슬을 끊을 때까지는
신들이 몰락하고
세계가 멸망하고
밤이 시작될 때까지는!"

---

83 예언의 여신 발라를 가리킨다. 세 거인은 노르넨(Nornen)으로 불리는 발라의 딸들로서 과거의 운명을 주관하는 우르드르(Urdr), 현재의 운명을 주관하는 베르단디(Verdendi), 미래의 운명을 주관하는 스쿨드(Skuld)를 가리킨다.

84 아르게(Arge)는 원래 그리스 신화에 나오는 제우스와 헤라의 딸이나, 여기서는 거인족의 우두머리 로키(Loki)를 가리킨다.

Odins Höllenfahrt

Es erhub sich Odin
Der Menschen höchster
Und nahm sein Roß
Und schwang sich aufs Roß
Und ritt hinunter
Zu der Höllen Thor.
Da kam ihm entgegen
Der Höllenhund!

Blutbespritzt
War seine Brust!
Mit offnem Rachen,
Und scharfem Gebiß
Und Wuth und Schaum.
Und riß den Rachen
Und bellt' entgegen
Dem Zaubervater
Und bellte lang!

Und fort ritt Odin
Und die Erd' erbebte.
Da kam er zum hohen

Höllenschloß,

Und ritt gen Aufgang

Zum Höllenthor,

Wo die Seherin

Im Grabe lag.

Und sang der Weisen

Todtenerweckenden

Gräbergesang:

Und sah gen Norden

Und legte Runen

Und beschwur und fragt',

Und foderte Rede

Bis sie zürnend endlich

Sich erhub und begann

Todtenstimme:

"Wer ist der Mann?

Ich kenn' ihn nicht!

Der meine Ruhe

Zu stören beginnt!

Ich lag mit Schnee

Und Eis bedeckt,

Und Regen beflossen

Und Thau benetzt,

Und lag so lang!"

Ein Wandrer bin ich,

Kriegerssohn.

Du sollst mir Kunde

Vom Höllenreich geben.

Ich will sie dir geben

Aus meiner Welt!

Jener goldne Sitz

Wem ist er bereitet?

Jenes goldne Bette

Für wen stehts da?

"Für Balder'n steht,

Sieh her! der Trank,

Der Honigtrank

Und der Schild liegt drauf!

Bald werden um ihn

Die Götter trauren!

Unwillig red' ich

Nun laß mich ruhn!"

Noch ruhe nicht, Jungfrau!

Ich forsche weiter
Und laße nicht ab,
Bis ich Alles weiß!
Sprich, wer wird Baldern
Den Tod bereiten?
Und Leben berauben
Odins Sohn?

"Hoder ists,
Der wird dem Bruder
Den Tod bereiten
Und Leben berauben
Odins Sohn!
Unwillig red' ich
Nun laß mich ruhn!"

Noch ruhe nicht, Jungfrau!
Ich forsche weiter,
Und laße nicht ab,
Bis ich Alles weiß!
Sprich, wer wird Hodern
Den Haß vergelten
Und Balders Mörder
Zum Grabe senden?

"In Westen wird Rinda
Dem Odin zu Nacht
Einen Sohn gebären,
Der kaum gebohren
Wird Waffen tragen,
Seine Hand nicht waschen,
Sein Haar nicht kämmen,
Bis er Balders Mörder
Zu Grabe gebracht.
Unwillig red' ichs
Nun laß mich ruhn!"

Noch ruhe nicht, Jungfrau!
Ich forsche weiter,
Und laße nicht ab
Bis ich Alles weiß.
Wer sind die Jungfraun,
Die stumm dort weinen
Und Himmelan werfen
Im Schmerz den Schlei'r
Noch das sprich mir
Eher sollt du nicht ruhn.

"O du kein Wandrer,

Wie ich erst gewähnt!
Du bist Odin selbst
Der Menschen Höchster."

Und du keine Weise
Propheten Jungfrau;
Keine Seherin!
Drei-Riesen-Mutter
Vielmehr bist du!

"Weg, Odin! Wandre
Nachheim! hinweg!
Und rühme daheim,
Daß Niemand der Menschen
Wie du's vermocht,
Forschen wird,
Bis einst der Arge
Die Ketten bricht
Und die Götter fallen
Und die Welt zerfällt
Und Nacht beginnt!"

발키리의 베틀노래

(란드베르 백작이 죽고 왕이 승리를 거두는 전투에 앞서

운명의 여신들이 부르는 노래)[85]

온 사방이 어두워진다
화살구름에 덮여!
이 구름이 퍼져 나가
날씨를 예고한다!
피가 비처럼 쏟아진다!
전투개시!
붉은 피로 물든
운명의 천을
창끝에 매어라,
너희 죽음의 자매들이
란드베르의 죽음을 예고한다.

그녀들이 천을 짠다
인간의 창자로!
인간의 머리를
거기에 매단다!

---

85 킨더만(H. Kindermann)에 따르면 이는 헤르더가 잘못 안 것이다. 이것은 아일랜드의 왕 브리안(Brjân)과 노르웨이의 직트비그르(Sigtwyggr) 사이의 전투에 앞서 발키리가 부른 노래라고 한다.

피가 뚝뚝 떨어지는

창으로 꿰뚫는다

무기와 화살로

단단히 무장하고

빈틈없이 칼을 휘둘러

승리의 그물을 엮어낸다.

그녀들이 천을 짜러 온다

칼을 뽑아 들고

힐트, 히오르트리물,

상그리다, 스비풀,[86]

해가 지기 전에

방패들이 갈라지고

갑옷이 깨지리라

칼이 내리쳐서,

투구가 소리를 내리라.

천을 짠다, 천을 짠다

전투의 천을!

이 칼을 예전에 찼던 이는

어느 왕의 아들!

---

86 힐트(Hild), 히오르트리물(Hiortrimul), 상그리다(Sangrida), 스비풀(Svipul)은 발키리 자매들의 이름.

나가자, 나가자
왕에게로 다가가자!
구드르, 곤둘라![87]
그녀들은 이미 보았다
붉은 피로 물든 방패가
왕을 감싸고 있음을!

천을 짠다, 천을 짠다
전투의 천을!
나가자, 나가자!
무기 소리가 울려퍼지는 곳으로
영웅들이 싸우고 있는 곳으로!
우리들은 결코
왕이 쓰러지게 두지 않으리!
삶과 죽음은
발키리가 주재한다!

이 땅덩어리를
지배할 자는,
황야의 민족!
막강한 왕인 내가

87 구드르(Gudr)와 곤둘라(Gondula)는 발키리 자매들로서 전쟁터에서 스러진 영웅들을 오딘에게 데려가는 일을 한다.

네게 알리노니:
화살 속에서
죽음이 다가오리라!
네 적이 스러졌다! -

이제 아일랜드는
슬픔에 싸이리라,
이 슬픔은 그의 아들들에게서
결코 사라지지 않으리라!
천이 짜졌다!
전쟁터에 흐르는
붉은 피!
전쟁은 아직
여러 나라를 휩쓸리라!

그 얼마나 끔찍한가
사방을 둘러보는 것이!
피구름이 대기 속을
이리저리 떠돈다!
아! 전사의 피가
대기를 물들인다,
우리의 음성이
그것을 채우기도 전에.

자매들아 모두 노래하라

왕이여 만세!

승리의 노래를 불러라!

만세를 불러라 우리 자매들에게

그리고 우리의 노래에게!

어느 누군가가

전투의 노래를 듣게 되면

그는 배워서 불러주리

전사들에게 이 노래를.

그리고 말 위에 올라타고

허공으로 떠나리라:

칼을 뽑아 들고

이곳에서 떠나리라!

Der Webegesang der Valkyriur

(Der Schicksalsgöttinnen, vor der Schlacht, zu des Grafen Randvers Tod, und des Königs Siege)

Umher wirds dunkel

Von Pfeilgewölken!

Sie breiten umher sich

Wetterverkündend!

Es regnet Blut!

Auf! knüpfet an Spieße
Das Schicksalsgewebe
Blutrothen Einschlags,
Ihr Todesschwestern
Zu Randvers Tod.

Sie weben Gewebe
Von Menschendärmen!
Menschenhäupter
Hängen sie dran!
Bluttriefende Spieße
Schießen sie durch
Und sind mit Waffen
Und Pfeil gerüstet
Und dichten mit Schwertern
Das Sieggarn vest.

Sie kommen zu weben
Mit nackten Schwerdtern
Hild', Hiorthrimul,
Sangrida, Svipul,
Eh die Sonne sinkt
Werden Schilde spalten
Und Panzer brechen

Und Schwerter treffen,
Daß die Helme tönen.

Wir weben, wir weben
Schlachtgewebe!
Dies Schwert trug einst
Ein Königs Sohn!
Hinaus, hinaus
An die Schaaren hinan,
Wo unsre Freunde
In Waffen schon glühn!

Wir weben, wir weben
Schlachtgewebe!
Hinaus, hinaus
Zum König hinan!
Gudr, Gondula!
Da sahen sie schon
Schilde Blutroth
Den König decken!

Wir weben, wir weben
Schlachtgewebe!
Hinaus, hinaus!

Wo die Waffen tönen
Und Helden fechten!
Wir wollen nicht fallen
Den König lassen!
Die Valkyriur walten
Über Leben und Tod!

Es soll gebieten,
Dem Erdenkreis
Dies Volk der Wüste!
Mächtiger König
Ich verkünde dir:
Es naht in Pfeilen
Ein Tod heran!
Dein Feind ist gefallen!

Und Irrland wird
Trauer treffen,
Die seinen Söhnen
Nie schwinden wird!
Das Geweb' ist gewebt!
Das Schlachtfeld fließt
Von rothem Blut!
Der Krieg wird wüten

Noch Länder hindurch!
Wie ists nun schrecklich
Umherzuschaun!
Blutwolken fliegen
In der Luft umher!
Ach! Kriegerblutes
Wird die Luft getüncht,
Eh unsre Stimmen
Erfüllt einst sind.

Singt all' ihr Schwestern
Dem Könige Heil!
Und Siegeslieder!
Und Heil uns Schwestern
Und unserm Gesang'!
Und wer sie hört
Die Schlachtgesänge,
Der lern' und singe
Sie den Kriegern vor.

Und reiten auf Roßen
In der Luft hinweg:
Mit nackten Schwerdtern
Hinweg von hier!

… 내가 스칼드풍 시 전체를 근대시의 모범으로 내세우려 했단 말입니까? 조금도 그렇지 않습니다! 이 시들은 너무 단순하고 건조하게 여겨질 수도 있습니다. 다른 민족들이 이를 훨씬 능가할 수도 있을 것입니다. 이런 시들은 북방의 직장가인(Meistersänger)이나 즉흥가인(Improvisatori)[88]의 시가에 불과한 것으로 여겨질 수도 있습니다. 하지만 내가 이 시가들을 가지고 증명하고 싶어 하는 것을 이것들은 스스로 증명해줍니다. 이 시가들을 채워주고 있는 정신은 꾸밈없고 단순하지만, 동시에 위대하고 마술적이고 열정적인 특성을 지니고 있습니다. 강하게 발음되는 단어 하나하나가 만들어내는 인상의 깊이, 그 인상을 만들어내는 자유로운 투척,[89] 고대 민족에게서 나타나는 이런 특성을 나는 희귀하고 모범적인 것으로서가 아니라, 자연적 천성으로서 제시하고자 했던 것입니다. 이에 대해 이야기해보겠습니다.

여행기들을 통해 당신은 야생적인 민족들이 얼마나 강렬하고 확고하게 자신을 표현하는지 알고 있을 것입니다. 그들이 말하고자 하는 것은 항상 감각적이고 명료하고 생생하고 직관적이어서, 우리는 그들이 말하는 목적을 직접적이고 정확하게 느낄 수 있습니다. 그들이 말하고자 하는 것은 개념의 그림자, 반쪽 사상, 상징적인 문자이성(그들의 언어에는 이 단어가 없는데, 그것은 이들이 추상적인 것을 거의 가지고 있지 않고, 알고 있지도 않기 때문입니다.), 이 모든 것들로 인해 산만해지는 법이 없습니다. 인위적 조작이나 노예적 희망, 두려움으로 다가

88 직장가인은 근대 초 북유럽 문화권에, 즉흥가인은 이탈리아 문화권에 각각 속한다.
89 앞의 주 70 참조.

오는 정치나 혼란스러운 사전대비 등으로 인한 타락과는 더더욱 거리가 멉니다. 정신을 약화시키는 이 모든 것들을 그들의 영혼은 알지 못하기 때문에, 그들은 온전한 생각을 온전한 언어로 파악하고, 또한 온전한 언어를 온전한 생각으로 파악합니다. 그들은 침묵하거나, 아니면 관심을 느끼는 순간에는 미리 생각해두지 않았던 확고함과 확실함과 아름다움을 가지고 말합니다. 훌륭한 교육을 받은 모든 시대의 유럽인들은 이에 대해 경탄해야 마땅하고, 그것을 그대로 내버려두어야 합니다. 모든 것을 사전에 미리 주워 모아 외워야만 올바른 방식으로 웅얼거릴 수 있는 우리 현학자들, 학교 선생들, 교회 집사들, 반쪽짜리 교양인들, 한마디로 우리 약제사들,[90] 그리고 교양인들의 집을 여기저기 돌아다니는 모든 사람들이 얻어내는 것이라고는 결국 셰익스피어의 랜슬롯(Launcelot)이나 경찰 끄나풀, 무덤 파는 인부[91]처럼 임종의 혼미함 속에서 타성적이고 불명확하게 말하는 능력에 불과합니다. 야생적 인간에 비교할 때 이 교양인들이 도대체 무엇이란 말입니까? 우리에게서 이러한 확고함의 흔적을 찾으려는 사람이 있다면, 그는 이런 사람들에게서는 그것을 결코 찾지 못할 것입니다. 타락하지 않은 어린이들, 여성들, 훌륭한 자연적 이성을 지닌 사람들, 사변보다는 행동을 통해서 교양을 쌓은 사람들, 이런 사람들이야말로 우리 시대의 유일한 달변가, 최고의 달변가들일 것입니다. 내가 위에서 말한 것이 화술에 대한 것이라면 말입니다.

---

90 여기저기서 끌어 모은 약재들로 약을 제조하는 약제사처럼 지식을 끌어 모아 가치 있는 것인 듯 주장하는 근대 유럽사회의 교양인들을 빗댄 표현.

91 랜슬롯, 경찰 끄나풀, 무덤 파는 인부는 각각 셰익스피어의 『베니스의 상인』, 『헛소동』, 『햄릿』에 등장하는 인물들.

고대에 이러한 확실함과 확고함을 존엄과 음향과 아름다움에 가장 잘 조화시킬 줄 알았던 이들은 시인과 스칼드와 현자들이었습니다. 이들은 영혼과 입을 하나로 묶을 수 있었기 때문에, 이들에게서는 이 두 가지가 서로 혼란을 야기하는 것이 아니라, 서로에게 지원과 도움을 주었습니다. 그 덕분에 고대의 가장 위대한 시인들인 아오이도스,[92] 가인, 바드, 민스트럴(Minstrel)[93]의 기적적인 작품들이 생겨났던 것입니다. 호메로스의 랩소디[94]와 오시안의 노래는 즉흥적인(impromptus) 것이었습니다. 당시 사람들은 다른 방식의 연설을 알지 못했기 때문입니다. 비록 이보다 미약하고 어느 정도 거리가 있기는 하지만 오시안의 뒤를 이은 것은 민스트럴이었습니다. 그러나 마침내 기예라는 것이 등장하면서 천성이 사라지고 말았습니다. 외국어에서 어린 시절부터 우리를 가장 고통스럽게 했던 것은 귀와 천성이 느끼지 못하는 음절의 장단을 배우는 일이었습니다. 자연의 최소한인 천재가 자연의 규칙이라고 인정한 규칙에 따라 글을 쓰는 일이었습니다. 생각은 물론이고 감각과 상상은 더더욱 허용하지 않는 대상에 대해 글을 지어내는 것이었습니다. 우리가 지니고 있지 않은 열정을 인위적으로 만들어내고, 우리가 소유하고 있지 않은 영혼의 힘을 모방하는 것이었습니다. 그래서 결국 모든 것이 거짓이 되고 취약하게 되고 조작이 되고 말았습니다. 가장 우수한 두뇌를 지닌 사람조차

---

92 리라 반주에 맞춰 영웅 서사시를 노래했던 고대 그리스의 가인.

93 고대 영국의 음유시인.

94 랩소디는 원래 서사시의 한 부분 또는 서사시적 부분의 연속을 뜻하는 그리스어에서 유래된 말로서, 서사적·영웅적·민족적인 색채를 띠고 있는 서사시를 가리킨다. 여기에서는 호메로스의 『일리아드』와 『오디세이』를 가리킨다.

혼란에 빠져, 눈과 손의 확고함과 사상과 표현의 확실함을 잃어버리고 말았습니다. 이와 더불어 진정한 생동성과 진실성과 감동도 사라져버렸습니다. 모든 것이 사라져버린 것입니다. 인간의 영혼이 빚어낸 가장 강렬하면서도 확실한 산물인 시문학이 가장 불확실하고 무기력하고 불안정한 것이 되어버린 것입니다. 세련되기 위해 자주 교정을 받아야 하는 어린이와 학생의 습작이 되어버린 것입니다. 이것이 우리 시대의 개념이 되어버렸기에, 우리는 고대의 작품에서도 천성보다는 기교에 더 경탄하게 되고, 두뇌의 능력에 따라 그 안에서 기교만을 때로는 너무 많이, 또 때로는 너무 적게 찾아낼 뿐, 그 안에서 노래되고 있는 자연의 정신은 거의 찾아내지 못하고 있습니다. 호메로스와 오시안이 부활하여 자신들의 시가 읽히고 찬양받는 것을 듣게 된다면, 자신들에게 부여되고 자신들에게서 받아들여지는 것이 기교적인 것일 뿐이고 느껴지는 것이 아니라는 사실에 대해 너무도 자주 놀랄 것입니다.

물론 수많은 세대와 교육을 거치면서 오늘날 우리들의 영혼은 청소년 시절부터 다르게 교육됩니다. 우리는 더 이상 보고 느끼지 않고, 생각하고 꼬치꼬치 따집니다. 우리는 생동하는 세계, 생동하는 대상과 느낌을 체험하고 이에 대해 글을 쓰는 것이 아니라, 어떤 주제나 이를 다루는 방식을, 혹은 심지어 이 두 가지 모두를 인위적으로 꾸며냅니다. 그리고 이것을 너무 오래, 너무 자주, 너무 어린 시절부터 인위적으로 꾸며내서 이제 자유로운 교육을 누리는 기쁨을 거의 상실하고 말았습니다. 사지가 마비된 사람이 도대체 어떻게 걸을 수 있겠습니까? 또한 이로 인해 최근에 나온 대부분의 시에는 확고함과

명확함과 원만한 윤곽이 결여되어 있습니다. 최초의 투척[95]만 그러한 윤곽을 부여하고 나중의 순환은 그려내지 못하는 것입니다. 호메로스나 오시안의 경우에는 그러한 문학적 노력이 라파엘이나 아펠레스[96]의 경우와 다르지 않게 나타나는 것을 볼 수 있습니다. 윤곽만을 그려서 자신을 아펠레스처럼 보이려고 하는 자는 미력한 손으로 끼적대는 어린 견습생에 불과합니다.—이 정도로 줄이겠습니다.

… 최근에 내가 시의 최초의 투척이라고 말한 것을 가지고 우리 시대 젊은 견습시인들의 성급하고 서투른 글쓰기에 조금이나마 도움을 줄 수 있을지 모르겠다고요? 그러면 도대체 그들이 말하고자 하는 것, 말해야 하는 것을 알지 못하고 있는 데서 오는 사상과 언어의 불명확성과 불확실성보다 더 눈에 띄는 그들의 결점이 무엇이란 말입니까? 이것을 알지 못하는 사람이 어떻게 교정을 통해 이것을 배울 수 있단 말입니까? 고기 굽는 꼬챙이를 조각해서 아폴론 조각상을 만들 수 있을까요?

내 생각에는 현재 우리 시문학이 처한 상황을 고려할 때 두 가지 경우가 있을 것 같습니다. 어떤 시인이 자신의 대상과 작시방식에 요구되는 영혼의 힘, 자신에게서 지배적인 영혼의 힘이 구상하고 인식하는 힘이라는 것을 깨달았다고 합시다. 그러면 그는 그가 다루고자 하는 대상과 그의 시의 내용을 오랫동안 곰곰이 생각해서 분명하고 명료하게 파악하고, 방향을 전환해보고, 정돈해야 할 것입니다. 이

95 앞의 주 70 참조.

96 기원전 4세기 무렵 살았던 고대 그리스 화가.

를 통해 모든 문자가 그의 영혼에 새겨지도록 하고 나서, 이제 그는 그의 시에 오로지 전체적이고 솔직한 형상만을 각인해야 할 것입니다. 이에 반해 그의 시가 열정과 감정의 분출을 요구하는 경우, 이러한 종류의 힘이 그의 영혼에서 가장 효과적이고 원활하게 작용하는 원동력이어서, 이것이 없이는 그가 작시를 할 수 없다면, 그는 자신을 행복한 시간의 불같은 열정에 내맡겨서 글을 쓰고 마법을 부려야 할 것입니다. 첫 번째 방식으로 작품을 쓴 시인으로는 밀턴, 할러,[97] 클라이스트 등이 있습니다. 그들은 작품을 쓰지 않고 오랫동안 곰곰이 생각에 잠겼습니다. 그러나 일단 말을 시작하면 그것이 글이 되었습니다. 밀턴의 경우에는 그가 밤 동안 모세처럼[98] 자신의 영혼에 새긴 것을 아침에 딸에게 불러주는 방식으로 글을 썼습니다. 할러의 경우에는 그의 시가 얼마나 숙고되고 압축되었는지를 우리는 충분히 볼 수 있습니다. 내 생각에 레싱의 경우에는 그의 후기 작품들이 여기에 속하는 것으로 보입니다. 그토록 활기차고 그 영혼에 있어 온전한 완성도를 지닌 이 모든 작품들은 빠른 손길이 아니라, 인상의 깊이와 지속성을 통해 비범함을 보여줍니다. 이 작품들의 특징은 지속적이라는 데 있으며, 그 안에 담긴 영혼은 새로이 반복되는 모든 인상에서 그것이 처음에는 인지하지 못했던 보다 심오한 깊이와 완성을 발견하게 됩니다. 두 번째 부류에 속하는 것으로는 예를 들어 클롭슈토

---

97 할러(Albrecht von Haller, 1708-1777)는 스위스의 해부학자·식물학자·시인으로서 『알프스(*Die Alpen*)』(1729)라는 교훈적 사상시에서 웅대한 서사시적 자연 묘사를 통해 신의 섭리를 찬양하고 도덕적 질서를 강조하였다.

98 모세가 시나이 반도에서 40일 동안 기도하여 신의 뜻이 새겨진 십계명을 얻은 것을 밀턴의 작시에 비유한 것.

크의 시에서 볼 수 있는 분출하는 표현을 들 수 있습니다. 글라임[99]의 시에는 최초의 투척이 매우 분명하게 드러납니다. 야코비의 시들은 한순간의 잔잔한 즐거움 외에는 아무것도 아닙니다. 다른 시인들은 종국에는 태만할 정도로 대상을 과장하고 있습니다. 내 생각에 라믈러는 두 가지 방식을 하나로 결합하고 있는 것으로 보입니다. 물론 비록 첫 번째 방식, 즉 숙고의 방식이 더 두드러지기는 하지만 말입니다. 빌란트도 비록 그의 마음을 사로잡고 있는 세계에 대한 전문적 지식에 의한 글쓰기에 더 많이 기울어져 있는 것으로 보이지만, 나름으로 두 가지 방식을 결합하려 하고 있습니다. 게르스텐베르크도 두 가지를 결합하려 한 시인에 속합니다. 뛰어난 두뇌의 소유자들은 대체로 두 가지 방식을 결합하는 경향을 보입니다. 왜냐하면 처음에는 이 두 가지 방식이 서로 멀리 떨어져 있는 것처럼 보여서, 한 사람의 천재가 다른 천재의 방식을 단숨에 자기 것으로 만들기 어려울 것 같지만, 궁극적으로 이 둘은 서로 일치하기 때문입니다. 오랫동안 강인하고 힘 있게 생각한 것과 신속하고 생생하게 느낀 것, 이 둘은 활동하는 시점에서는 즉각적인 것이 되어, 동일한 확고함과 진실함과 생동성과 확실성을 얻게 됩니다. 바로 이것이 내가 말하고자 했던 것입니다. 교육과 교양과 가르침의 막중하고 풍성한 진실은 바로 이것으로부터 나와야 합니다! 우리 영혼에서 인식하는 부분과 느끼는 부분 사이의 이러한 조화와 부조화로부터 심리적이고 실천적인 비평이 만들어져야 합니다! 하지만 당신은 이제 내가 오시안에 대한 심리학을

---

99 글라임(Johann Wilhelm Gleim, 1719-1803)은 독일 아나크레온파의 시인.

다루기를 기다리고 있겠지요!

이 문제에 있어 나는 내 전문분야에 머무르고자 합니다. 고대의 야생적 민족들의 시는 직접적인 현재에서, 감성과 상상력의 직접적인 열광에서 생겨난 것인 만큼, 많은 투척과 비약을 보입니다. 나는 오래전부터 이를 인지한 수많은 기회를 통해 이 문제에 대해 생각해왔는데, 이제 여기에서 우정 어린 평가를 받기 위해 당신에게 이 생각을 이야기해보겠습니다. 우선 감성적 지성과 상상력에 있어, 다시 말해 이것들로 이루어진 민중[100]의 영혼에 나타나는 그러한 생동하는 비약, 투척, 방향전환이 (당신이 그것을 뭐라고 부르든지 간에) 학자들과 예술비평가들이 우리에게 그렇게 가르치듯이 그저 낯선 보헤미아 문제[101]에 불과한 것일까요? 사람들이 흔히 말하듯 기독교 민족의 미풍양속을 위해 클롭슈토크의 교회 노래에 가해진 비판[102]을 당신은 알고 있을 것입니다. 여기에서 무엇이 문제인지 알아보기로 할까요?

경험과 전거에 의거하여 당신에게 우선 말하고자 하는 것은 민중의 노래보다 더 많은 비약과 과감한 투척을 보이는 것은 세상에 없다는 것입니다. 그리고 민중의 노래가 그러한 비약과 투척을 가장 많이 지니게 되는 것은, 이것 자체가 그것의 수단을 통해 생각되고 숙고되고 생겨나고 태어나서, 이 노래를 그토록 커다란 흥분과 열정으로 노

---

100 헤르더 이래로 독일어 Volk는 민족 혹은 민중이라는 이중적 의미를 지니고 있는데, 이 책에서는 맥락에 따라 때로는 민족, 때로는 민중으로 옮겼다.

101 보헤미아 문제(Böhmische Sache)는 불분명하고 예측 불가능한 애매한 문제를 뜻한다.

102 레싱이 클롭슈토크의 송가들에 대해 너무 감정적이라고 비판했던 것을 가리킨다. Lessing, *Briefe, die neueste Literatur betreffend*, 51번째 서한 참조.

래 부르는 것을 그만둘 수 없게 되는 경우입니다. 그 예로서 내가 잘 알고 있는 것은 「사냥꾼의 노래」[103]인데 그 전체를 당신에게 전하는 것은 단념해야 할 것 같습니다. 왜냐하면 이 시의 대부분, 그리고 가장 매혹적인 부분이 각적(角笛)의 음조와 멜로디로 되어 있기 때문입니다. 지극히 소박하고 민중적인 이 시에서 대화의 비약과 투척이 없는 시행(詩行)은 단 하나도 없는데, 현대시에 이런 대화가 있다면 분명 사람들을 놀라게 할 것이고, 우리 시대의 마비된 예술비평가들은 이에 대해 이해할 수 없고, 대담하고, 디오니소스 송가 같다고 비명을 지를 것입니다. 사냥꾼 하나가 늦은 밤에 그물을 설치하는데, **늘상 밤이면**(이런 말은 사냥꾼의 말투를 반영합니다.) 뿔피리를 불어 짐승을 곡식들로부터 멀리 숲으로 쫓아냅니다. 늘상 밤이면 멀리서 온 **오만한 처녀**(*Jungfrau stolz*)가 그와 마주칩니다. 여기에서 이 대화가 시작됩니다.

어디에서 와서 어디로 가느냐? 너 거친 짐승아!
늘상 밤이면!
나는야 사냥꾼, 너를 잡고 말겠어,
"네가 사냥꾼이라도, 나를 잡을 순 없지"
늘상 밤이면!
"내가 얼마나 높이 뛰는지, 너는 모를 거야,"
네가 얼마나 높이 뛰는지 나는 알지,
늘상 밤이면!

---

103 *Volkslieder*, SWS XXV, 114 이하 참조.

나는야 알지, 그걸 어떻게 막을지

Wo aus? Wo ein? Du wildes Thier!
Alleweil bei der Nacht!
Ich bin ein Jäger, und fang dich schier, u. s. w.
"Bist du ein Jäger, du fängst mich nicht"
Alleweil bei der Nacht!
"Mein' hohe Sprüng', die weißt du nicht," u. s. w.
Dein' hohe Sprüng', die weiß ich wohl,
Alleweil bei der Nacht!
Weiß wohl, wie ich sie dir stellen soll u. s. w.

그러다가 갑자기 아무런 예고 없이 질문이 제기됩니다.

네 오른팔에 그건 뭐지?

Was hat sie an ihrem rechten Arm?

그리고 갑자기 아무런 예고 없이 대답합니다.

이제 나는 잡혔네,
네 왼발에 그건 뭐지?
"이제 나는 아네, 죽어야 한다는 걸!"

Nun bin ich gefangen, u. s. w.

Was hat sie an ihrem linken Fuß?

"Nun weiß ich, daß ich sterben muß!"

이처럼 투척이 계속됩니다. 이처럼 범속하고 민중적인 사냥꾼의 노래에서도 말입니다! 그렇다고 해서 암암리에 이 시의 생동감을 느끼지 못할 사람이 누가 있겠습니까? 모든 옛 시가들이 나의 증인입니다! 내가 알고 있는 라플란드, 에스토니아, 라트비아, 스코틀랜드, 그리고 독일의 노래들은 더 오래되고, 더 민중적이고, 더 생동적일수록 그만큼 더 대담하고, 더 투척적입니다. 내가 제시한 스칼드와 라플란드와 스코틀랜드의 노래들이 당신에게 충분치 않다면, 도즐리의 『고대시가집』에 들어 있는 다른 노래들을 들어보십시오. 우리 민족의 수백 개의 노래와 유사하고, 노래라기보다는 말이라고 할 수 있는 범속한 노래를 골라보겠습니다. 이제 이 노래에서 세상에 남아 있는 것으로는 「사랑스런 윌리엄의 유령」[104]밖에 없습니다. 하지만 번역으로나마 그 녹청을, 그것의 뛰어난 민중성을 남겨보려 합니다.

한헨네 집 문으로 유령이 다가왔다,
탄식과 신음 소리를 내며!
자물쇠를 누르고 자물쇠를 돌렸다
삐걱 소리가 슬프게 울렸다.

104 Percy, *Reliques III*, 126에 실려 있음. *Volkslieder*, SWS XXV, 72, 523 참조.

"아버지 필립인가! 거기 누군가요?
오빠인가! 요한이에요?
아니면 빌헬름, 내 신랑인가!
스코틀랜드에서 오는 길인가요?"
그대의 아버지 필립, 그이가 아니오!
그대의 오빠가 아니오, 요한이 아니오!
빌헬름, 당신의 신랑이오,
스코틀랜드에서 오는 길이라오!
들어봐요, 사랑스런 한헨, 내 말을 들어봐요,
내 말을 듣고, 내 뜻을 따라주오!
내 약속과 신의를 돌려주오
내가 당신에게 주었던 그것을!
"당신의 약속과 신의를 돌려주지 않겠어요
결코 돌려주지 않겠어요!
내 방으로 들어와,
사랑의 입맞춤을 해줄 때까지는!"
그대의 방으로 들어가야 한다구요,
더 이상 사람이 아닌 내가 말이오?
그대의 장밋빛 입술에 입맞춤을 하라구요?
죽음의 입맞춤을 하게 될 텐데!
안 되오 사랑스런 한헨,[105] 내 말을 들어요,

105 초판에는 "Nein süsses Hanchen"으로 되어 있으나 슈타이크(Reinhold Steig)가 편집한 책에서는 "내 사랑하는 한헨"(Mein⋯)으로 되어 있다. 전자가 문맥상 문제가 없는

내 말을 듣고, 내 뜻을 따라주오.

내 약속과 신의를 돌려주오,

내가 당신에게 주었던 그것을!

"당신의 약속과 신의를 돌려주지 않겠어요,

결코 돌려주지 않겠어요!

나를 교회로 데리고 가서

결혼반지를 끼워 줄 때까지는!"

나는 이미 교회에 누워 있다오

죽은 몸이 되어!

이것은, 사랑스런 한헨, 내 유령일 뿐이라오,

여기 지금 그대에게 와있는 것은!

그녀는 백합 같은 손을 뻗어

떨리는 손을 그에게 내민다:

"자, 빌헬름, 약속과 신의를 가져가요,

이제 가서, 그만 쉬어요!"

그녀는 서둘러 옷을 걸치고

유령을 뒤쫓아 갔다,

긴긴 겨울밤 내내

유령을 뒤쫓아 갔다.

"빌헬름, 당신 머리 쪽에 아직 공간이 있나요,

당신 발 쪽에 아직 공간이 있나요?

적절한 표현이고 이러한 판본의 차이에 대한 별다른 언급이 없는 것으로 보아 이는 슈타이크의 실수에서 비롯된 것으로 보인다.

당신 옆에 공간이 있다면,
내게 줘요, 오 그것을 내게 줘요!”
내 머리와 발 쪽에는 공간이 없다오
내 옆에도 공간이 없다오!
내 관은, 사랑스런 한헨, 너무 좁아
그대에게 내줄 자리가 없다오!
그때 수탉이 울었다! 시계가 종을 쳤다!
아침이 밝아왔다!
“아, 한헨, 이제, 이제 시간이 되었다오,
그대와 작별하고 떠나갈 시간이!”
유령은 더 이상, 더 이상 말하지 않고
슬픈 한숨을 내쉬었다.
그리고 밤과 어둠 속으로 사라지고
그녀만, 그녀만이 홀로 서 있었다!
“가지 마요, 내 충직한 사랑! 가지 말아요
당신의 여자가 부르잖아요!”
그때 그녀의 눈길이 흐려졌다! 그녀의 몸이 스러졌다.
그녀의 뺨이 창백해졌다!

Zu Hannchens Thür, da kam ein Geist,
Mit manchem Weh und Ach!
Und drückt' am Schloß und kehrt' am Schloß
Und ächzte traurig nach.
“Ists, Vater Philipp! der ist da?

Bists, Bruder! du, Johann?

Oder ists Wilhelm, mein Bräutigam!

Aus Schottland kommen an?"

Dein Vater Philipp, der ists nicht!

Dein Bruder nicht, Johann!

Es ist Wilhelm, dein Bräutigam,

Aus Schottland kommen an!

Hör, süsses Hannchen, höre mich,

Hör' und willfahre mir!

Gib mir zurück mein Wort und Treu,

Das ich gegeben dir!

"Dein Wort und Treu geb' ich dir nicht

Geb's nimmer wieder dir!

Bis du zu meiner Kammer kommst,

Mit Liebeskuß zu mir!"

Zu deiner Kammer soll ich ein,

Und bin kein Mensch nicht mehr?

Und küssen deinen Rosenmund?

So küß ich Tod dir her!

Nein süsses Hannchen, höre mich,

Hör' und willfahre mir.

Gib mir zurück mein Wort und Treu

Das ich gegeben dir!

"Dein Wort und Treu geb ich dir nicht,

Geb's nimmer wieder dir!
Bis du mich führst zur Kirch' hinan
Mit Treuering dafür!"
Und an der Kirche lieg' ich schon
Und bin ein Todtenbein!
'S ist, süsses Hannchen, nur mein Geist,
Der hier zu dir kommt ein!
Ausstreckt sie ihre Liljenhand
Streckt bebend sie ihm zu:
"Da, Wilhelm, hast du Wort und Treu,
Und geh, und geh zur Ruh!"
Und schnell warf sie die Kleider an
Und ging dem Geiste nach,
Die ganze lange Winternacht
Ging sie dem Geiste nach.
"Ist, Wilhelm, Raum noch, dir zu Haupt,
Noch Raum zu Füssen dir?
Ist Raum zu deiner Seite noch,
So gib, o gib ihn mir!"
Zu Haupt und Fuß ist mir nicht Raum
Kein Raum zur Seite mir!
Mein Sarg ist, süsses Hannchen, schmal
Daß ich ihn gebe dir!
Da kräht der Hahn! da schlug dir Uhr!

Da brach der Morgen für!
"Ach, Hannchen, nun, nun kommt die Zeit,
Zu scheiden weg von dir!"
Der Geist – und mehr, mehr sprach er nicht
Und seufzte traurig drein
Und schwand in Nacht und Dunkel hin
Und sie, sie stand allein!
"Bleib, treue Liebe! bleibe noch
Dein Mädchen rufet dich!"
Da brach ihr Blick! ihr Leib der sank,
Und ihre Wang' erblich!

이제 말해보십시오. 이보다 더 대담하게 투척적이고, 분절적이고, 자연스럽고, 범속하고, 민중적인 것이 있을 수 있겠습니까? 나는 민중적이라고 말했습니다. 신랑의 윤리에 관해서는 야생적 인간들, 예를 들어 북아메리카인들의 관습에 대해 읽어보시기 바랍니다. 그리고 그들의 복장의 온전한 자연스러움에 대해서는 당신에게 더 이상 설명할 필요가 없을 것입니다.—나중에 다시 써 보내겠습니다.

… 우리 독일인들도 내가 인용했던 스코틀랜드 로만체보다 그런 시가를 더 많이 가지고 있다고 당신은 믿고 있을 것입니다. 나는 그렇게 믿을 뿐만 아니라, 그것을 알고 있습니다. 나는 생동감과 리듬, 언어의 소박함과 강렬함에 있어 스코틀랜드의 여러 로만체에 결코 뒤지지 않는 민중의 노래, 지방의 노래, 농부의 노래를 가지고 있는

곳을 한 지역 이상 알고 있습니다. 그런데 도대체 누가 그것을 수집하고 있습니까? 누가 그것을 돌보고 있습니까? 누가 민중의 노래를 돌보고 있습니까? 길거리, 골목길, 생선시장에서 불리는 노래를 누가 수집하여 돌보고 있습니까? 시골 사람들의 어설픈 윤창(輪唱) 속에 들어 있는 것을 누가 수집하여 돌보고 있습니까? 운율이 잘 맞지 않거나, 서툰 각운을 붙인 경우가 적지 않은 그런 노래에 누가 관심을 보입니까? 음절을 잘 셀 줄 알고, 운율을 붙일 줄 알고, 책을 인쇄에 맡기는 우리 비평가들 중 누가 그런 일을 하고 있습니까? 프랑스인들은 그들의 옛 상송을 수집합니다! 영국인들은 옛 노래와 발라드와 로만체를 화려한 장정본으로 출간하고 있습니다! 독일에서 로가우[106]와 스쿨테투스[107]와 바드의 노래를 돌보는 이는 레싱 한 사람뿐입니다! 현대의 시인들이 더 잘 인쇄되어, 더 잘 읽힙니다. 오피츠, 플레밍, 그리피우스의 작품들을 인쇄합니다.[108] 이보다 오래된 참된 민중적 작품 중 나머지는 매일 확산되고 있는 소위 문화에 밀려 완전히 몰락의 길을 걷고 있습니다. 그런 보물들이 이미 몰락해버렸듯이 말입니다. 이제 우리는 형이상학과 교리학과 기록문서들을 가지고 조

---

106 Friedrichs von Logau, *Sinngedichte; zwölf Bücher. Mit Anmerkungen über die Sprache des Dichters herausgegeben von C. W. Ramler und G. E. Lessing*, Leipzig 1759. 이에 대해서는 Lessing, *Briefe, die Neueste Literatur betreffend*, 36, 43, 44번째 서한 참조.

107 다음 주 108 참조.

108 Justus Friedrich Wilhelm Zachariae, *Auserlesene Stücke der besten deutschen Dichter, von Martin Opitz bis auf gegenwärtige Zeiten*, Braunschweig 1771. 여기에는 그리피우스(Andreas Gryphius)와 플레밍(Paul Fleming) 외에 스쿨테투스(Andreas Scultetus)의 작품도 수록되어 있다. 이 책이 나온 해인 1771년에 레싱은 여기에 수록된 스쿨테투스의 작품을 별쇄본으로 만들었다. 이에 대해서는 1771년 6월 6일 글라임(Gleim)에게 보낸 레싱의 편지 참조.

용히 꿈꾸며 세월을 흘려보내고 있습니다.

그럼에도 불구하고 우리가 각자 자신의 지방에서 지방 민요를 찾아 그것들을 모은다면, 도즐리가 『고대시가집』에 모아놓은 것의 절반 정도는 모을 수 있을 것이고, 그 가치는 도즐리의 시가집에 거의 필적할 것이라는 것을 믿어주시기 바랍니다! 이 시가집의 많은 작품들에서, 특히 스코틀랜드의 최상의 작품들에서 나는 독일의 풍습과 내가 직접 귀로 들은 바 있는 독일의 작품들을 떠올렸습니다. 알자스, 스위스, 프랑켄, 티롤, 슈바벤에 친구가 있다면, 그들에게 부탁하십시오. 하지만 무엇보다도 우선 이 작품들을 부끄러워하지 말라고 하십시오. 예를 들어 성실한 영국인들의 경우 그들은 이에 대해 부끄러워하지 않았습니다. 내가 전에 당신께 인용했던 "오라, 오라, 죽음이여"의 멜로디를 나는 언젠가 어렴풋이 한번 들은 기억이 있습니다. 그리고 내가 「거지의 노래」를 들었던 것도 그리 오래 전의 기억이 아닙니다. 그 내용이 뒤섞여 있고, 비약이 많았으며, 매우 서정적인 옛 멜로디가 구슬프게 들리던 그런 노래였습니다. 비탄에 빠진 여가수 페니아가 삶의 막바지에 이르러 기도하는 음조로 그녀에게 "저 쓰디쓴 죽음이 덮쳐올" 것이고, 그녀의 (내 생각에 이는 관습이나 표현으로 보입니다.) "두 발을 묶을" 것이라고 노래합니다. 마침내 조종(弔鐘)이 울려 퍼지는 가운데 네 명 혹은 여섯 명의 사람이 그녀를 집과 친구들로부터 무덤으로 운구합니다.

이 종이 울리기를 그치면
내 친구들은 벌써 나를 잊겠지! -

Und wenn die Glocke verliert ihren Ton

So haben meine Freunde vergeßen mich schon! -

이 죽음의 행렬이 슬프고 감동적으로 느껴지지 않습니까?

오래된 각운이나 표현에 얼굴을 찡그리는 우리 시대의 구역질 나는 작자들의 손에 이 편지가 들어가지 않으리라는 것을 알기 때문에, 또한 당신이 나처럼 어디에서나 기교보다는 자연을 추구한다는 것을 알기 때문에, 질박한 장인들의 노래 모음집에서 찾아낸 그리움과 슬픔의 연가[109]를 주저하지 않고 당신께 소개하려 합니다. 글라임이나 라믈러, 혹은 게르스텐베르크가 이 노래를 조금만 손본다면, 최근의 많은 시들을 능가할 것입니다.

다른 때는 모든 것을 진정시키는 달콤한 잠이

슬픔에 가득 찬 내 마음은 진정시키지 못하네,

그걸 할 수 있는 건 오직 나를 기쁘게 해줄 그녀!

어떤 음식도, 음료도, 내게 기쁨과 양식이 되지 못하고,

어떤 소일거리도 내 마음을 기쁘게 하지 못하네,

그걸 할 수 있는 건 오직 내 마음속에 있는 그녀!

나는 이제 어떤 모임에도 가고 싶지 않아,

---

109 이 시는 앨스트(Paul von der Aelst)가 수집하고 편찬하여 1602년 데벤터(Deventer)에서 출간한 책에 32번째로 실려 있다. Herder, *Volkslieder*, SWS XXV, 436 참조.

낮이나 밤이나 슬픔에 빠져 홀로 앉아 있네,
그걸 할 수 있는 건 오직 내 마음에 품고 있는 그녀.

믿음만으로 나는 그녀에게 매달리네.
그녀가 내게서 오래 떠나가지 않기를 바라며,
그렇지 않으면 나는 필경 쓰디쓴 죽음의 굴레로 떨어지리.

Der süsse Schlaf, der sonst stillt Alles wohl
Kann stillen nicht mein Herz mit Trauren voll,
Das schafft allein, die mich erfreuen soll!

Kein Speis', kein Trank mir Lust noch Nahrung geit,
Kein' Kurzweil ist, die mir mein Herz erfreut,
Das schafft allein, die mir im Herzen leit!

Kein' Gesellschaft ich nicht mehr besuchen mag,
Ganz einig sitz in Unmuth Nacht und Tag,
Das schafft allein, die ich im Herzen trag'.
In Zuversicht allein gen ihr ich hang'
Und hoff, sie soll mich nicht verlaßen lang,
Sonst fiel ich g'wiß ins bittern Todes Zwang.

운율은 아름답고, 언어는 강렬하고, 표현은 감각적이지 않습니까? 찾으려는 사람만 있다면 모든 종류의 많은 시들을 찾아낼 수 있다는 것을 믿어주시기 바랍니다!

예를 들어 이제 우리는 다양한 종류의 수많은 새로운 우화들을 가지고 있지만, 옛적의 표현과 음조로 되어 있는 옛 우화 중 하나에 대해 당신이 어떤 말을 할지 들어보고 싶습니다.

뻐꾸기와 꾀꼬리[110]

옛날에 깊은 골짜기에서
뻐꾸기와 꾀꼬리가
내기를 했네,
멋진 노래를 불러,
기교와 행운 덕에 승리한 자가
상을 받기로.

뻐꾸기가 말하길: "너만 좋다면
내기를 판정할 심판을 뽑자!"
그리고 당나귀를 거명했네.
그는 큰 귀를 두 개 가지고 있으니,
그만큼 더 잘 듣겠지
지당한 말이라고 인정을 받았네!

---

110 이 우화시도 위의 주 109에서 언급한 앨스트의 모음집에 46번째로 실려 있다. Herder, *Volkslieder*, SWS XXV, 436 참조.

당나귀에게 내기에 대해 얘기하자, (추정컨대 얼러대자)
그가 심판의 권한을 가지고,
이렇게 소리쳤네, 노래를 불러라!
꾀꼬리가 아름다운 노래를 한 곡 뽑았네;
당나귀 왈, **너는 나를 정신없게 만드는구나!**
머릿속에 하나도 들어오지 않아.

빼꾸기도 노래를 부르기 시작했네
그가 항상 노래하던 방식으로:
빼꾹, 빼꾹! - 그리고 멋진 웃음을 지었네!
이것이 당나귀의 마음에 들었네.
그가 말하길, 전적으로 정당한
판결을 내리겠노라:

그만하면 잘 불렀다, 꾀꼬리,
하지만! - 빼꾸기! - 찬송가를 잘도 부르는구나!
박자도 잘 맞고.
내 높은 지성을 가지고 판정을 내리노니,
온 나라에 알려라
너의 승리를 선언하노라 -

Kukuk und Nachtigall

Einmal in einem tiefen Thal

Der Kukuk und die Nachtigal

Eine Wett thäten anschlagen,

Zu singen um das Meisterstück,

Wers gewönn' aus Kunst oder aus Glück

Dank sollt' er davon tragen.

Der Kukuk sprach: "so dirs gefällt

Hab der Sach einen Richter erwählt!"

Und thät den Esel nennen.

Denn weil der hat zwei Ohren groß,

So kann er hören desto baß

Und was recht ist, erkennen!

Als ihm die Sach nun ward erzählt, (vermuthlich vertalt)

Und er zu richten hat Gewalt,

Schuf er: sie solten singen!

Die Nachtigall sang lieblich aus;

Der Esel sprach: *Du machst mirs kraus*!

Ich kanns in Kopf nicht bringen.

Der Kukuk fing auch an und sang

Wie er denn pflegt zu singen:

Kukuk! *Kukuk*! - lacht fein darein!

Das gefiel dem Esel im Sinne sein.

Er sprach: in allen Rechten

Will ich ein Urtheil sprechen:

Hast wohl gesungen, Nachtigal,
Aber! – *Kukuk*! – *singt gut Choral*!
Und hält den Takt fein innen.
Das sprech' ich nach meinem hohen Verstand,
Und ob es gölt ein ganzes Land
So laß ichs dich gewinnen –

당신은 이 우화를 어떻게 생각하십니까? …가 모은 모든 것[111]보다도 이런 것을 열 개 만드는 것이 더 낫지 않을까요? 여기에 도덕을 가미해야 한다고 내게 요구하지 마시기 바랍니다. 이 노래는 더 질박하고 더 새로운 말로 이루어져 있습니다. 이것에서 각자 나름으로 이런저런 도덕을 이끌어 내는 것은 안 될 일입니다.—부분에서도 전체에서도! 시민적인 뚱뚱한 몸집과 호의를 가지고 이런 칭호 저런 직책을 가지고 있으면 세상사도 잘 알아야 한다고 생각하는 사람들—

그는 **큰** 귀를 두 개 가지고 있으니
그만큼 **더 잘** 듣겠지!

---

111 말줄임표(…)로 처리한 이름은 겔러트(Christian Fürchtegott Gellert)로 추정되는데, 그가 1746-1748년에 걸쳐 출간한 『우화와 이야기(*Fabeln und Erzählungen*)』는 18세기의 가장 민중적인 책으로 꼽힌다.

Dieweil er hat zwei Ohren *groß*

So kann er freilich hören *baß*!

이런 사람들은 우둔함과 사상의 빈약함으로 인해 간결하고 활기찬 것에 대해 즉시 이렇게 비명을 지릅니다. "아이 그리스적 순수함이 없잖아!" 매우 오랜 독일라틴어 시기의 "키케로적인 화술도 없고!" 그렇게도 풍부한 암시, 풍부한 비유, 풍부한 사상—그 밖의 것은 물론 … 한마디로:

당나귀 왈: 너는 나를 **정신없게** 만드는구나!
머릿속에 하나도 들어오지 않아 -
하지만! 뻐꾸기는 찬송가를 잘 부르네
박자도 잘 맞고! -

Der Esel sprach: du machst mirs *kraus*,
Ich kanns in Kopf nicht bringen -
Aber Kukuk singt gut Choral
Und hält den Tackt fein innen! -

세상의 무언가를 인식할 때, 해석에 앞서 그 밖의 무엇이 필요합니까? 하지만 우리가 목표로 삼았던 얼마나 확고하고 깊이 있게 이야기되고 있는가라는 요지로 돌아가겠습니다. 강요된 쾌활함이 아니면서도 모든 단어, 모든 전환이 얼마나 쾌활하고 강렬하고 적절합니까! 모든 좋은 것은 삼세번이라고 하지요! 우리 시대에는 **어린이를 위한**

노래[112]에 대해 사람들이 많은 말을 하고 있습니다. 오래된 독일 노래를 들어보시겠습니까? 여기에는 어린이들에게 너무 이르게 쏟아부어지는 선험적 지혜와 도덕은 들어 있지 않습니다. 어린이다운 유치한 노래일 뿐입니다.

작은 우화[113]

한 소년이 장미꽃을 보고 있네
들에 핀 장미꽃을.
싱싱하고 아름다운 장미꽃을 보네
멈춰 서서 보고 있네
달콤한 기쁨에 젖어 멈춰 서 있네.

Fabelliedchen

Es sah' ein Knab' ein Rößlein stehn

112 Christian Felix Weiße, *Kleine Lieder für Kinder*, 2 Bde., Flensburg 1766.

113 헤르더가 기억에 의존하여 실은 괴테의 「들장미(Röslein)」는 여기에 처음 인쇄된 형태로 실렸다. 이 시의 모티브는 앨스트의 모음집에도 9연의 민요로 실려 있어, 추정컨대 헤르더가 슈트라스부르크 시기의 청년기 괴테에게 이 모음집을 권하고 이 모티브를 민요조 시로 작시해볼 것을 권유한 것으로 보인다. 괴테는 헤르더에게 이 시를 구술해주었거나(SWS XXV, 540에는 구술시로 되어 있다.), 아니면 직접 쓴 것을 다른 알자스 민요들과 함께 익명으로 그에게 전해준 것으로(1771년 9월 헤르더에게 보낸 괴테의 편지, GA XVIII, 162) 추정된다. 헤르더는 이 시를 그의 『민중시가집』에 이름을 밝히지 않고 실었다(SWS, XXV, 437 이하). 괴테는 이 시를 1789년에 다소 수정하여 출간했다.

Ein Rößlein auf der Haiden.

Er sah, es war so frisch und schön

Und blieb stehn, es anzusehen

Und stand in süssen Freuden.

나는 이 시연을 기억에 의존해서 재현한 것인데, 모든 연에는 어린이처럼 유치한 리토르넬로[114]가 이어집니다.

장미꽃, 장미꽃, 붉은 장미꽃,

들에 핀 장미꽃!

소년이 말했네: 나는 너를 꺾을 거야!

네가 나를 영원히 생각하도록

붉은 장미꽃

장미꽃이 말했네: 나는 너를 찌를 거야,

네가 영원히 나를 생각하도록

내가 그런 고통을 겪고 싶지 않았다는 것을!

장미꽃

하지만 개구쟁이 소년은 꺾었네

장미꽃을.

장미꽃은 자신을 지키려 그를 찔렀네,

그는 즐거움에

114 리토르넬로(Ritornell)는 한 연이 3행으로 된 각운시를 뜻하는데, 여기서는 후렴을 의미한다.

고통을 잊었네!

장미꽃

Rößlein, Rößlein, Rößlein roth,
Rößlein auf der Heiden!
Der Knabe sprach: ich breche dich!
Rößlein etc.
Das Rößlein sprach: ich steche dich,
Daß du ewig denkst an mich
Daß ichs nicht will leiden!
Rößlein etc.
Jedoch der wilde Knabe brach,
Das Rößlein etc.
Das Rößlein wehrte sich und stach,
Aber er vergaß darnach
Beim Genuß das Leiden!
Rößlein etc.

이것이야말로 어린이의 음조가 아닙니까? 이 생동감 있는 노래에 생긴 한 가지 변화에 대해 당신께 알려드려야겠습니다. 앞꾸밈음은 민중들의 시가에서 매우 크고 좋은 영향을 발휘하는데, 나는 독일과 영국의 옛 작품들에서 민스트럴이 이것을 얼마나 중시하는지 보았습니다. 민요에서 이 앞꾸밈음은 영어와 마찬가지로 독일어의 경우에도 명사의 두 가지 성 모두 대부분 연구개음 the(de Knabe)이고

das 대신에 's(' Rößlein), ein 대신에 a입니다. 사람들은 이런 종류의 민요에서 이것을 여전히 '로 표시할 수 있을 것입니다. 이런 방식을 통해 명사는 다음 예에서 보듯이 훨씬 더 많은 시적 실체성과 개성을 갖게 되고, 민요에서 훨씬 더 많은 강세음을 갖게 됩니다.

소년이 말했네
장미꽃이 말했네,

' Knabe sprach
' Rößlein sprach, u. s. w.

이제 이로부터 최종적인 견해를 추론해보겠습니다. 각운이 붙은 빠르게 굴러가는 희극적인 곳이나 이와 반대로 비극적 열정이 표현되는 강렬하고 격정적인 곳에서, 전자의 경우 희극적인 가벼운 민요에서, 그리고 후자의 경우에는 대부분 무운시행에서, 당신은 우리 독일인들에게는 모음생략이 없고, 또 그것을 만들어내려 하지도 않는 것이 얼마나 해를 끼치는가를 자주 인지하지 않으셨습니까? 우리 선조들은 이것을 빈번하게, 그것도 매우 빈번하게 사용했습니다. 영국인들은 그리 중요하지 않은 단어나 불변화사 등에서 관사나 모음을 가지고 하는 모음생략을 규칙으로 삼고 있습니다. 이 두 언어의 내적인 속성은 이 점에서 전적으로 동일합니다. 이처럼 질질 끄는 관사나 불변화사 같은 것들은 우리를 매우 성가시게 하고 의미와 정열의 진행을 방해합니다. 하지만 우리 중 누가 모음생략을 감행하려 합니까? 우리의 예술비평가들은 음절 수를 세고 음절마다 억양을 주어 낭송

합니다! 예술비평가가 아닌 당신께서는 적어도 자유로운 신분인 내게는 (') 표시를 마음대로 사용하도록 허락해주시기 바랍니다. 이만 줄입니다.

… 당신은 이런 질문을 제기하며 중단되었던 문제로 나를 다시 이끌었습니다. "단순소박하게 보이는 민족들이 어떻게 그러한 대담한 비약과 전환에 익숙하게 되었을까요?" 이에 익숙하게 된 경위는 가장 쉽게 설명될 수 있을 것입니다. 그 외에 다른 것을 가지고 있지도, 알고 있지도 않은 사람들이 어떻게 그것에 익숙해지지 않을 수 있겠습니까? 이제 곧 오두막이 궁전이 되고, 암벽이 평탄한 길이 된다고 하면 어떨까요? 그런데도 거기에 도달할 수 있을까요? 그것을 자신의 고유한 천성으로 사랑할 수 있을까요? 바로 이것이 질문인데, 이에 대한 대답은 한마디로 이렇게 요약됩니다. 이것은 사실상 상상력의 특성인데, 상상력은 그렇게 좁은 길을 계속해서 나아갈 수 없습니다.

야생적 민족의 모든 노래들은 현존하는 대상과 행위와 사건을, 한마디로 살아 있는 세계를 엮어냅니다! 그런데 우리의 주변 환경, 현재의 모습, 부분적 사건은 그 얼마나 풍요롭고 다양합니까! 우리의 눈은 이 모든 것을 봅니다. 우리의 영혼은 이 모든 것을 마음에 떠올립니다. 바로 이것이 비약과 투척을 만들어냅니다. 바로 이것이 노래의 부분들을 연결해줍니다. 그리고 이러한 노래의 부분들은 숲속의 나무와 수풀, 황야의 암벽과 동굴, 사건의 장면 외에 다름 아닙니다. 그린란드 사람이 바다표범 사냥에 대해 이야기할 때, 그들은 말하는 것이 아니라 단어와 몸짓으로 모든 주변 환경과 움직임을 그려내는 것입니다. 모든 것이 그의 영혼 속에 들어 있는 그림의 부분을 이루기 때문입니다. 그러므로 그가 고인을 추모하고 애도할 때는 그를 찬양하지, 한탄하지 않습니다. 그는 모든 상상력과 투척을 동원하여 고인의 삶 자체를 낚아채서, 그림을 그리고, 이야기하고, 절규합니다. 나는 그런 종류의 단편 하나를 여기에 제시하지 않을 수 없습니다. 왜냐하면 그러한 작품들에 나타나는 비약과 투척을 동방의 더위에서 비롯된 광기, 예언자적 혼의 열광, 혹은 송가의 미적인 기교적 비약인 것처럼 내세우는 것이 일반화되어, 이로부터 송가의 구상과 비약에 대한 멋있어 보이는 직조공이론[115]을 규칙적으로 뽑아내고 있기 때문입니다. 극지방 바로 아래의 추운 기후 속에서 살고 있는 그린란드인은 더위와 예언자적 혼과 송가이론이 없는 가운데서도 그의 상상력이 빚어낸 풍부한 이미지를 가지고 말을 하고 있다는 점에서 눈길을 끕니다. 묘지로 동행하는 모든 사람들과 고인의 친구들은 상가에서 두 팔을 무릎에 기대고, 머리를 두 손에 파묻고 있습니다. 여인들은 얼굴을 파묻고, 소리 죽여 흐느끼며 울고 있습니다. 아버지와 아들과 가까운 친척들은 울부짖기 시작합니다.

> 슬프다, 이제 비어버린 네 자리를 보아야 하다니! 네 어미는 네 옷을 말리는 헛된 일을 하느라 애쓰고 있구나!

---

115 직조공이론(Webertheorie)은 문학을 규칙의 체계로 이해한 프랑스 고전주의 시기의 합리주의적 문학이론에 입각한 송가이론으로서 독일 계몽주의 시기의 대표적 문학이론가 고트셰트(J. C. Gottesched)에게 영향을 끼쳤다. 이에 대해서는 Karl Viëtor, *Geschichte der deutschen Ode*, München 1923, 88-91 참조. 질풍노도 문예운동의 중요한 동기 중 하나는 프랑스 고전주의 문학이론의 영향을 받은 독일의 합리주의 문학이론을 비판하는 데 있었으며, 헤르더는 그 선봉에 선 문학비평가라고 할 수 있다.

보아라, 내 친구들이 어둠 속에서 산으로 기어 올라갔다.
전에는 저녁이면 나는 밖으로 나가 먼 곳을 바라보면서 네가 돌아오기를 기다리며 기뻐했었지.
네가 돌아오는 것을 보았었지! 너는 청년들, 노인들과 함께 용감하게 노를 저으며 돌아왔었지!
너는 바다에서 빈손으로 돌아오는 법이 없었지! 네 카약에는 항상 바다표범과 새들이 실려 있었지.
네 어미는 불을 피우고 요리를 했지. 네가 잡아온 것으로 만든 요리를 네 어미는 다른 사람들에게도 내놓고 나도 한 조각을 받았었지.
너는 저 멀리 돛단배의 붉은 깃발을 보며 소리쳤었지. 저기 라르스[116](상인)가 온다고.
너는 바닷가로 달려가, 돛단배의 뱃머리를 붙잡았지.
너는 네 어머니가 지방을 빼낸 바다표범을 가져가서, 셔츠와 작살을 받아왔지.
이제 그것이 끝나버렸구나. 너를 생각하면 내 창자가 들끓는구나.
오 내가 다른 사람들처럼 울 수만 있다면, 내 고통이 덜어질 텐데.
이제 무엇을 바라고 살아야 한단 말이냐? 이제 나는 죽음도 기꺼이 받아들일 수 있지만, 내 아내와 자식들은 누가 돌본단 말이냐?
나는 아직도 얼마 동안 더 살아야 하겠지만, 사람들이 평소에 좋아하는 일을 단념하는 것이 이제 내 기쁨이 될 수밖에 없겠구나. –[117]

116 스칸디나비아 지방에 흔한 남자 이름.

117 헤르더는 이것을 교사이자 선교사 크란츠(David Cranz, 1723-1777)의 저서 『그린란드 역사(*Historie von Grönland*)』(Barby 1765) 1권에서 인용하였다. 이 노래는 헤르더의 『민중시가집』에 「조가(Totenlied)」라는 제목으로 수록되었다.

Wehe mir, daß ich deinen Sitz ansehen soll, der nun leer ist! Deine Mutter bemühet sich vergebens, dir die Kleider zu trocknen!

Siehe! meine Freude ist ins Finstre gegangen, und in den Berg verkrochen.

Ehedem ging ich des Abends aus, und freute mich: ich streckte meine Augen aus, und wartete auf dein Kommen.

Siehe du kamst! Du kamst muthig angerudert mit Jungen und Alten.

Du kamst nie leer von der See: dein Kajack war stets mit Seehunden oder Vögeln beladen.

Deine Mutter machte Feuer und kochte. Von dem Gekochten, das du erworben hattest, ließ deine Mutter den übrigen Leuten vorlegen, und ich nahm mir auch ein Stück.

Du sahest der Schaluppe rothen Wimpel von weiten, und ruftest: da kommt Lars (der Kaufmann).

Du liefst an den Strand und hieltst das Vordertheil der Schaluppe.

Denn brachtest du deine Seehunde hervor, von welchen deine Mutter den Speck abnahm, und dafür bekamst du Hemde und Pfeileisen.

Aber das ist nun aus. Wenn ich an dich denke, so brauset mein Eingeweide.

O daß ich weinen könnte, wie ihr andern: so könnte ich doch meinen Schmerz lindern.

Was soll ich mir wünschen? Der Tod ist mir nun selbst annehmlich worden, aber wer soll mein Weib und meine übrigen kleinen Kinder versorgen?

Ich will noch eine Zeitlang leben: aber meine Freude soll seyn in Enthaltung dessen, was den Menschen sonst so lieb ist. –

이 그린란드인은 비가의 율동이 지녀야 할 가장 세련된 법칙을 따르고 있습니다. 다음과 같은 말로 요약되는 법칙 말입니다.

– 헤매지만 혼란스럽지는 않도다! –[118]

– irrt, doch nicht verwirret! –

그가 이 법칙을 어디에서 배웠을까요? 송가와 노래의 법칙도 마찬가지가 아닐까요? 이 법칙이 상상력의 본성에 들어 있는 것이라면, 이것을 누군가에게 가르칠 필요가 있을까요? 이런 상상력을 지니고 있는 사람으로서 이것을 파악하지 못할 사람이 누가 있겠습니까? 구약성서에 나오는 모든 시가들, 노래와 비가와 예언자의 신탁은 상상력으로 가득 차 있습니다만, 이 작품들은 결코 문학적 습작물이 아닙니다. 활력을 지닌 민족은 노래나 시가에 나오는 일반적인 문장이나 추상적인 진실도 그처럼 활기차고 대담하게 표현할 수 있습니다. 이런 민족은 교조적 논리 전개의 교육방식이나 과정에 대해서는 전혀 알지 못하고, 그런 교육을 받는다면 분명 잠들어버릴 것입니다. 예를

118 우츠(Johann Peter Uz)의 시 「서정시의 뮤즈에게(An die lyrische Muse)」 3연에 나오는 다음 구절을 자유로이 인용한 것. "오 뮤즈여, 내게 날아오소서,/그대의 자유로운 비상은 때로 헤매지만, 혼란스럽지는 않도다!"(O Muse, fleug mir vor,/Du, deren freyer Flug oft irrt, nie sich verirret!) J. P. Uz, *Sämtliche Werke*, Bd. I, Leipzig 1768, 48.

들어 내가 여러 번 인용한 도즐리의 시가집에 들어 있는 「내 마음은 나의 왕국(My heart to me a kingdom is)」[119] 같은 예전의 도덕적 작품들을 보십시오. 이런 도덕적 작품들은 시의 전개과정에서 항상 도덕의 꽃만을 꺾어 옵니다. 여기에서는 아무런 가시적 대상도, 서로 연결된 이야기나 줄거리도 상상력과 기억에 떠오르지 않기 때문에, 상상력을 위해서는 항상 전환의 방식을 사용하고, 기억을 위해서는 시행의 대칭과 후렴, 그리고 열 가지의 다른 수단들을 사용합니다. "사랑은 거역할 수 없는 것!"이라는 일반적인 문장에 대한 이런 방식의 시도를 한번 들어보시기 바랍니다.[120]

산을 넘어서!
샘을 건너서!
무덤 아래에서,
파도 아래에서
심연과 호수 아래에서
협곡의 좁은 길에서
절벽 위, 산 위에서
사랑은 길을 찾네.

틈새에, 습곡에,

---

119 원래 제목은 "My mind to me a Kingdom is". Percy, *Reliques I*, 268.

120 이 시는 퍼시의 책에 「사랑은 길을 찾으리(Love will find out the way)」라는 제목으로 실려 있다. Percy, *Reliques III*, 238. 헤르더는 이 시를 「사랑의 길(Weg der Liebe)」이라는 제목으로 그의 『민중시가집』에 실었다. *Volkslieder*, SWS XXV, 358.

반딧불도 없는 그곳에!
동굴 속에, 바위틈에,
파리도 기어 다니지 않는 그곳에!
모기도 날아다니지 않고,
간신히 빠져 달아나는 곳에,
사랑은 찾아오네! 사랑은 이겨내고
길을 찾네!

말해보라, 아모르는 결코
두려워할 필요 없는 어린아이라고!
비웃어보라, 그는 항상
도망자, 눈먼 자라고!
빗장을 걸어 그를 가두고
햇빛을 차단해보라!
자물쇠와 빗장을 통과해
사랑은 길을 찾으리!

피닉스와 독수리가
너희 앞에 몸을 숙인다 해도!
용과 호랑이가
기꺼이 고개를 조아린다 해도!
암사자는 얼마든지
먹이를 낚아채네;
사랑은 승리를 거두고

길을 찾아내리!

Über die Berge!
Über die Quellen!
Unter den Gräbern,
Unter den Wellen
Unter Tiefen und Seen
In der Abgründe Steg
Über Felsen, über Höhen
Findt Liebe den Weg.

In Ritzen, in Falten,
Wo der Feurwurm nicht liegt!
In Höhlen, in Spalten,
Wo die Fliege nicht kriecht!
Wo Mücken nicht fliegen,
Und schlüpfen hinweg,
Kommt Liebe! Sie wird siegen
Und finden den Weg!

Sprecht, Amor sei nimmer
Zu fürchten das Kind!
Lacht über ihn immer
Als Flüchtling, als blind!

Und schließt ihn durch Riegel
Vom Tagstral hinweg!
Durch Schlösser und Riegel
Findt Liebe den Weg!

Wenn Phönix und Adler
Sich unter euch beugt!
Wenn Drache und Tiger
Gefällig sich neigt!
Die Löwin läßt kriegen
Den Raub sich hinweg;
Aber Liebe wird siegen
Und finden sich Weg!

사상을 이보다 더 감각적으로, 힘차게, 강렬하게 표현할 수 있을까요? 이 얼마나 놀라운 비상(飛上)입니까! 이 얼마나 뛰어난 이미지의 투척입니까! 아무리 우둔한 사람이라고 할지라도 이 노래를 세 번만 들려줘 보십시오. 그는 이 시를 이해하고 기쁨과 매혹에 차서 노래 부를 것입니다. 하지만 당신이 이 소재를 교조적인 방식으로 예쁘게 정렬된 연으로 만들어 읊어준다면, 그의 영혼은 곧 잠이 들 것입니다.

예전에는 우리의 찬송가도 모두 이러한 투척과 도치어법으로 채워져 있었습니다. 하지만 루터의 찬송가보다 더 많이 더 강력하게 이것들로 채워져 있는 찬송가는 없습니다. 클롭슈토크 시의 어떤 전환이 루터의 "내 주는 강한 성이요!"(Ein feste Burg ist unser Gott!), "찬양하라 복된 구세주 예수!"(Gelobt seyst du Jesu Christ!), "그리스도가 죽음의 무리에 놓이셨네!"(Christ lag in Todesbanden!) 같은 찬송가에 나오는 배어법이탈(Transgression)에 필적할 수 있겠습니까! 그리고 그러한 변이와 도치어법은 얼마나 강력한 힘을 발휘합니까! 이것이 다듬어지지 않은 뮤즈가 급히 만들어낸 것이고, 이를 고려해 그러한 변이와 도치어법을 호의적으로 받아들이는 것은 진정으로 아닙니다. 변이와 도치어법은 그러한 종류의 옛 시가들 모두에 고유한 것이며, 근원적이고 대담하고 자유롭고 남성적인 언어에서 특히 고유하게 나타나는 것들입니다. 그것을 인도하는 것은 물론 상상력입니다. 그리고 연구에 몰두하는 학자보다는 풍부한 감각과 상상력을 지닌 민중이 이것을 더 잘 느낄 줄 알고, 어린 시절부터 이것을 더 많이 배워왔으며, 내적으로 친밀하게 이것에 의거하여 자신을 형성해왔습니다. 그래서 나는 우리의 민요를 더 낫게 고쳐보겠다고 나서는 여러 바보들을 보며 놀랄 수밖에 없고, 또한 세심하게 그러한 변이와 도치어법을 내몰고, 그 자리에 지극히 따분한 행들과 작위적인 것들과 맥 빠진 각운들을 채워 넣는 것을 보면서 더더욱 놀라지 않을 수 없습니다. 민중이라 불리는 훌륭하고 존경할만한 대중들을 위한답시고 시가에 가혹행위를 가하고, 이들이 규칙을 아름답게 느끼기나 하는 듯이, 이 규칙에 의거하여 시가에 징벌을 가하고 있는 것입니다! 이미지와 불 같은 정열을 통해 교설과 행동이 한순간에 가슴과 영혼에 투척되는 것이 아니라, 메마르고 따분하고 교조적인 형식의 교설들, 죽어 있고 잠에 취해 졸고 있는 일련의 각운들로 되어 있는 교설들을 더 많이 느끼고 지각하고 간직해야 한다는 듯이 말입니다.

내가 클롭슈토크의 시를 옹호하는 글을 쓰려는 것이라고 생각하는 것은 아니겠지요? 나는 그의 시도 민중의 시가 아니라고 생각합니다. 나는 그의 시가 대상 전체보다는 오히려 대상의 사소한 특징들을 노래하고, 마음의 전체적 책임과 행위와 형상보다는 감정의 섬세한 뉘앙스, 대체로 중간적인 뉘앙스를 노래한다고 생각합니다. 따라서 공감의 능력을 지닌 인물이, 그 어떤 관념에 맞춰 훌륭한 교육을 받은 인물이 그의 시를 노래하는 가수로서 어울린다고 생각합니다. 하지만 그럼에도 불구하고 그에게 가해지는 많은 비판, 그리고 더 나아가 그에 맞서 내세워지는 많은 것들이 너무도 메마르고 너무도 빈약하고, 인간의 영혼에 대해 너무도 무지해서, 나는 언제라도 이런 내기를 할 용의가 있습니다. 즉 비약과 도치어법으로 가득한 클롭슈토크의 가장 대담한 시를 어린이에게 가르치고, 이것을 여러 번 활력 있게 노래 부르도록 하는 것이, 노래 중간의 운율과 사상에 발랄한 곳이라고는 찾아볼 수 없는 교조적인 논리학적 노래보다 어린이를 위해 더 도움이 되고, 그에게 더 깊이, 더 오래 새겨지리라는 것입니다. 아, 하나님 맙소사! 그런데도 많은 사람들이 인간의 영혼, 어린이의 영혼에 대해 건조하고 메마른 표상을 갖고 있습니다! 내가 일찍이 이러한 시가들을 연구하려 했을 때, 어린이의 영혼이야말로 내게 훌륭하고 탁월한 이상이었습니다. 청소년과 어린이의 영혼을 온전히 채워주는 것, 일생 동안 그들에게 새겨질 유일한 노래, 그 영혼의 음조에 어울리는 노래, 야생적인 옛 민족의 영혼에 깃들어 있던 전쟁가, 영웅가, 선조를 기리는 찬가처럼 행동과 휴식, 미덕과 위안의 영원한 목소리가 되어줄 노래를 그들의 영혼에 불어넣는 것—이 얼마나 위대한 목적입니까! 이 얼마나 위대한 과업입니까! 그런데 그러한 과업을 위한 참된 노력을 도대체 우리가 얼마나 하고 있을까요? 운율이 붙은 기도문과 교훈시가 고작입니다!

루터는 종교로 인해 화형당한 두 수도사를 위한 시[121]를 이렇게 시작하고 있습니다.

재가 멈추지 않고 퍼져나가,
모든 곳에 휘날렸다
시냇물과 구덩이와 무덤도 소용이 없었다.
이 재가 적에게 수치를 안겨주었다!
적은 이들이 살아 있을 때
죽음에 이르기까지 비명[122]을 지르게 했지만,
적은 이 죽은 재가 모든 곳에서
밝은 목소리와 혓바닥으로
즐겁게 노래하게 만들었다 --

Die Asche will nicht laßen ab,
Sie stäubt in allen Landen
Hier hilft kein Bach und Grub' und Grab,

121 루터의 이 시는 신교를 신봉하였다는 이유로 1523년 브뤼셀에서 처형당한 아우구스티누스 교단의 두 수도사 요하네스(Johannes)와 헨리쿠스(Henricus)에게 바쳐진 것이다.

122 루터의 원본 시는 "schweigen"으로 되어 있다. 원본 시에 따르면 이 행은 "죽음에 이르기까지 침묵을 강요당했지만"으로 번역된다. M. Luther, *Weimarer Ausgabe*, Bd. XXXV, 415.

Sie macht den Feind zu schanden!

Die er im Leben durch den Mord

Zu schreien hat gezwungen,

Die muß er todt an allem Ort

Mit heller Stimm' und Zungen

Gar fröhlich laßen singen --

그리고 루터는 이 시를 이렇게 끝맺고 있습니다.

그들은 끊임없이 거짓말을 강요당했다;

자신들이 경건한 신자가 아니라고 말하라고!

신에게 감사하노라

그의 말씀이 다시 돌아온 것을,

여름이 문 앞에 다가오니

겨울이 지나갔도다.

정원에 꽃들이 피어나니,

그것을 시작한 이가

또한 그것을 완성하리라 -

Die laß man liegen[123] immerhin;

Sie habens keinen Frommen!

123 'liegen'은 '눕다'를 의미하는 단어이지만 여기서는 'lügen', 즉 '거짓말하다'를 의미한다.

Wir wollen danken Gott darinn
Sein Wort ist wieder kommen,
Der Sommer ist hart für der Thür
Der Winter ist vergangen.
Die Gartenblumen gehen herfür,
Der das hat angefangen
Der wird es auch vollenden –

여기에서 내가 묻고 싶은 것은 최근의 시인들 중에서 이런 시행을 (내가 말하고 있는 것은 내용이 아니라 방식입니다.) 쓴 사람이 얼마나 되는가 하는 것입니다. 그리고 루터를 더 낫게 개작한 사람은 얼마나 될까요?

… 원래 고상하면서도 화려한 시 형식이었던 로만체가 우리에게서 저열한 웃음을 유발하거나 진기한 내용을 다루는 데만 사용되고, 심지어 오용되고 있는 상황을 당신 또한 한탄하고 있습니다. 나 역시 이를 한탄스럽게 여기고 있습니다. 고대 영국이나 프로방스 지방의 잔잔한 로만체나 격정적인 로만체가 주는 기쁨은 오늘날의 것보다 훨씬 진실하고, 깊이 있고, 지속적인 것이었기 때문입니다. 최근의 독일 로만체는 매우 저급하고 상투적이고 비천한 익살과 말장난에 불과한 것이 되어버렸습니다. 기이한 것은 우리에게 친숙한 로만체가 거의 후자의 형태뿐인 것 같다는 것입니다.

글라임은 자신의 「마리안네」를 아름답게 노래 불렀습니다.[124]— 내 말은 그가 아름답게 노래했다는 뜻입니다. 원래 이 작품은 그 특징 하나하나가 옛 프랑스 로만체입니다. 내 생각에 이런 로만체를 당신은 (당신이 이 작품을 아직 모르고 있다면) 근래에 출간된 『고대와 현대 로만체 선집』에서도 찾아볼 수 있을 터인데, 사람들은 이를 모방하여 로만체를 지었습니다. 글라임의 다른 두 작품[125]은 희극적인 경향을 보입니다. 그 후에 노래한 사람들[126]은 매우 둔중한 몸짓으로 로만체를 향해 몰려들어, 이제 우리는 엄청난 양의 로만체를 순식간에 갖게 되었는데, 그 모두가 본래의 로만체 양식에서 크게 벗어나 있고, 거의 모두가 평범하고 한 번 읽고 나면 그뿐인 것들이라서, 조금만 시간이 지나면 글라임의 로만체 외에는 거의 남아 있는 것이 없을 것입니다.

게다가 문제는 얼마 되지 않는 번역된 외국 로만체들도 매우 서투르게 번역되었다는 것입니다. (여기에서는 「아름다운 장미의 입술(Schöne

---

124 Johann Wilhelm Ludwig Gleim, *Sämtliche Werke*, Hrsg. von W. Körte, Bd. III, Halberstadt 1811, 95-112. 여기에 언급된 글라임의 로만체에는 다음과 같은 긴 제목이 붙어 있다. 「수치스러운 질투심의 비극적이고 우울한 결과, 자신의 자식들을 사랑하는 부모들이 그들에게 결혼을 강요하지 않고 그들의 자유의지에 맡겨야 한다는 것에 대한 효과적인 교훈: 1756년 4월 11일 베를린에서 그의 부인 마리안네와 그녀의 무구한 연인을 비참하게 살해한 이삭 벨텐 씨의 이야기를 내용으로 하고 있음」(1756). 몽크리프(François Auguste Paradis de Moncrif)의 로만체는 『고대와 현대 로만체 선집』에 실려 있다. *Recueil de Romances historiques, tendres et burlesques, tant anciennes que modernes*, avec les airs notes. 출판 장소 불명, 1767.

125 여기에 언급한 두 작품이 실린 곳은 Gleim, 앞의 책, 113-124, 125-132.

126 여기에 속하는 대표적인 예로는 Johann Friedrich Löwen, *Romanzen mit Melodien*, Hamburg und Leipzig 1762; Daniel Schiebeler, *Romanzen mit Melodien*, Leipzig 1767.

Rosemunde)」,[127] 그리고 「알칸조와 자이데(Alkanzor und Zaide)」[128] 두 가지만 언급하겠습니다. 후자의 로만체는 두 번이나 비참하게 번역되는 특전을 입었습니다.) 이런 음조가 일단 붙여졌기 때문에, 이 시형식이 우리 시대에 누릴 수 있었을 이점을 놓쳐버리고 말았습니다. 다시 말해 우리의 서정적 시가, 송가, 민요, 그리고 그밖에 다른 것들을 더 단순화하여 소박한 대상들 및 이를 다루는 고상한 방식에 적응시킬 기회를 놓쳐버린 것입니다. 한마디로 이제 우리에게 거의 법칙처럼 되어버린 많은 인쇄된 보석 장신구들로부터 해방될 기회를 잃어버린 것입니다.

영국인들이 걸작으로 꼽고 있는 최근 그들의 소위 철학적 송가와 핀다로스풍 송가가 얼마나 작위적이고 과도하고 고딕적인 기법에 젖어 있는지 한번 보시기 바랍니다! 그레이,[129] 에이켄사이드,[130] 메이슨[131] 등의 작품 말입니다. 그들이 사용한 운율, 내용, 표현에 송가의 느낌을 주는 것이 조금이라도 들어 있습니까? 우리 독일인들이 여기저기에서 작위적인 호라티우스[132] 기법에 얼마나 빠져 있는지 보십시오. 오시안, 야생적 민족의 시가, 스칼드의 시가, 로만체, 프로방스 시가에서 우리가 형식과 표현과 언어 이상의 것을 배우려 했다면 우리는 이것들을 통해 훨씬 나은 길을 갈 수 있었을 것입니다. 하지만 불행하게도 우리는 그러한 형식, 표현, 언어에 사로잡혀, 이에 머물러

---

127 Percy, *Reliques II*, 141. *Volkslieder*, SWS XXV, 135 이하, 657 참조.

128 Percy, *Reliques I*, 342. *Volkslieder*, SWS XXV, 148 이하, 662 참조.

129 Thomas Gray, *Odes* (*The Progress of Poesy*, *The Bard*), Strawberry Hill 1757.

130 Mark Akenside, *The Pleasures of Imagination*, London 1744.

131 William Mason, *Poems*, London 1764.

132 Horaz, *Oden III*, 1, Vers 2.

있는 탓에, 여기에서 아무것도 얻지 못하고 있습니다. 우리가 지금 가지고 있고, 오래전부터 가지고 있었던 가장 아름다운 서정적 작품들이 이러한 남성적이고, 강렬하고, 확고하고, 독일적인 음조와 일치하거나, 혹은 이에 접근하고 있다고 믿는다면 이는 내 착각일까요, 아니면 이것이 진실일까요? 그러한 것들이 깨어나기를 기대하는 것이 왜 안 될 일이란 말입니까!

후기

후기가 있어야겠지요! 오시안이라는 인간의 천성에 대해 아무런 글도 나오지 않거나, 유감스럽게도 절반이 유실되고 왜곡된 작품에 대한 순전히 에둘러 하는 이야기[133]만 나오는 상황이고, 이 작품이 앞으로 도래하기를 바라고 마땅히 도래해야 할, 하지만 결코 도래하지 않을 것에 대한 영원한 서문이 될 테니까요. 내 친구여, 사정이 이러하니 영리하거나(?) 아둔한(?) 청중들의 귀에 '입을 다물라'(favete linguis)[134]고 속삭여 주십시오. 이러한 상황에서 서신교환의 형식으로 약속된 오시안의 심리학[135]에 대해 (인쇄된 오자에 대해 주석을 붙이

---

133 여기에서 "에둘러 하는 이야기"로 번역한 "Umrede"가 독일고전출판사(Deutscher Klassiker Verlag)에서 최근에 간행되고 있는 『헤르더 저작집』 2권에서는 "Unrede"로 수정되어 있는데, 이에 따른다면 이 구절은 "터무니없는 이야기"로 번역되어야 할 것이다.

134 Horaz, *Oden III*, 1, Vers 2.

135 초판에는 '심리학'(Psychologie)이 아니라 '문헌학'(Philologie)으로 잘못 인쇄되어 있는데, 이 후기를 쓸 때 헤르더는 이 인쇄본을 받아보았다.

는 것이 가치가 있다면) 이야기하는 것이 그 얼마나 무의미한 일이겠습니까! 오시안의 섬으로의 꿈같은 여행[136]은 차치하고라도 말입니다. 스칸디나비아의 번역본은 그 얼마나 불충실합니까! 여기에서 번역자는 그 번역에서 그저 단어의 외양만을 옮겨놓고 있습니다. 여기저기에서 나오고 있는 이야기는 제외하더라도, 그러한 것이 세상에서 이야기되어야 할 모범이 될 수도 없고, 그렇게 되길 바라지도 않는다는 헛소리는 게다가 또 어떻습니까? 여러 곳이 유실된 오시안의 마지막 음조가 전해주는 서정적 본성은 당시 서신교환의 형식으로 글을 쓰던 그에게[137] 너무 멀리서 들려오는 것처럼 느껴져, 그로서는 아마도 다른 사람들이 아무것도 듣지 못하거나 윙윙거리는 바람소리로 듣는 것을 듣고 있다고 믿으며 귀를 기울여 엿듣고 있는 자의 표정을 지을 수밖에 없었습니다.

이제 그의 모든 막연한 추측과 예감을 뛰어넘는 책의 출간[138]을 그가 보게 된 것은 다행스러운 일이며, 그는 핀다로스적인 감격에 차서 화관이 채 시들지 않았을 때 이 책에 이 화관을 던져주고 싶습니다. 비평의 두레박이 아니라 다나오스의 딸들(Danaiden)[139]의 물통이

136 실행하지 못한 영국 여행 계획을 말한다. 앞의 주 41 참조. 또한 헤르더가 메르크에게 보낸 1770년 10월 28일 자 편지 참조. *Herders Briefe*, 77.

137 헤르더 자신을 가리킨다.

138 클롭슈토크가 직접 편찬하여 출간해서 커다란 명성을 얻은 첫 송가 모음집을 가리킨다. 이 책에서 헤르더는 이 송가 모음집에 대해 다음과 같은 주를 붙였다. "보데에서 1771년 출간된 송가. 내 글의 여러 부분은 여러 해 전에 작성된 것이다." (Oden bei Bode, 1771. Die vorigen Flicke vom Aufsatz waren Jahre vorher dem Verfasser entkommen.)

139 그리스 신화에 나오는 다나오스(Danaos) 왕의 50명의 딸. 이들은 큰아버지 아이기프토스(Aigyptos)의 50명의 아들과 강제결혼하게 되자, 첫날밤 이들을 살해하기로

샘이 없는 곳에 물을 공급합니다. 그리고 땅을 박차서 일곱 개의 샘을 솟아나게 하는 것은 오로지 천재라고 하는 천마의 저 영원한 기적의 말발굽입니다.[140]

일곱 개의 샘![141] 독일인의 귀가 단어의 음향과 음절의 구조보다 더 많은 것을 듣게 된다면 얼마나 기쁘겠습니까! 이것이 사월 첫날의 동화가 아니라면 얼마나 기쁘겠습니까! 그리하여 하모니의 여신이,

-- 그리스 하늘이 낳은 아이 -[142]

-- des Griechischen Himmels Kind -

이 여신이 아스트라이아 혹은 우라니아[143]의 비너스와 함께 우리의 키메리아[144] 깊은 곳에 다시금 왕림한다면 얼마나 기쁘겠습니까!

하고, 장녀를 빼고는 모두 이를 실행에 옮겼다. 그 벌로 49명의 딸들은 구멍이 난 통에 물을 채우라는 명령을 받았다.

140 클롭슈토크의 송가 「시오나」를 가리킨다. 이 송가에는 천마 페가수스의 말발굽이 뮤즈의 샘 히포크레네(Hippokrene)를 생겨나게 했다는 그리스 신화가 내용으로 들어 있다.

141 파르나소스(Parnassos) 산 남쪽 기슭에 있는 카스탈리아(Kastalia) 샘. 로마 시인들이 시적 영감을 얻은 성지였다.

142 출처 불분명. 라믈러가 번역한 샤를 바퇴(Charles Batteux)의 미학에 나오는 다음과 같은 구절에서 유래했을 것이라는 추측이 있음. "하늘의 아이, 하모니"(Harmonie, des Himmels Kind)(라믈러 번역본, I, 99).

143 아스트라이아(Astrea)는 제우스와 테미스 사이에 태어난 별의 여신이고, 우라니아(Urania)는 제우스와 기억의 여신 므네모시네 사이에 태어난 뮤즈의 여신들 중 천문을 관장하는 여신.

144 케메르인들이 사는 곳. 호메로스에 따르면 이곳은 밤이 영원히 계속되는 세상의

하지만 가장 중요한 것은 충만하고 건강하고 꽃피는 세상의 청년기가 다시 찾아와서, 송가와 식사기도, 찬송가와 사랑노래에서 우리의 마음이 이야기하도록 하는 것이고, 규칙의 목록, 호라티우스, 핀다로스, 오르빌[145]이 우리의 마음을 대신해서 이야기하는 일이 없도록 하는 것입니다. 인류의 우미(優美)와 천재가 피어나는 화원에서 신들의 출현은 외침과 환호를 필요로 하지 않으며, 그렇게 환호를 올리는 사람들의 눈에 잘 드러나지도 않습니다.

-- 천박한 민중을 멀리하라![146]

-- vulgus & arceo!

이것이 "서정적 지휘봉의 종말!"[147]이었고, 그 이래로 우리의 교과서는 송가, 찬가, 시편, 비가, 그리고 그 밖의 온갖 것들로 채워졌습니다. 기교적이고 쾌락적인 관점, 구성, 채색, 그리고 그 밖의 다른 모든 것들로 인해 주제가 빠진 그림이 그려지게 된 것입니다! 이런 것을 우리는 오로지 권위 있는 외국의 모범적 사례에서 배워오고 있는

서쪽 끝에 있다고 한다. 문화적으로 어둠에 덮여 있는 독일에 별빛이 비추기를 바란다는 것이 이 문장의 의미.

145 오르빌(Lucius Orbilius Pupillus)은 호라티우스의 스승인 로마의 수사학자, 문법학자. 헤르더와 하만은 규칙의 폭정이 문학 영역을 지배하게 만든 원조로 그를 지목하였다.

146 원래의 문장은 "나는 천박한 민중을 혐오하고 그들을 멀리한다!"(Odi profanum vulgus et arceo!) Horaz, *Oden III*, 1, Vers 1.

147 클롭슈토크의 송가 「시냇물(Der Bach)」, 13연.

데, 이 외국의 모범적 사례라는 것이 우리에게 이질적인 수많은 관습의 베일에 덮여 있어, 우리는 오로지 이 베일 안에서만 그 처음과 끝을 보고 있습니다. 이 모범을 우리는 독일적인 두뇌, 근면, 행복, 성실성을 가지고 연구하고 여기에 자신을 바칩니다. 그리하여 심지어 우리는 아름다운 곡조를 오로지 음절구성, 연의 구성, 복합문 낭송의 구획에 끼워 맞춥니다. 그리하여 기교를 통해 모든 것을 지워버립니다.

--- 그것은 피리처럼
소리를 내거나, 아니면 --
피리를 넘어 솟아오른다.[148]

--- die wie die Flöte
tönet, oder --
über die Flöte sich hebt.

이 모든 것으로부터 오로지 렘브란트가 만들어져야 한다는 것인데, 렘브란트는 비록 위대한 대가이기는 하지만—

내 친구여, 우리의—달리 어떻게 말해야 하나요?—귀도,[149] 코레지오,[150] 혹은 라파엘로에게 만세를 부릅시다![151] 하지만 그는 인간의 형상을 지닌 천사의 얼굴을 그렸습니다! 이 그림을 보십시오. 그

148 클롭슈토크의 송가 「테오네(Teone)」, 5연.
149 귀도 레니(Guido Reni, 1575-1642)는 이탈리아의 바로크 화가.
150 코레지오(Antonio Allegri Correggio, 1489-1534)는 이탈리아 르네상스 시대의 화가.
151 우리의 귀도, 코레지오, 라파엘로는 송가의 시인 클롭슈토크를 가리킨다.

얼마나 진실합니까! 그가 그린 삶을 보십시오! 그 얼마나 심오한 영혼입니까! 이 그림 속의 인물들은 화폭에서 솟아올라 자신들끼리 이야기하고 (그들은 우리와 이야기하지 않습니다! 그들은 우리를 보지 않습니다. 그들은 우리를 위해 그려진 것이 아니기 때문입니다!), 행동하고, 말하고, 우리에게 얼굴과 영혼을 드러내 보여줍니다. 여기에서 이렇게 외치는 자에게 화가 있을진저! "그것이 또다시 노래되었군!" 이렇게 차분히 느끼는 자에게도 화가 있을 진저! "그것은 이렇게 느껴졌음에 틀림없어, 아니면"—

송가! 이것은 다시 예전처럼 되어야 합니다! 삶의 온전한 상황에 대한 느낌이! 인간의 마음이 신과 나누는 대화가! 자신과 나누는 대화가! 자연과 나누는 대화가 되어야 합니다.

아름다운 곡조! 이것은 다시 예전처럼 되어야 합니다! 음절 수로 세어지는 기교적 하모니의 작품이 더 이상 아니게 되어야 합니다! 움직임이! 마음의 멜로디가! 춤이 되어야 합니다! 천재가 도처에서 가르치는 결점과 고유성을 통해!

내 친구여, 우리가 "만물의 주재자!, 봄의 향연"[152] 같은 것들에 곡을 붙인 것을 들어 볼 수 있다면, 보다 정확히 말해 음악이 예전에 가지고 있었지만 지금은 갖고 있지 못한 특징들을 이 작품들이 음악에 되돌려 주는 것을 볼 수 있다면 얼마나 기쁘겠습니까! 넌더리 나는 찬사에서 벗어나기 위해 이에 대한 한두 가지 소망을 피력하는 것으로 글을 맺겠습니다.

---

152 「만물의 주재자(Dem Allgegewärtigen)」, 「봄의 향연(Frühlingsfeier)」은 클롭슈토크의 송가.

오늘날 우리의 작곡된 시들은 그 얼마나 기괴한 고딕 건축물입니까! 시와 곡이 얼마나 따로 놀고 있나요? 합쳐지는 것이 어디에 있나요? 건너가는 곳은 어디인가요? 빠져들도록 이끌어주는 곳은? 아름다운 광기의 현혹에 이르는 곳은? 피에리아와 카스탈리아의 여신들 중 두 자매[153]의 어느 하나가 지배하거나 봉사하지 않는 섬세한 중심점이 어디인가요?

우리의 교회음악은 아직 보잘것없는 모습을 보여주고 있습니다. 모든 것들 중에서 최상의 것이자 가장 유명한 라믈러의 「예수의 죽음」[154]은 천재의 작품, 영혼과 가슴의 작품, 하지만 또한 고작해야 인간의 오성이(이런 표현을 용서하십시오) 만들어낸 작품으로서 그 얼마나 훌륭합니까! 하지만 여기에서 누가 말을 하나요? 누가 노래하나요? 레치타티보[155]에서 이야기되고 있는 것은 너무 냉담하고 너무 스콜라적입니다! 시골에서 와서 길을 지나가다가 그 일을 하게 된 가나의 시몬[156]처럼 말입니다. 아리아, 찬송, 합창 안에서도 누가 말을 하

---

153 피에리아와 카스탈리아는 모두 뮤즈의 성지. 여기에서 두 자매는 음악과 시를 가리킨다.

154 「예수의 죽음(Der Tod Jesu)」은 라믈러의 『교회 칸타타(*Geistliche kantaten*)』에 수록되어 있다.

155 오페라·오라토리오·칸타타 등에 쓰이는 창법으로, 대사내용에 중점을 두어 주인공이 처한 상황과 스토리 전개를 표현한다는 점에서 아름다운 선율로 주인공의 감정을 표현하는 아리아와 구분된다.

156 "가나의 시몬"은 헤르더의 착오로서 원래 "구레네 사람 시몬"이다. 그가 길을 지나가다 로마 병정들에게 붙잡혀 예수의 십자가를 지게 되는 이야기가 성경에 나온다. "그들이 예수를 끌고 갈 때에 구레네 사람 시몬이 시골에서 오는 것을 붙들어 십자가를 지워 예수를 따르게 하더라."(누가복음 23장 26절) 이 이야기는 마태복음 27장 32절, 마가복음 15장 21절에도 나온다.

나요? 누가 노래하나요? 갑자기 성서에 나오는 이야기에서 교훈적인 가르침을 이끌어내는데, 이것이야말로 상투어법(locus communis)의 최고의 형태가 아닐까 싶습니다! 게다가 이것이 거의 모든 인물과 시에 적용되고 있고, 이들 중 하나에서 다른 하나로 매우 기묘한 방식으로 건너뜁니다! 전체를 관통하는 입장이라곤 찾아볼 수 없습니다! 감정과 구상과 목적에 지속되는 실마리라곤 찾아볼 수 없습니다! 라믈러의 「예수의 죽음」은 교훈적이고 유용한 작품으로서, 나는 이 작품을 볼 때마다 수천 번 부러움을 느꼈습니다! 각각의 아리아가 거의 아름다운 전체라고 할 수 있습니다! 음악을 위해 만들어진—하지만 천재의 시적 작품으로서—수많은 레치타티보도 마찬가지입니다! 섬세한 감수성을 지니고 있는 라믈러 씨 자신도 내면 깊은 곳에서 이것을 느꼈을 것입니다.

그의 「구유 옆의 목자들(Hirten bei der Krippe)」을 보십시오! 음악을 위한 시로서 어떤가요? 그 전개는 어떤가요? 전체로서 어떤가요? 처음부터 끝까지 거의 같은 인상만 줍니다! 순전히 양치기목동의 이미지와 언어로 되어 있어 전원적인 인상만 줄 뿐, 유목민 목자의 영혼을 보여주는 특성과 숨결은 찾아볼 수 없습니다! 양치기의 옷을 입은 이사야와 베르길리우스와 교황의 가면에 불과합니다! 결국 음악을 위한 시로 만들어진 이 작품 전체에 그림만 있을 뿐, 느낌이 없습니다! 이 그림들은 화폭을 위한 것일 뿐 (예를 들어 여러 시행을 통해 창이 땅에 뿌리를 내리고, 위로 솟아 자라나고, 잎을 피워 종려나무가 되는 것 등처럼), 음의 창조자를 위한 것은 결코 아닙니다! 계속 그런 식입니다. 그의 「부활」에 대해서는 말해 무엇하겠습니까?

그러면 이제 음을 다루는 우리의 예술가들은 **모루를 일단 들여온**

후에[157] 그 모든 작업을 어떻게 해야 할까요? 이 모루의 근원, 이것이 생겨난 환경이 모든 사람에게는 아닐지라도 우리 독일인들에게는 분명 이렇게 외치고 있습니다. "모방하지 말라, 그렇지 않으면 너희는 영원히 뒤처질 것이다! 뮌터[158]를 메타스타지오[159]의 자로 재는 것은 영원한 수치가 될 것이다!" 회화와 음악 사이의 진정한 중간 장르인 문학 장르에서는 이것을 어떻게 해야 할까요! 문학을 제대로 다루지 못하고 있는 음악 장르에서는 이것을 또 어떻게 ---

157 외국의 문학, 예술, 문화를 수입하여 사용하고 있는 당시 독일의 상황에 대한 비유.

158 뮌터는 18세기 독일의 목사로서 교회음악에 많은 기여를 하였다. Balthsar Münter, *Geistliche Kantaten*, Göttingen 1769; *Geistliche Lieder*, Leipzig 1743.

159 메타스타지오(Pietro Metastasio, 1698-1782)는 이탈리아의 오페라 대본작가.

2장

헤르더

셰익스피어

(J. G. Herder: Shakespeare)

"암벽 꼭대기에 높이 걸터앉아 폭풍과 뇌우와 바다의 철썩임을 발아래 두고 머리는 하늘의 광명 속에 두고 있노라!"[1] 이런 장엄한 모습을 내가 어떤 사람에게서 떠올린다면 그것은 바로 셰익스피어다! 하지만 물론 여기에 이런 말을 덧붙여야 할 것이다. 암벽 위의 옥좌 저 밑에는 한 무리의 인간들이 웅얼거리면서 그를 해설하고 구제하려 하고 저주하고 변호하고 경배하고 중상하고 번역하고 헐뜯는다! 하지만 그는 이들 모두에게 귀 기울이지 않는다!

그에 대해, 그를 위해, 그에 반대하여 이미 얼마나 많은 책들[2]이

1 프라이스의 연구에 따르면 이 구절의 출처는 교훈시 *The Pleasures of the Imagination*, 1744, 3권, 550-559행이라고 한다. L. M. Price, Herder and Gerstenberg or Akenside, in: *Modern Language Notes 65*, 1950, 175-178 참조.

2 대표적인 사례로 다음과 같은 것들이 있다. John Dryden, *An Essay of Dramatic Poesie*, London 1668(레싱은 이 에세이를 번역하여 자신의 『연극총서(*Theatralische Bibliothek*)』 4권(1754-1758)에 수록하였다.); Joseph Addison, *Spectator*, 411-421. Stück, London 1711-1714; Alexander Pope, *The Works of Shakespeare* … collated and corrected by the former editions Dublin 1726, 서문(이 서문을 빌란트(Wieland)는 자신이 번역한 셰익스피어 전집에도 서문으로 붙였다. 다음 주 3 참조); Voltaire, *Lettres écrites de Londres sur les Anglois et autres sujets*, London 1734(1750년 밀리우스(Christlob Mylius)는 레싱과 함께 편찬한 연극의 역사와 수용에 대한 책에 이 글의 일부를 번역하여 다음과 같은 제목으로 수록했다. 「영국의 비극과 희극에 대한 사상(Gedanken über Trauer- und Lustspiele der Engländer)」); Johann Elias Schlegel, *Vergleichung Shakespears und Andreas Gryphs bei Gelegenheit des Versuchs einer gebundenen Übersetzung von dem Tode des Julius Cäsar*, aus den englischen Werken des Shakespeares, Berlin 1741; Richard Hurd, *Horatii Flacci Ars Poetica, Epistola ad Pisones*, With an English commentary and notes. London 1749(1772년 에셴베르크(J. J. Eschenberg)에 의해 번역되어 『드라마의 제 영역(*Über die verschiedenen Gebiete des Drama*)』에 수록되었다.); Edward Young, *Conjectures on Original Composition. In a letter to the author Sir Charles Grandison* [Samuel Richardson], London 1759; Gotthold Ephraim Lessing, *Briefe, die neueste Literatur betreffend*, 1759, 17번째 서한; Henry Home, *Elements of Criticism*, Edinburges 1762-1765(독일어 번역판은 J. N. Meinhardt, 1763-1766); Samuel Johnson, *The Plays of William Shakespear*, London 1765; Wilhelm Heinrich von

쓰여졌는가! 나는 여기에 또 하나의 글을 보태고 싶은 생각은 전혀 없다. 차라리 나는 이 글을 읽는 작은 무리의 사람들 중에서 그 누구도 그에 대해, 그를 위해, 그에 반대하여 글을 쓰려고 하지 않기를 바란다. 그를 변호하거나 중상하려 하지 않기를 바란다. 하지만 나는 있는 그대로의 셰익스피어를 설명하고 느끼는 일은 하고 싶다. 그를 유용하게 이용하고—혹시 가능하다면!—우리 독일인들에게 그런 인물을 만들어주고 싶다! 이 글이 그 일에 조금이나마 기여하게 되기를!

셰익스피어의 가장 대담한 적들은 그가 비록 위대한 시인일지는 몰라도, 결코 훌륭한 극작가는 아니라고 수많은 방식으로 그를 비난하고 조소한다. 그리고 설령 그가 훌륭한 극작가라고 할지라도 소포클레스와 에우리피데스, 코르네유와 볼테르처럼 이 예술의 최상의 것과 모든 것을 길어낸 고전적 비극작가는 아니라고 주장한다. 셰익스피어의 가장 대담한 벗들은 이러한 비방에 대해 기껏해야 그를 **변호하고 구제하는** 것에 만족하고 있다. 규칙을 위반하였다고 여겨지는 것에 대해 작품의 아름다움을 내세워 피고가 된 그를 풀어주려 한다. 그가 저지른 잘못을 인정할 수밖에 없을 경우, 그만큼 더 그의 위대함을 내세워 그를 칭송하려 한다. 가장 최근의 편찬자들과 주석자들[3]의 경우에도 사정이 그러하므로, 나는 이 글이 관점을 변화시켜 셰익스피어의 모습이 보다 충만한 빛 속에서 드러나게 되기를 소망

Gerstenberg, *Briefe über Merkwürdigkeiten der Literatur*, Schleswig 1766, 14-18번째 서한; J. W. Goethe, *Zum Shäkspears Tag*, 1771(1854년에 처음으로 출판).

3 위의 주 2에서 언급한 포프(Alexander Pope), 존슨(Samuel Johnson) 외에 특히 빌란트를 대표적인 예로 들 수 있다. Christoph Martin Wieland, *Shakespeares theatralische Werke*, 8 Bde., Zürich 1762-1766.

한다.

하지만 이러한 소망이 너무 과감한 것은 아닐까? 셰익스피어에 대해 논해온 수많은 위대한 인물들을 대적하는 것이 너무 외람된 일은 아닐까? 나는 그렇게 생각하지 않는다. 양쪽의 사람들이 단지 **편견**과 무의미한 망상에 근거하고 있을 뿐이라는 사실을 내가 보여주게 된다면, 내가 사람들의 눈에서 구름을 걷어내준다면, 혹은 사람들의 눈이나 그의 모습에서 아무것도 변화시키지 않고 단지 그의 모습을 더 잘 제시하기만 해도, 우리 시대의 과오 혹은 어떤 우연의 과오가 드러날 것이다. 그리하여 나는 독자들에게 "자, 여기에 서보라! 그렇지 않으면 그대는 단지 캐리커처만 볼 뿐이다!"라고 단언한다. 우리가 학식의 거대한 실뭉치를 거듭 풀었다 감았다 하기만 하고 앞으로 나아가지 않는다면 이 고약한 베틀작업은 얼마나 비극적인 일이겠는가!

드라마, **비극**, **희극**이라는 단어는 그리스에게 생겨나 전해져 내려왔다. 그리고 인류의 문자문화가 지상의 좁은 노상에서 오로지 전통이라는 길만 걸어가듯이, 이러한 전통의 새싹 안에서 그리고 언어를 통해, 가르침과 불가분의 관계를 맺고 있는 축적된 규칙들이 도처에 전해진다. 이성을 통해서가 아니라, 존경과 깊은 인상, 신성한 모범과 관습을 통해서만 어린아이를 교육할 수 있다고 한다면, 모든 민족은 그들이 배움을 얻는 모든 것에 있어 어린이라고 할 수 있다. 씨앗은 껍질이 없으면 성장할 수 없고, 모든 민족도 껍질로부터 관습을 만들어내지 못한다면 껍질 없는 씨앗을 얻을 수 없다.[4] 그리스 드라마와 북구의 드라마도 마찬가지다.

드라마는 그리스에서 생겨났다. 이것은 북구에서는 생겨날 수 없었다. 그리스에 있었던 것은 북구에는 있을 수 없다. 다시 말해 그리스에 있었던 것은 북구에는 있지도 않고 있을 수도 없다. 요컨대 소포클레스의 드라마와 셰익스피어의 드라마는 어떤 관점에서 볼 때 결코 이름을 공유할 수 없는 별개의 것이다. 나는 이 명제가 그리스 자체로부터 증명될 수 있다고 생각하며, 바로 이를 통해 북구 드라마의 본성 그리고 북구의 가장 위대한 극작가 **셰익스피어**의 본성이 잘 해독될 수 있다고 믿는다. 우리는 어떤 것이 다른 것을 통해 생성되고, 동시에 변신을 통해 그것이 결코 같은 것으로 머물러 있지 않는다는 것을 보게 될 것이다.

그리스 비극은 디오니소스 찬가와 모방적 춤과 **코러스**가 하나의 무대에 동시에 등장하였던 것에 기원을 두고 있다. 이것이 성장하여 상호 용해되었던 것이다. **아이스킬로스**는 하나의 인물이 아니라 두 인물을 무대에 올려 주연이라는 개념을 창안하고 코러스를 축소시켰

4 인간의 문화와 역사를 유기체로서 이해하는 입장은 헤르더 사상의 중요한 특징을 이룬다. 여기에서 씨앗은 인간의 잠재적 소질과 성향을, 그리고 껍질은 주변 환경을 가리킨다. 씨앗과 껍질의 비유는 헤르더의 문예이론과 역사철학에서 핵심적인 사상적 동기가 되고 있는데, 헤르더의 이러한 사상은 제 민족에게서 나타나는 문화의 다양성이 그 민족이 살고 있는 지역 풍토의 다양성에 기인한다는 이른바 풍토이론과 연결된다.

다. **소포클레스**는 제삼의 인물을 추가한 무대를 창안하였다. 이러한 기원으로부터 그리스 비극은 위대한 높이로 상승하여, 인간 정신의 걸작, 문학의 최고봉이 되었다. 아리스토텔레스는 이것을 높이 칭송했으며, 우리도 물론 **소포클레스**와 **에우리피데스**에게서 더없는 경탄을 느낀다.

그러나 우리는 동시에 이제는 사멸한 규칙으로 여겨야 할 것들, 그렇게 하지 않으면 심각한 오해를 야기할 수 있는 것들을 바로 이러한 기원으로부터 설명할 수 있다는 것을 깨달아야 한다. **그리스 비극의 특징인 줄거리의 단순성, 그리스적 윤리의 명료성, 표현과 음악과 무대의 장중함, 장소와 시간의 일치**—이 모든 것이 기교와 마술이 아니라 자연스럽고 본원적으로 그리스 비극의 근원에 자리 잡고 있어서, 그리스 비극은 그러한 형태로 전개되지 않을 수 없었다. 이 모든 것이 그 안에서 과일이 성장하게 되는 껍질이었던 것이다.

이 유년기의 시대로 되돌아가 본다면, **줄거리의 단순성**은 **영웅적 행위**라고 불리는 저 **고대의 공화국과 조국과 종교의 행위**에 실로 깊이 뿌리내리고 있어, 극작가가 이 단순한 위대함에서 부분들을 발견하고, 시작과 중간과 끝을 극적으로 도입하는 것은 오히려 엄청난 노고를 요하는 일일 수밖에 없었다. 그렇게 하려면 그는 이 단순한 위대함을 억지로 분리하고 절단하거나, 수많은 분리된 것들을 가지고 전체를 한 덩어리로 반죽할 수밖에 없었을 것이다. 아이스킬로스나 소포클레스를 읽어본 사람이라면 이러한 사실을 잘 이해할 것이다. 일련의 무대장면과 역사와 감수성이 없었다면, 그리고 심지어 나름의 역사를 지니고 있는 저 코러스가 없었다면 **알레고리적**이고 **신화적**이고 **반(半)서사적인** 그림이라 할 수 있는 비극이 도대체 무엇이겠는가? 이곳에서 줄거리의 단순성을 위해 최소한의 수고와 기교라도 필요했겠는가? 소포클레스의 대부분의 작품들이라고 해서 다를 것이 있었겠는가? 그가 그려낸 **필록테테스**, **아약스**, 추방된 **오이디푸스** 등은 그 기원의 단일성에, **코러스 한가운데에 서 있는 드라마의 모습**에 다가가고 있다. 여기에는 의문의 여지가 없다! 바로 이것이 그리스 무대의 발생인 것이다.

이제 이 간단한 고찰에서 얼마나 중대한 결과가 도출되는지 살펴보자. 그것은 바로 다음과 같은 것이다. "그들의 규칙의 기교성은 결코 기교[5]가 아니다! 그것은 바로 자연이다!" 줄거리의 통일성은 그들 앞에 주어져 있던 행위의 통일성이었다. 그들의 시대적·국가적·종교적·윤리적 상황에서 볼 때 그것은 원래 그 자체로서 하나였다. **장소의 통일성**은 원래 장소가 동일했던 것에서 생겨난 것이다. 왜냐하면 짧고 장엄한 하나의 행위는 사원, 궁전, 조국의 광장 등과 같은 하나

---

5 여기에서 "기교성"과 "기교"는 "das Künstliche"와 "Kunst"를 각각 번역한 것이다. 'Kunst'는 원래 영어의 'art', 즉 예술을 의미하지만 여기에서 헤르더는 '자연'(Natur)에 대비되는 인위적 기교를 강조하는 의미로 사용하고 있어 이렇게 번역하였다. 다른 곳에서는 맥락에 따라 '예술' 또는 '기예'로도 번역하였다. 그리스 문학과 예술은 자연에 뿌리를 둔 자연적 예술이고, 근대의 예술은 자연이 상실되고 타락한 시대에 자연을 인위적으로 재구성하여 보여주는 예술이라는 역사철학적 예술관은 빙켈만의 사상에서 유래한 것이다. 헤르더는 한편으로 빙켈만의 사상을 수용하면서, 다른 한편으로는 풍토이론에 입각하여 이를 변용함으로써 남구적이고 고대적인 그리스와 대비되는 북구적이고 근대적인 독일 문학과 예술을 요청하였다. 그의 이러한 사상은 고전주의 시기의 실러와 슐레겔 등 낭만주의자들에게 계승되었다. 실러가 소박문학과 감상문학을 구분하고 슐레겔이 기교문학(Kunstpoesie)과 자연문학(Naturpoesie)을 구분한 것은 헤르더의 사상에 연원을 두고 있다. 고대 그리스의 건강한 자연성과 현대의 소외된 인위성을 대비하는 독일의 역사철학적 예술관은 헤겔을 거쳐 20세기의 루카치에 이르기까지 독일 예술이론과 문학이론에서 중심사상을 이룬다.

의 장소에서 이루어지기 때문이다. 그리하여 그러한 행위는 처음에는 흉내와 이야기를 통해 모방되고 꾸며졌다. 이에 뒤이어 마침내 무대장면이 덧붙여졌다. 하지만 그 모든 것은 물론 하나의 장면이었다. 코러스가 그 모든 것을 결합시켰다. 사태의 본성에 따라 무대는 결코 빈 상태로 있을 수 없었다. 시간의 통일성이 이로부터 당연히 생겨나 동반되었다는 것은 어린아이에게도 굳이 증명할 필요가 없지 않을까? 이 모든 것이 당시에는 자연에 근거를 두고 있었다. 극작가는 자연을 배제하고는 그의 모든 기교를 가지고도 아무것도 할 수 없었던 것이다!

또 한 가지 명백하게 볼 수 있는 사실은 그리스 극작가들의 예술이 우리가 오늘날 그들을 근거로 삼아 우리 자신에게 소리쳐 요구하는 길과 전혀 상반된 길을 걸어갔다는 것이다. 요컨대 내 생각에 그들은 예술을 **단순화하는 길**을 걸어갔던 것이 아니라, **다양화하는** 방향으로 나아갔다.[6] 아이스킬로스는 코러스를 다양화했고, 소포클레스는 아이스킬로스를 다양화했다. 우리는 소포클레스의 가장 기교적인 작품들과 그의 대표작인 『테베의 오이디푸스』만을 『프로메테우스』나 고대의 주신송가에 비교하여 내기를 걸도록 요구받고 있으며, 이런 방식으로 소포클레스가 도달한 경이로운 예술을 보고 있는 것이다. 하지만 그의 예술은 결코 다양성에서 단일성을 만들어낸 것이 아니라, 나름의 방식으로 단일성에서 다양성을, 다양한 장면들로 이루어진 아름다운 미로를 만들어냈다. 그가 가장 많이 고심했던 문제

---

6 여기에서 헤르더는 그리스인들이 드라마의 다양한 줄거리를 '단순화'했다는 레싱의 주장(*Hamburgische Dramaturgie*, 46. Stück)의 주장에 반론을 제기하고 있다.

가 바로 이것이었다. 복잡하게 얽힌 미로 앞에서 과거의 단일성에 사로잡혀 있는 관객들을 현혹하여, 감정의 실타래를 부드럽게 조금씩 풀어줌으로써, 관객들이 과거의 주신송가적 감성이라고 하는 이 실타래를 아직 온전히 손에 쥐고 있는 것처럼 느끼게 하는 것이 그에게 주어진 과제였다. 이를 위해 그는 장면들을 치장하고, 코러스를 세워 이것을 사건 전개의 휴식장소로 삼았으며, 단어 하나하나로 모든 관객이 전체에 대한 조망, 기대, 사건의 진행에 대한 추측, 예견 속에 사로잡히게 만들었던 것이다. (하지만 이후에 저 계몽적인 에우리피데스는 연극무대가 그만큼 성숙하지 못했기 때문에 즉시 이를 다시 소홀히 하게 되었다!) 한마디로 소포클레스가 사건에 (바로 이것을 사람들은 심각하게 잘 못 알고 있는데) **통일성**을 부여했던 것이다.[7]

아리스토텔레스가 이 천재의 예술기법을 높이 평가했던 것은 근대가 이를 곡해하여 애호하는 것과 모든 점에서 거의 정반대되는 것이었다는 사실은, 막연한 추측에 빠지지 않고 그의 시대의 관점에서 아리스토텔레스를 읽는 모든 사람에게 분명하게 드러난다. 그가 테스피스와 아이스킬로스를 버리고 **다양성**에 입각하여 극작품을 쓴 소포클레스를 전적으로 애호했다는 것, 그가 이러한 **소포클레스의 혁신**을 출발점으로 삼아, 바로 여기에 이 새로운 문학 장르의 **본질**을 부여했다는 것, 새로운 호메로스의 성장을 촉진하고 소포클레스의 편에 서서 그를 호메로스와 비교하는 것이 그가 애호한 사상이었다는 것, 이 모든 것은 이 위대한 인물이 당대의 위대한 감각을 가지고

7 Aristoteles, *Poetik* 1448 b 35.

철학을 했으며, 모든 잘못의 책임은 후에 사람들이 그에 의거하여 극장을 종이무대로 만들려 했던 저 편협하고 유치한 짜깁기 이론에 있다는 사실을 드러내 보여준다. 극 전개의 본질을 다룬 저 탁월한 장에서 분명히 언급했듯이 그는 "관객의 시선, 영혼, 상상력 외에는 다른 어떤 규칙도 알지 못하고 인정하지 않는다"고 명시적으로 말하였으며, 또한 길이의 제한은 구성의 방식 및 시간과 공간을 포함하여 그 어떤 규칙으로도 규정되어서는 안 된다고도 말한 바 있다.[8] 오, 아리스토텔레스가 부활하여 전적으로 성격이 다른 드라마에 그의 규칙이 오용되고 남용되고 있다는 사실을 본다면!—하지만 우리는 조용하고 차분하게 연구에 전념하도록 하자.

세상의 모든 것이 변하듯이, 원래 그리스 예술을 만들어냈던 자연도 변화할 수밖에 없었다. **세계관**, **풍습**, **공화국의 상황**, **영웅시대의 전통**, **신앙**, **음악**, **표현**, **상상력의 척도** 등이 변화를 겪었다. 이에 따라 사건의 소재, 극작의 기회, 목적의 동기가 당연히 감소했다. 태고시대의 것이나 다른 나라의 이질적인 것들을 들여와서 기존의 기법으로 치장하여 내놓을 수는 있었지만, 이런 것들은 모두 효과를 발휘하지 못했다. 결과적으로 그 모든 것에는 영혼이 빠져 있었기 때문이다. 그것은 더 이상 (굳이 말장난을 할 필요가 있겠는가?) 본래의 것이 아니었기 때문이다. 모조품 인형, 모방, 원숭이, 조각상에 불과했던 것이다. 진지한 지적 능력을 지닌 사람들은 이 조각상에 숨을 불어넣

8 Aristoteles, *Poetik* 1450 b 9-1450 b 34.

은 악령을 알아볼 것이다. 유럽의 새로운 아테네인들에게로 곧장 넘어가자. (왜냐하면 로마인들은 완전한 그리스적 연극을 만들기에는 너무 우둔하거나 너무 영리했다. 혹은 너무 야만적이고 거칠었기 때문이다.) 내 생각에 사태는 명백하다.

그리스 연극의 모든 모조품 인형들 중에서 프랑스 것보다 더 완벽하게 구상되고 만들어진 것이 없다는 데에는 의문의 여지가 없다. 내가 생각하고 있는 것은 **시간과 장소와 줄거리의 일치**, **장면의 연결**, **무대의 개연성** 등과 같이 아리스토텔레스를 전거로 삼고 있는 소위 연극의 규칙뿐만이 아니다. 더 나아가 내가 진정으로 묻고 싶은 것은 코르네유, 라신, 볼테르가 내놓은 저 찬란하고 고전적인 것, **규모와 풍요와 광휘**가 동반된 **장면**, **대사**, **시구**, **운율** 같은 일련의 것들을 넘어선 어떤 것이 세상에 있을 수 있는가 하는 것이다. 이 글의 저자는 그러한 가능성에 대해 의문을 품고 있으며, 뿐만 아니라 볼테르와 프랑스인들을 경외하는 모든 이들은 물론이고 이 고상한 아테네인들[9] 자신이 이를 **부인**할 것이다. 이들은 이미 충분히 이렇게 주장해왔고, 주장하고 있으며, 주장할 것이다. "이것을 넘어서는 것은 없다! 이것을 능가하는 것은 불가능하다!" 이렇게 의견일치를 본 관점에서 그들은 모조품 인형을 무대에 올리고 있다. 그들이 옳다면 사람들은 매일매일 이 휘황찬란한 연극을 보며 점점 더 바보가 되어 갈 것이고, 점점 더 이를 모방할 것이며, 유럽의 모든 나라에서 이를 더 많이 받아들이게 될 것이다.

9 앞에서 언급한 프랑스 극작가들을 가리킨다.

이 모든 것이 답답하고 참을 수 없는 감정을 느끼게 한다. "이것은 그리스 비극이 아니다! 목적, 효과, 특성, 본질에 있어 이것은 결코 그리스 드라마가 아니다!" 가장 단호하게 프랑스인들의 편에 선 예찬자라고 할지라도, 그가 그리스인을 느껴본 사람이라면 이를 부인하지 못할 것이다. "이들이 사칭하고 있는 그들의 아리스토텔레스를 이들이 과연 그 규칙에 따라 고찰해본 적이 있는가"에 대해 연구해볼 생각은 전혀 없다. 레싱은 최근에 그들의 이러한 요란하고 불손한 주장에 대해 심각한 의문을 제기한 바 있다.[10] 하지만 그 모든 것을 인정한다고 해도, 이들의 드라마는 동일한 것이 아니다. 왜? 그 내적 속성에 있어 프랑스 드라마는 그리스 드라마와 동일하지 않기 때문이다. 줄거리, 풍습, 언어, 목적 그 어느 것도 동일하지 않다. 그렇다면 그렇게 정확하게 지켜진 그 모든 외적인 일치가 무슨 소용이 있단 말인가? 저 위대한 코르네유의 주인공이 로마의 영웅이나 프랑스의 영웅이라고 믿고 있는 것일까? 그것은 스페인풍의 세네카적 영웅이다! 여성에게 품위 있게 행동하는 영웅, 모험적이고 용감하고 고결하고 사랑에 빠져 있고 잔혹한 영웅이다. 다시 말해 극장 밖에서는 바보 천치라고 불릴 법한 드라마적 허구의 인물인 것이다. 이런 영웅은 당시의 프랑스에서도 이미 어느 정도는 이질적이었으며, 이제는 모든 작품들에서 완전히 이질적이다. 이것이 이 영웅의 본모습이다. 라신은 감성의 언어로 이야기한다. 하지만 그러한 단일성에 입각한 일치는 그에게서 찾아볼 수 없다. 또한 그밖에도 나로서는 도대체

10 Gotthold Ephraim Lessing, *Hamburgische Dramaturgie*, 46-48. Stück 및 다른 여러 곳.

감성이 그런 식으로 이야기하는 것이 과연 어디에 있는지 모르겠다. 그것은 제3자의 손에서 나온 감성의 그림이다. 그것은 적합한 단어를 찾고, 마침내 발견해내는 그러한 직접적이고 일차적이고 꾸미지 않은 감성의 자극이 결코 아니다. 그에게서 이런 감성은 찾아보기 힘들다. 볼테르의 아름다운 시적 문장, 그 스타일, 내용, 이미지의 경제성, 번뜩임, 재치, 철학—어찌 아름다운 문장이 아니겠는가? 그의 문장은 아마도 인간이 생각할 수 있는 가장 아름다운 시적 문장으로서, 만일 내가 프랑스인이라면 볼테르 이후에 시문을 지을 수 있을지 의구심이 들 정도이다. 하지만 아름답던지 아름답지 않던지 간에 그것은 연극의 시문장이 아니다! 그 줄거리, 언어, 풍습, 정열, (프랑스 드라마와 또 다른) 드라마의 목적, 영원한 학교 작문, 거짓말과 허풍! 이 모든 것의 궁극적 목적은? 결코 그리스적 목적, 비극의 목적이 아니다! 사건의 줄거리가 아름다운 경우, 무대에 올릴만한 아름다운 작품이기는 하다! 점잖고 멋지게 차려입은 신사와 숙녀들의 아름다운 대사, 아름다운 시적 문장을 통해 읊어지는 훌륭하고 유익한 철학! 이 모든 것이 이야기로 만들어져, 사건 전개에 대한 추측을 하게 만들고, 사람들의 주의를 끈다! 그리고 마침내 이 모든 것이 연기에 익숙한 수많은 신사와 숙녀들에 의해 공연되는데, 이것이 실제로 겨냥하는 것은 다분히 낭송과 그럴싸한 격언과 감정의 외벽과 갈채와 호의에 있다. 이 모든 것은 생생한 독서, 표현과 자세와 풍성한 무대설비, 선한 혹은 심지어 영웅적인 윤리를 위한 최상의 훌륭한 목적이 될 수 있을 것이며, 종국에는 심지어 삶과 죽음에 대한 국민적 지혜와 예의범절이 될 수도 있을 것이다. (다른 모든 부차적인 목적은 차치하더라도) 그야말로 아름답다! 교양적이다! 교훈적이다! 훌륭하다! 하지만 그 손은 물론 발까지도 그리스 연극의 목적은 결코 아니다.

그러면 그리스 연극의 목적은 무엇이었을까? 그것을 놓고 사람들이 많은 논쟁을 벌여온 아리스토텔레스의 말에 따르면,[11] **그 어떤** 방식으로 마음을 뒤흔드는 것, **그 어떤** 측면의 영혼을 **그 어떤** 정도로 동요케 하는 것, 그 이상도 그 이하도 아니다. 한마디로 상상력의 장르이다! 진심으로 말하는데 프랑스의 그 어떤 작품도 이것을 제대로 성취한 적이 없으며, 앞으로도 그럴 것이다. 따라서 (그것이 아무리 뛰어나고 훌륭하고 유익하다 할지라도) 그것은 그리스 드라마가 아니다! 그것은 소포클레스의 비극이 아니다! 모조품 인형으로서 그것이 아무리 소포클레스의 비극과 유사할지라도 인형에는 정신이, 생명이, 자연이, 진실이 결여되어 있다. 감동의 모든 요소에 있어—목적과 이에 도달하는 방식에 있어—그것이 같을 수 있겠는가?

이에 대해 그 가치와 무가치를 판정하려는 것이 아니라, 앞에서 내가 분명하게 제기했다고 생각하는 발언의 차이에 대해 이야기하려는 것이다. 다음과 같은 질문에 대한 대답은 각자에게 맡기겠다. "그럴싸한 목적을 가지고 다른 시대, 외국의 풍습과 사건을 모사하여 이것을 두 시간 동안 공연[12]하는 무대에 올릴 수 있도록 근사하게 만든다면 이는 어떤 측면에서 볼 때 최상의 국민정신이었던 것에 대한 **재**

11 Aristoteles, *Poetik* 1449 b 11.

12 여기에서 헤르더는 연극의 적절한 공연시간에 대한 코르네유의 견해를 문제 삼고 있다. Corneille, Discours des trois unités, in: *Le théâtre de Pierre Corneille*, Amsterdam 1664. 그의 글은 이 전집 3권의 서론으로 실려 있다. 이와 관련하여 레싱도 드라마에서 물리적 시간과 정신적 시간을 구분한 바 있다. Lessing, *Hamburgische Dramaturgie*, 45. Stück.

교육과 동일하거나 그 이상의 가치가 있는 것으로 평가될 수 있지 않을까?" 문학은 원래 그 전체로서는 (이에 대해 프랑스인이라면 누구라도 몸을 비틀거나 무관심하겠지만) **전혀 아무런 목적을 가지고 있지 않은** 것이 아닐까?—가장 뛰어난 철학자들의 고백에 따르면 세세히 살펴 이삭을 줍는 것이 문학의 좋은 점이라고 한다. 문학은 소규모 환경 안에서 최상의 힘든 교육을 해야 하는 시골학교와 비슷한 것이 아닐까? 결국 코르네유의 대부분의 기교적인 작품들이 이미 잊혀졌듯이, 크레비용과 볼테르를 경탄의 눈길로 바라보고, 이제는 우르페의 아스트레[13]와 기사시대의 클레리아[14]와 아스파시아[15]를 경탄의 눈길로 바라보며 "뛰어난 두뇌와 지혜로구나! 뛰어난 착상과 노력이 담겨 있구나! 배울 것이 너무도, 너무도 많다!—하지만 그것이 아스트레와 클레리아라는 것이 유감이군!" 하고 외치는 그런 시기가 오지 않을까? 이들의 예술 전체에는 자연이 결여되어 있어, 진기하지만 식상하다! 진실한 취향의 시대에 살 수 있다면 얼마나 행복할 것인가! 프랑스의 드라마 전체는 아름다운 문장과 격언과 감성의 모음집으로 변해버렸다. 하지만 위대한 **소포클레스는 지금도 본래의 모습 그대로 우리 앞에 서 있다!**

그러므로 (우리가 지금 여기에서는 탐구할 수 없는 주변 환경으로 인해)

---

13 Honoré d'Urfé, *L'Astrée*, 5 Bde., Paris 1607-1627.

14 드 스쿠데리 부인이 쓴 소설의 여주인공. Madeleine de Scudéry, *Clélie, histoire romaine*, 10 Bde., Paris 1656-1660.

15 아스파시아(Aspasia)는 높은 덕과 교양으로 추앙받는 페리클레스의 부인. 여기에서는 17세기 초반 프랑스에서 이상적 여성상에 지나치게 열광했던 풍조를 빗대기 위해 그녀의 이름이 언급되었다. 위의 주 14에서 언급한 드 스쿠데리 부인도 이 풍조에 속한 인물이다.

모방하는 대신에 호두껍질을 깨고 나와 그로부터 벗어나서 기꺼이 **자신의 드라마를 창조**하려 한 민족을 상정해보자. 내 생각에는 이로써 최초의 질문이 다시 제기된다. **언제, 어디에서, 어떤 주변 환경 속에서, 어떤 이유로 그런 일을 하게 될 것인가?** 이 창조가 이러한 질문의 결과일 수밖에 없다는 것을 굳이 증명할 필요는 없을 것이다. 이 민족이 자신의 드라마를 코러스와 주신송가에서 가져오지 않는다면, 이 민족의 드라마 또한 코러스적인 것, 주신송가적인 것을 지니고 있지 않을 것이다. 이 민족의 역사, 전통, 가정, 국가관계, 종교관계와 관련된 사건들이 그러한 단순성을 지니고 있지 않다면, 이 모든 것들로부터 드라마의 소재를 가져올 수 없을 것이다. 그리하여 이 민족은 자신의 드라마를 가능한 한 자신의 역사, 시대정신, 풍습, 견해, 언어, 민족적 편견, 전통, 연애로부터 그리고 사육제극과 인형극으로부터 (고귀한 그리스인들이 코러스로부터 그랬듯이) 창조해낸다. 이렇게 창조된 것이 드라마의 목적을 성취해낸다면, 이것이 드라마가 될 것이다. 사람들은 여기에서 우리가 말하는 민족이 다음과 같이 일컬어진 민족이라는 것을 알아챘을 것이다.

온 세상으로부터 완전히 고립되어 있는 브리튼 민족

toto divisis ab orbe Britannis[16]

---

16 Vergilius, *Eklogen I*, 66. "et penitus toto divisos ab orbe Britannos".

그리고 이들이 낳은 위대한 셰익스피어에 대한 이야기라는 것도 알아챘을 것이다.

이 나라가 그 시대나 그 이전 시대를 막론하고 그리스가 아니었다는 사실은 여기저기에서 그리스적 드라마를 요구하는 아리스토텔레스의 햇병아리 생도들도 부인하지 못할 것이다. 그들에게는 물론 드라마가 **자연적으로** (모방이 아니라) 생겨났다는 것은 양이 사자를 낳은 것보다 더 고약한 일이겠지만. 내가 제기하고자 하는 처음이자 마지막 질문은 다음과 같은 것이다. "그것은 어떤 토양이었는가? 그 토양은 무엇을 준비하였는가? 어떤 씨앗이 거기에 뿌려졌는가? 이 토양은 무엇을 키워냈는가?" 그리고 하늘! 이곳은 그리스로부터 얼마나 멀리 떨어져 있는가! 역사, 전통, 풍습, 종교, 시대정신, 민족정신, 감흥의 정신과 언어의 정신—이 모든 것이 그리스로부터 얼마나 멀리 떨어져 있는가! 독자는 이 두 시대를 다소간에 알고 있을 것이므로, 전혀 유사하지 않은 것을 단 한순간도 혼동하지 않을 것이다. 다행인지 불행인지 이처럼 다른 시대에 그리스인들이 그랬듯이 자신의 소재로부터 자연스럽고, 위대하고, 독창적으로 드라마를 창조한 한 사람의 대가, 한 사람의 천재가 나타났으며, 이 창조가 다양한 단순성과 단순한 다양성이라는—다시 말해 (모든 형이상학적 정의에 따르면) 완전한 전체로서—지극히 상이한 길을 통해 동일한 목적에 도달했다면, 이를 비교하거나, 아니면 후자가 전자가 아니라고 해서 이를 비난하는 것이 그 얼마나 어리석은 일이겠는가? 후자의 모든 본질, 덕성, 완전성은 그가 전자가 아니라는 것에, 그 시대의 토양에 따라 다른 식물이 자라난다는 것에 기초를 두고 있다.

그리스 드라마를 만들어낸 조국의 풍습, 행위, 성향, 역사 전통의 단순성을 셰익스피어는 자신의 주위에서 찾아볼 수 없었다. 그러므로 형이상학적 지혜의 제1명제에 따라 무(無)에서 나오는 것은 무뿐이라는 철학자들의 말을 믿는다면, 그곳에 그리스 드라마가 생겨날 수 없는 것은 물론이고, 그 외에는 아무것도 없으므로, 세상에는 더 이상 드라마가 생겨나지 않았을 것이고, 생겨날 수도 없었을 것이다. 하지만 주지하듯이 천재는 철학 이상의 존재이고, 분석하는 자와 달리 창조자이기 때문에, 죽어야 할 운명인 유한한 자가 신적인 힘을 타고나서 완전히 상반된 소재를 지극히 상이한 방식으로 다루어 **공포와 연민**이라는 동일한 효과를 만들어냈다. 그것도 전자의 소재와 방식이 과거에 한 번도 만들어내지 못했던 수준으로! 이 어찌 행운을 타고난 신의 아들의 과업이 아니겠는가! 이것이 새로운 것, 최초의 것, 지극히 상이한 것이라는 사실이 그의 천직이 지닌 근원적인 힘을 보여준다.

셰익스피어는 코러스라는 것을 보지 못했다. 하지만 국가극과 인형극을 볼 수 있었다. 다행스럽게도! 이러한 국가극과 인형극으로부터, 그는 오늘날 우리 앞에 살아 숨 쉬는 저 장엄한 창조물을 질 나쁜 진흙으로부터 빚어냈다. 그가 주위에서 보았던 것은 민족과 조국을 대변하는 단순한 인물이 아니라, 다양한 신분, 생활양식, 윤리의식, 민족, 방언들이었다. 단순성의 상실을 비통해하는 것은 헛된 일이었을 것이다. 그리하여 그는 신분과 인간, 민족과 방언, 왕과 어릿광대, 어릿광대와 왕을 장엄한 전체로 그려냈다! 그는 사건, 줄거리, 행위의 단순한 정신을 주위에서 찾아볼 수 없었다. 그는 자신이 보았던 사건을 소재로 취하여, 창조적 정신을 가지고 지극히 다양한 것들을 경이로운 전체로 융합했다. 이것을 우리가 그리스인들이 이해했던 의미에서 행위(Handlung)라고 부를 수 없다면, 중세적 의미에서의 행동(Aktion) 혹은 근대의 언어로 사건(Begebenheit, événement), 커다란 일어남(Eräugniß)이라고 부르고자 한다.[17] 오, 아리스토텔레스여, 그대가 지금 나타난다면 이 새로운 소포클레스를 어떻게 호메로스의 이름으로 세례를 내릴 것인가! 그의 동향인인 홈(Home), 허드(Hurd), 포프(Pope), 존슨(Johnson)[18]이 아직 저술하지 못한 그에 대한 고유한 이론을 그대는 만들어내지 않겠는가! 삼각형에 두 점을 잇는 선을 긋고 이것을 위에 있는 목적이라는 꼭짓점, 완전성이라는 꼭짓점과 만나게 하는 그의 작품, 줄거리, 인물, 견해, 표현, 극장에 그대는 기뻐하지 않겠는가! 그대는 소포클레스에게 이렇게 말하지 않겠는가! 이 제단의 신성한 표면에 그림을 그려라! 그리고 그대, 오, 북구의 음유시인이여, 이 신전의 모든 측면, 모든 벽면을 그대의 불멸의 프레스코화에 담아내라!

해석가이자 낭송가로서 계속 이야기하는 것을 독자들이 용인해 주기 바란다. 나는 저 그리스인[19]보다는 셰익스피어에 더 가깝기 때문이다. 전자에게서 **행위**의 단일성이 우세했던 데 반해, 후자는 **일어남**, **사건**의 전체를 극작에서 다루었다. 전자에게서 인물의 단일한 음

---

17 여기에서 행위, 행동, 사건, 일어남으로 번역한 것은 모두 극의 내용을 이루는 줄거리를 의미한다. 그리스 시대에는 극의 줄거리를 관객들이 눈앞에서 보는 행동으로 이해했다. 이는 드라마가 원래 춤, 즉 행동으로 보여주는 것을 어원적으로 의미하는 것과 일맥상통한다. 근대로 오면서 줄거리는 무대에서 전개되는 사건으로 이해되는데, 이를 헤르더는 사건(Begebenheit), 일어남(Eräugniß)이라고 부르고 있다. 'Eräugniß'는 현대 독일어의 'Ereignis'.

18 이 영국 비평가들에 대해서는 앞의 주 2 참조.

19 소포클레스를 가리킨다.

조가 우세했던 데 반해, 후자에게서는 모든 인물, 신분, 생활양식 등 가능하고 필요한 모든 것들이 어우러져 그의 콘서트의 주음을 이루었다. 전자에게서 높은 대기 속에 울려오는 **하나의** 섬세한 언어로 노래한다면, 후자에게서는 모든 연령, 인간, 인간유형의 언어로 말을 함으로써 자연이 자신의 모든 혀로 말하는 것의 통역자가 된다. 이처럼 상이한 길을 가면서도 이 두 사람은 동일한 신성함의 친족이 아닐까?—전자가 **그리스인**을 생각하고, 가르치고, 감동시키고, 그려냈다면, 셰익스피어는 북구의 **인간**을 가르치고, 감동시키고, 그려낸다! 셰익스피어를 읽을 때 내게서는 극장, 배우, 무대 배경이 사라진다! 사건, 섭리, 세계라는 책에서 걸어 나와 시대의 폭풍우 속에 흩날리는 이파리들 하나하나가 눈에 들어온다! 민족, 신분, 영혼의 개별적 특징들이 드러난다! 이들 모두가 지극히 상이하고 지극히 절연된, 행동하는 기계장치가 된다. 이들 모두가 세계의 창조자의 손 안에서 하나의 연극적 형상, 통일성을 지닌 하나의 사건 전체에 속해 있으면서도, 이를 알지 못하는 눈먼 도구들이다. 오직 극작가만이 이것을 조망한다. 북구의 인류와 그 시대를 그려낸 이보다 위대한 시인이 누가 있겠는가!

그의 무대 앞에 서면, 큰 파도가 계속해서 밀려오는 사건의 바다 앞에 서 있는 것처럼 느껴진다. 자연이 계속해서 등장했다가 물러나면서, 이질적으로 보이는 것들이 서로에게 작용하고, 서로를 만들어 내고, 서로를 파괴한다. 이렇게 하여 모든 것을 몽롱하고 무질서한 계획에 내맡겨 둔 것처럼 보이던 창조자의 의도가 성취되고, 이는 신의 변신론을 보여주는 한 줄기 햇살에 대한 모호하고 작은 상징이 된다. 경솔하고, 온화하고, 고귀하면서도 유약한 노인인 리어 왕이, 그가 다스리는 땅의 지도 앞에 서서, 왕위를 물려주며, 나라를 여러 개로 쪼갠다. 그가 등장하는 첫 장면에 이미 암흑의 미래에 그가 거두게 될 운명의 모든 씨앗이 들어 있다. 보라! 이 선량한 탕자, 경솔하고 잔혹한 인간, 이 어린아이 같은 아버지는 곧 그의 딸들의 궁전 뜰 앞에서 애원하고, 기도하고, 구걸하고, 저주하고, 몽상에 빠지고, 성호를 그으며 신을 외쳐 부르고, 광기에 차서 복수를 벼른다. 곧이어 그는 벼락과 천둥에 벌거벗은 정수리를 열어놓고 있는 신세가 되어, 인간 세상의 최하층으로 굴러떨어져, 어릿광대와 미친 거지의 동굴에서 하늘이 내린 광기에 빠져든다. 이제 그는 완전히 궁핍하고 버림받은 상태에 놓여 있다. 제정신이 돌아와 마지막 희망의 불빛이 비추는 듯하지만, 이마저도 영원히, 영원히 꺼져버린다. 포로가 된 그는 그에게 선행과 용서를 베푼 딸의 주검을 팔에 안고 있다! 그는 이 시신을 품에 안고 죽음에 이르고 그의 늙은 충복도 늙은 왕에 뒤이어 죽는다. 오, 하나님! 시대와 상황과 폭풍우와 날씨와 시간의 흐름의 변천이 그 어떻게 그려지고 있는가! 이 모든 것이 당신들이 말하는 아리스토텔레스의 엄격한 규칙[20]에 따라 처음부터 끝까지 하나의 이야기로,—이런 표현을 원한다면—영웅과 국가의 사건으로 그려지고 있을 뿐만 아니라, 우리에게 가까이 다가와 모든 인간, 연령, 인물의 성격, 그리고 그 밖의 것들을 그림 속에 정렬하는 **인간의 정신**을 느끼게 한다. 두 사람의 아버지와 이들의 서로 다른 여러 자식들! 한 아들은 불행하면서도 기만당한 아버지에게 감사해하고, 다른 아들은 지

20 Aristoteles, *Poetik* 1450 b 9.

극히 선량한 아버지에게 끔찍할 정도로 감사할 줄 모르면서도 끔찍하게 행복하다. 아버지가 딸들에게 대적하고, 딸들은 아버지에게 대적한다! 이 딸들의 배우자, 청혼자, 모든 공범들도 행복하거나 불행하다. 맹인이 된 글로스터 백작은 그가 알아보지 못하는 아들의 팔에 기대고, 미쳐버린 리어 왕은 그가 내쫓은 딸의 발 앞에 엎드린다! 그리고 이제 행복의 갈림길에 서는 순간이 찾아온다. 글로스터가 자신의 나무 밑에서 죽음에 이르자, 나팔이 울리면서 모든 주변적 환경, 동력, 인물의 성격이 이곳으로 모아진다. 모든 것이 함께 작동하여 하나의 전체로, 아버지와 자식들과 왕과 어릿광대와 거지의 비참함 전체로 모아져 정렬된다. 그럼에도 불구하고 지극히 상이한 모든 장면들에서 사건의 영혼이 살아 숨 쉰다. 장소, 시간, 상황, 그리고 전체를 관통하는—나로서는 이교도적이라고 말하고 싶은—운명철학과 점성술의 철학이 이러한 전체로 모아지고 있어, 나로서는 여기에서 아무것도 바꿀 수 없고, 그 어떤 것도 다른 작품에서 이 작품으로 가져오거나 이 작품에서 다른 작품으로 가져갈 수 없다. 이것이 드라마가 아니라고? 셰익스피어가 드라마 작가가 아니라고? 이 세계에서 일어나는 사건의 수많은 장면을 팔에 안고, 눈으로 정렬하고, 모든 것에 숨결과 생명을 불어넣는 영혼으로 채우고, 관객의 주의를 끄는 데 그치는 것이 아니라, 심장과 모든 열정과 영혼 전체를 처음부터 끝까지 사로잡는 셰익스피어의 작품이 드라마가 아니라고? 그렇다면 대부 아리스토텔레스를 증인으로 내세울 수밖에 없다. "살아 있는 창조물의 위대함은 오직 단 한 번의 눈길로만 조망할 수 있다."[21] 그것도 하

21 Aristoteles, *Poetik* 1450 b 34.

늘에서만! 사건 전체가 그 얼마나 심오한 영혼에 의해 전개되고 종결되는가! 그야말로 자연처럼 위대하고 심오한 드라마적 사건의 세계가 아닌가! 하지만 이 드라마의 창조자는 이렇게 위대하고 심오한 것을 볼 수 있는 눈과 관점을 우리에게 제공한다.

무어인 오셀로의 세계는 또 어떠한가! 그 얼마나 놀라운 전체인가! 발단, 전개, 절정, 대단원에 이르기까지 이 고귀하고 불행한 자의 정열이 그 얼마나 생생하게 그려져 있는가! 수많은 바퀴들이 함께 달려 그 얼마나 충만한 하나의 작품이 되는가! 인간의 탈을 쓴 악마 이아고는 이 세계를 노려보면서 그를 둘러싼 모든 것들을 가지고 그 얼마나 **경악스러운** 놀이를 벌이는가! 카시오와 로드리고, 오셀로와 데스데모나의 무리는 그 성격에 있어 지옥불에 쉽게 불붙는 불쏘시개를 가지고 그 주위에 둘러 모이고, 모든 것이 그에게 던져져, 그는 모든 것을 사용하여 모든 것을 비극적 종말로 몰아간다. 예언의 천사가 인간의 정열의 무게를 서로 비교하여 달아보고, 이에 따라 영혼과 성격을 분류하여, 이들이 각자 자유롭게 행동한다는 망상을 이들에게 불어넣는다면, 그러나 실상은 이 천사가 그러한 망상이라는 운명의 사슬을 가지고 이들 모두를 자신의 생각대로 이끈다면—인간의 정신은 바로 여기에서 구상되고, 숙고되고, 그려지고, 조종된 것과 똑같은 모습일 것이다.

시간과 공간이 씨앗을 둘러싼 껍질처럼 항상 동행한다는 것은 굳이 상기시킬 필요도 없을 것이다. 하지만 이에 대해 사람들은 여전히 목소리를 높이고 있다. 셰익스피어가 지극히 이질적인 장면들의 세계 전체를 하나의 사건으로 파악할 수 있는 신적인 솜씨를 지니고 있으며, 따라서 시간과 장소를 매번 이상적으로 구상하여 관객들을 매혹하는 것도 그가 다룬 사건의 진리성을 이루는 요소였다. 자신의 삶의 사소한 일에서조차 시간과 공간이 중요하지 않다고 여기는 사람이 세상에 있겠는가? 특히 청년기에 정열을 불러일으키는 장면들과 삶과 관련된 모든 행위들을 통해 영혼 전체를 동요케 하고, 교육하고, 재교육하는 경우에 과연 그럴 수 있겠는가? 줄거리 전체에 안정성과 지속성과 실존성을 부여하는 것은 바로 시간과 장소, 그리고 충만한 주변 환경이 아니겠는가? 어린이, 청년, 연인, 성인을 막론하고 행위의 장에서 어떻게, 어디서, 언제라고 하는 그 지점의 주변 환경을 그에게서 분리시키는 경우, 그의 영혼의 표상 전체가 곤혹감을 느끼지 않는 사람이 있을까? 이 점에서 셰익스피어는 위대한 대가라고 할 수 있다. 그리고 그 이유는 그가 오로지 그리고 항상 자연에 충실하기 때문이다. 그가 드라마의 사건을 구상하고 머릿속에서 궁리할 때면, 그때마다 시간과 장소도 함께 궁리하지 않겠는가! 숙명이라는 법칙을 통해 모든 세계의 장면과 시간의 흐름으로부터 가장 강력하고 가장 이상적인 행위에 대한 느낌이 그에게 찾아오는 것이다. 이렇게 하여 지극히 기묘하고 과감한 주변 환경조차도 진실한 것으로 보이게 되어, 극작가가 설정한 시간과 장소의 변화를 보면서 우리는 이렇게 외치게 된다. "여기 이 사람은 극작가가 아니다! 창조자다! 세계의 역사다!"

예를 들어 이 시인이 저 끔찍한 국왕살해를 다룬 맥베스를 자신의 영혼 속에서 사건으로 창조하기 위해 궁리했던 것을, 친애하는 나의 독자여, 당신이 그 어떤 장면과 장소에서도 느끼지 못했다면, 당신은 매우 아둔한 사람이다. 이는 당신이 손에 쥐고 있는 셰익스피어라는 이름의 시들어버린 꽃잎에게 하나의 저주일 것이다. 당신이 번개와 천둥이 내리치는 광야에 마녀들이 등장하는 서막에서 아무것도 느끼지 못했다면, 피투성이 남자와 맥베스의 무훈 장면에서부터 왕의 전갈이 그에게 도착하는 장면에 이르기까지 아무것도 느끼지 못했다면, 이 장면이 다시 중단되고 유령의 예언 장면이 개막되고, 앞서 이야기한 왕의 전갈과 마녀의 인사말이 맥베스의 머릿속에서 뒤섞이는 장면에서 아무것도 느끼지 못했다면 말이다! 그의 부인이 운명의 편지의 필사본을 가지고 자신의 성에서 서성이는 장면과 그 후로 그녀가 끔찍하게 변하게 되는 장면에서 아무것도 느끼지 못했다면! 성 주위에 감돌고 있는 부드러운 저녁 공기를 마지막으로 호흡하고 있는 차분한 마음의 왕에게서 아무것도 느끼지 못한다면! 그 성에는 제비가 편안하게 둥지를 틀고 있지만, 그러나 왕은—이것은 눈에 보이지 않게 작품에 그려져 있다!—암살자의 소굴로 다가간다. 성에서는 요란하게 손님을 맞을 준비를 하고, 맥베스는 암살을 준비한다! 횃불과 칼을 들고 있는 뱅코의 밤 장면! 단검, 저 끔찍한 몽환의 단검! 종이 울리고, 곧 문을 두드리는 소리! 왕의 주검을 발견하고 사람들이 몰려든다. 그 의도와 창작에 있어 **그곳에서 그렇게** 일어났던 것과 다를 수 있는 시간과 장소가 있다면 한번 찾아내보라! 숲속에서 뱅코가 살해당하는 장면, 저녁 만찬 시간에 뱅코의 유령이 나타나는 장면, 다시 마녀가 등장하는 황야 (그의 끔찍한 숙명적 행위가 끝났으므로!) 그리고 이제 마법의 동굴, 주문, 예언, 분노와 절망! 외로운 어머니의 품에서 죽어가는 맥더프의 자식들! 나무 아래 두 사람의 망명자와 성 안의 소름 끼치는 몽유병자, 그리고 예언의 기적적인 성취—성으로 다가오는 숲과 여자의 배에서 태어나지 않은 자에 의한 맥베스의 죽음—이 작품의 영혼인 시간과 장소, 그리고 외견상 혼란스러운 그 중간 지점, 가장 미미한 주변 환경에 이르기까지 작품에 생명을 불어넣어, 영혼 속의 모든 것을 분리할 수 없는 소름 끼치는 전체로 만들어 내는 **운명의 세계**, **왕의 살해를 그리고 있는 세계**, **마법의 세계**, 뭐라 명명할 수 없는 이 세계 전체의 이상화된 지점을 명명하기 위해서는 모든 장면을 낱낱이 서술해야 할 것이다. 하지만 그렇게 하더라도 그 모든 것을 통해 아무것도 말하지 못할 것이다.

각각의 작품의 이러한 개별성, 각각의 개별적인 우주가 시간, 장소, 창작정신과 더불어 모든 작품을 관통한다. 레싱은 연극의 여왕 세미라미스와 비교함으로써 햄릿의 몇 가지 주변 환경을 고찰한 바 있다.[22] 이 드라마 전체가 처음부터 끝까지 시공간적 지점에 대한 정신으로 가득 차 있다는 것이다. 궁성 광장과 매서운 추위, 교대하는 보초병과 밤 동안의 사건, 불신과 신앙, 별, 그리고 이제 유령의 등장. 여기에 나오는 모든 단어와 주변 환경에서 앞으로 일어날 일과 자연을 예감하지 못하는 사람이 있겠는가! 이런 것이 계속 이어진다. 유령의 복장에서 모든 것이 드러난다! 사람들의 복장에서 모든 것이 드러난다! 닭 울음소리와 북소리, 말없는 눈짓과 가까이 있는 언덕, 말과 침묵—이 얼마나 놀라운 시공간인가! 진실을 그 얼마나 깊이 파헤치고 있는가! 놀란 왕이 무릎을 꿇고, 햄릿이 그의 어머니의 방 안에서 부친의 초상화 앞을 비틀거리며 지나가는 장면은 또 어떠한가! 그리고 이제 그는 다른 모습으로 등장한다. 오필리아의 무덤가에서

---

22 볼테르의 『세미라미스(*Semiramis*)』에 대한 레싱의 언급은 *Hamburgische Dramaturgie*, 11-12. Stück 참조. 『세미라미스』는 고대 바빌로니아 여왕 세미라미스의 비극적 운명을 그려낸 볼테르의 비극작품으로서, 후에 로시니는 이를 토대로 오페라 〈세미라미데(Semiramide)〉를 작곡했다.

의 햄릿! 호레이쇼, 오필리아, 레어티즈, 포틴브라스와의 모든 관계에서 보여주는 감동적인 우정! 소년의 유희 같은 행동이 작품 전체를 통해 이어지지만, 거의 마지막에 이르기까지 행동은 이루어지지 않는다. 여기에서 단 한순간이라도 무대를 느끼거나 찾으려 하는 사람, 고상한 대화의 연속을 그에게서 찾으려 하는 사람을 위해 셰익스피어와 소포클레스가 극을 창작했던 것은 아니다. 이 세상의 참된 극작가라면 결코 그런 사람을 위해 창작하지 않을 것이다.

각각의 작품을 지배하고 세계영혼처럼 그것을 관류하는 개별적인 주된 정서를 진술할 수 있는 언어가 내게 있다면 얼마나 좋겠는가. 실제로 오셀로는 그러한 작품에 속한다. 예컨대 암중모색과 전설적인 놀라운 사랑, 항해, 바다의 폭풍우, 오셀로의 격한 정열, 커다란 비웃음을 산 죽음의 방식, 조가가 울려 퍼지고 바람이 불어오는 가운데 옷을 벗는 장면, 속죄와 열정의 방식, 그의 등장과 밤의 불빛을 향한 그의 대사 등등, 이 모든 것이 어떻게 비극적 사건의 세계에 생생하고 내밀하게 속하는지를 언어로 파악하는 것이 가능할 수도 있다고 생각할지 모르지만, 이는 가능하지 않다. 보잘것없는 유화라고 할지라도 언어로 서술하거나 만들어낼 수 없을진대, 하물며 모든 장면, 주변 환경, 마술 속에 그려진 살아 움직이는 세계에 대한 느낌을 어떻게 서술할 수 있겠는가? 나의 독자여, 그대 뜻대로 해보라. 리어 왕, 리처드 왕, 시저, 헨리 왕, 마술극과 오락극, 특히 로미오, 달콤한 사랑을 다룬 극, 모든 시대상황, 장소, 꿈, 문학을 다룬 낭만적 소설—이 모든 것으로부터 그 어떤 특성을 끌어내고, 이것들을 교환하고, 심지어 프랑스의 무대에 맞춰 단순화해보라! 모든 근원적인 진실성을 지닌 살아 있는 세계가 무대장치로 탈바꿈할 것이다. 대단한 교환, 대단한 변신일 것이다! 식물에서 그것의 토양과 수액과 생명력을 빼앗고, 그것을 허공에 심어보라. 인간에게서 장소와 시간과 개별적 특성을 빼앗는다면, 당신은 그에게서 숨과 영혼을 빼앗는 것이고, 피조물에서 형상을 빼앗는 것이다.

이 점에서 셰익스피어는 소포클레스의 형제라고 할 수 있다. 그 외양은 닮지 않았을지라도, 그 내면에서 그는 소포클레스를 닮았다. 연극의 모든 매혹적 힘은 이러한 근원성, 진실성, 줄거리의 창의성을 통해 도달되는 것이며, 이것들이 없이는 도달될 수 없을 뿐만 아니라, 셰익스피어의 드라마와 그 정신이 더 이상 남아 있지 않을 (그렇지 않다면 내가 지금 이 글을 쓰고 있는 것 자체가 헛된 일이리라) 것이다. 이 위대한 정신에게는 세계 전체가 유일한 몸체이고, 자연이 나타내는 모든 모습이 이 몸체의 사지이며, 모든 인물의 성격과 사고방식이 이 정신의 특성이다. 이들 전체를 스피노자의 저 거대한 신, 즉 "범우주"(Pan! Universum)라고 부를 수 있을 것이다. 소포클레스는 하나의 장소, 하나의 시간으로 줄거리를 만들어냈다는 점에서 자연에 충실하였다. 셰익스피어는 그가 다룬 세계 사건과 인간의 운명을 그것이 일어나는 모든 장소와 시간을 통해 전개함으로써만 자연에 충실할 수 있었다. 자애로운 신은 오락적인 프랑스인이 셰익스피어 극의 5막에 이르면, 그 핵심에 들어 있는 감동을 집어삼키도록 만들었다. 여러 프랑스 작품들에서는 아마도 이렇게 하는 것이 그나마 나을 것이다. 왜냐하면 그곳에서는 모든 것이 오로지 극장을 위해 작시되고, 볼거리 장면으로 만들어지기 때문이다. 하지만 이곳에서 프랑스인은 아무것도 얻지 못하고 떠날 것이다. 그는 최후의, 최악의 결과만 볼 것이고, 파리처럼 추락하는 인간만을 볼 것이다. 그에게 셰익스피어는 불편함만 안겨줄 것이고, 그의 드라마는 가장 우둔한 바보짓으로만 보일 것이다.

철학적 두뇌를 지닌 사람이 드라마에 대하여 "시간과 장소란 도대체 무엇인가?"라는 질문을 제기하는 수고를 감수했다면, 시간과 장소의 문제라는 복잡하게 얽힌 실타래 전체를 오래전에 풀어낼 수도 있었을 것이다.[23] 하지만 정작 문제가 된 것은 연극무대의 공간과 궁중오락극의 공연 시간인데, 이와 관련하여 프랑스인들 외에는 그 누구도 장소의 일치, 시간과 장면의 척도를 요구하지 않을 것이다. 오늘날 우리로서는 거의 가늠할 수 없는 고도의 현혹기법을 알고 있었고, 무대가 공론을 위한 공공기관 역할을 했으며, 무대 앞에 앉는 것이 신전에서 기도하는 것과 같은 의미를 지니고 있었던 그리스인들은 그런 생각은 아예 하지 않았다. 무대에 등장하기 전에 매번 시계를 보며, 어떤 것에 어느 정도의 시간을 들여야 하는가를 따져야 한다면, 어떻게 사람을 현혹할 수 있겠는가? 극작가가 그를 한순간도 기만하지 않고, 달팽이걸음 같은 인생의 시간 속에서 볼 수 있는 것만큼만 무대 위에서 보여주는 것을 즐거움의 가장 주된 요소로 삼는 인간이 있다면, 그런 인간은 도대체 어떤 피조물이란 말인가! 그리고 이런 것을 가장 주된 목적으로 삼아 작품을 쓰면서, 잡동사니 규칙을 자랑스러워하는 극작가는 도대체 어떤 인간인가! "프랑스 극장 무대의 좁은 공간에서 저만큼은 안 되고 이만큼은 가능하다는 것을 고려하여 주어진 관람 시간에 맞춰 멋진 연극작품을 만들어내는 나는 얼

23 이하의 언급은 코르네유의 연극이론, 특히 연극에서의 시간과 공간의 문제에 대한 코르네유의 비판을 다시 다루고 있다. 앞의 주 12 참조.

마나 고상한가! 장면들을 순서대로 잘 배열해야지! 모든 것을 잘 꿰매고, 잘 붙여야지!" 이 무슨 의전관이란 말인가! 창조자, 시인, 드라마의 신이 아니라, 극장의 아첨꾼일 뿐이다! 탑과 신전에서 시계가 울리는 것이 아니므로, 그대 자신이 공간과 시간의 척도를 만들어내야 한다. 그대가 창조하는 것이 다름 아닌 공간과 시간 속에 존재하는 세계라면, 시간과 공간에 대한 척도는 바로 우리 내면에 있다는 것을 알아야 한다. 모든 관객들에게 마법을 걸고, 모든 관객의 마음을 몰아 대야 한다. 그러지 못하면 그대는—내가 이미 말했듯이—드라마 작가가 아니다.

공간과 시간이 그 자체로서는 본래 아무것도 아니고, 영혼 안과 밖의 현존재, 행위, 정열, 생각의 연속, 관심의 척도 등 지극히 상대적인 것이라는 사실을 이 세상의 누군가에게 굳이 설명할 필요가 있겠는가? 나름의 선의를 가지고 드라마를 시계로 재는 그대는 그대의 인생에서 몇 시간이 한순간 같고, 여러 날이 한 시간 같았던 그런 시간을 경험해보지 못했는가? 또한 반대로 몇 시간이 여러 날 같고, 하룻밤이 여러 해 같았던 적이 없었는가? 그대의 연인의 낭만적인 방에서, 혹은 경직되어 가는 시신 옆에서, 굴욕적인 궁핍의 억압 속에서 영혼이 빠져나가 버린 것 같은 상황을 그대는 인생에서 경험해본 일이 없는가? 혹은 이 세계와 시간을 넘어 날아오르고 공간과 세상 위로 솟아올라, 주변의 모든 것을 잊고 하늘에서 영혼 안에 마음속에 하늘의 존재를 느껴본 적이 없는가! 게으르고 굼뜬 벌레나 식물 같은 그대 인생의 벌레 같은 걸음걸이를 잴 수 있게 되어, 그대의 자리라는 땅의 뿌리에 달라붙어 있는 것이 지겨워지고, 그대가 만드는 궤적의 완만함이 지겹게 느껴진다면, 꿈속에서나마 다른 세계, 시인의 세계를 생각해보는 것이 어떻겠는가? 꿈속에서처럼 시간과 공간이 사라져버리는 느낌을 그대는 가져본 적이 없는가? **행위**, 영혼의 작용에 대립되는 비본질적인 것, 그림자에 불과한 것이 무슨 의미가 있겠는가? 자신이 원하는 대로 공간과 세계, 시간의 길이를 창조하는 것은 바로 영혼에 달려 있는 것이 아닐까? 이것을 그대가 인생에서 단 한 번이라도 느낀다면, 15분 후면 그대는 잠에서 깨어나, 그대의 꿈속 행위의 어두운 잔재가 그대로 하여금 밤마다 잠자고, 꿈꾸고, 행동하리라고 다짐하도록 만들 것이다! 마호메트의 꿈[24]이 한순간 그대에게 꿈으로서 어색하게 느껴질 수도 있을 것이다! 그대를 그러한 꿈에 빠뜨리는 것이 모든 천재, 시인, 특히 드라마 작가의 최고이자 유일한 의무가 아닐까? 생각해보라. 만일 그대가 드라마 작가에게 주머니 시계나 응접실을 가리키면서, 이에 맞춰 그대를 꿈꾸게 하라고 한다면 이것이야말로 드라마의 세계를 혼란스럽게 하는 일이 아닐까?

극작가가 다루는 사건의 전개과정 안에, 그의 세계의 연속성과 동시성의 질서(ordine successivorum und simultaneorum) 안에 그의 공간과 시간이 존재한다. 어떻게 어디에서 그가 당신을 매혹하는가? 오직 그가 그대를 매혹할 때, 바로 그곳에 그의 세계가 있다. 그는 빠르게 혹은 천천히 시간의 연속을 그려낸다. 그는 시간이 연속되게 하거나 당신에게 이 연속을 억제한다. 이것이 그의 시간 척도다. 이 점에서 다시금 셰익스피어는 그 얼마나 위대한 대가인가! 그의 사건은 천

---

24 예언자 마호메트가 밤 동안에 메카에서 예루살렘의 신전으로 갔다가 그곳에서 다시 일곱 하늘을 거쳐 신에 이르렀다는 이야기에 대한 언급. La vie de Mahomet, *Traduite et compilée de l'Alcoran, des traditions authentiques de la sonna, et des meilleurs acteurs arabes, par Jean Gagnier*, T. I. Amsterdam 1732, 195 이하 참조.

천히 그리고 무겁게 시작된다. 그의 본성처럼, 그리고 자연 자체처럼. 그는 점점 빠르게 하는 방식으로 사건을 제시한다. 여러 개의 시계태엽들이 작동하게 되기까지 얼마나 많은 노력이 필요하겠는가! 하지만 태엽이 많을수록 장면들이 얼마나 더 잘 달려 나가겠는가! 대사는 얼마나 더 단축되고, 영혼과 정열과 행동은 얼마나 더 잘 날아오르겠는가! 그리하여 언어의 질주와 회전은 그 누구도 시간을 느낄 수 없을 정도로 강력한 힘을 발휘한다. 마침내 그가 독자를 완전히 매혹하여, 자신의 세계와 정열의 심연에 이른 것을 보게 되면, 그는 얼마나 대담하게 장면을 연속적으로 전개하는가! 코델리아에 이어 리어 왕이 죽고, 그에 뒤이어 켄트가 죽는다! 이것이야말로 세계의 종말이고, 최후의 심판의 날이다. 모든 것이 차례로 굴러 떨어지고, 하늘이 둘둘 말리고, 산이 무너진다. 시간의 척도가 사라져버린다. 하지만 극의 5막에 이르러도 별 탈 없이 싱싱한 피부를 유지한 채, 시계를 보며 얼마나 많은 사람이 언제 죽는가를 측정하는 저 유쾌하고 이성적인 카클로갈리니아인(Kaklogallinier)[25]들은 여기에서도 다시금 예외일 것이다. 하지만 이것이 비평이고, 연극이고, 환상이라면, 비평은 무엇이고, 연극은 무엇이고, 환상은 무엇이란 말인가? 이 모두가 공허한 말에 지나지 않을 것이다.

---

25 프랑스인에 대한 야유적 표현. 헤르더는 이 표현을 여러 곳에서 쓰고 있다. SWS III, 86; VII, 469. 그의 친구 하만도 프랑스인을 이렇게 표현한 적이 있다. *Sämtliche Werke*, Hrsg. von J. Nadler, Bd. 3, Wien 1951, 72. 이 표현의 유래는 Brunt Samuel (Pseudo.), *A Voyage to Cacklogallinia with a Description of the Religion, Policy, Customs and Manners of that Country*, London 1727.

이제 내 탐구의 핵심이 시작되었다. "어떻게, 그 어떤 기예와 창조방식을 통해 셰익스피어는 저 빈곤한 로만체, 소설, 우화를 그처럼 살아 있는 전체로 빚어내 극작품으로 만들 수 있었는가? 그의 모든 행보와 예술에는 우리의 역사, 철학, 드라마에 내재된 그 어떤 법칙이 자리 잡고 있는가?" 이 얼마나 중요한 탐구인가? 하지만 나는 역사, 철학, 예술을 관장하는 그 어떤 학술원의 회원도 아니다. 물론 그런 학술원에서는 그런 문제와는 전혀 다른 것들만 다루고 있지만! 심지어 셰익스피어의 동향인들도 그런 문제를 다룰 생각을 하지 않고 있다. 그의 주석자들은 셰익스피어가 역사적 오류를 범했다고 종종 비난하고 있지 않은가! 그렇다면 예를 들어 저 비만한 워버턴[26]은 역사를 미화한 책임을 져야 할 것이다! **그에 대한 시론**을 저술한 최근의 저자[27]는 과연 내가 그에게서 바랐던 대로 "셰익스피어는 로만체와 소설로부터 어떻게 드라마를 만들어냈는가?"라는 사상에 도달했을까? 하지만 그의 경우는 물론, 영국의 소포클레스에 대한 아리스토텔레스라고 할 수 있는 홈(Home) 경의 경우에도 이런 사상은 머리에 떠오르지 않았다.

---

26 워버턴(William Warburton)은 1747년 런던에서 방대한 8절본 셰익스피어 전집을 출간하였다. 여기에서 헤르더는 이에 대한 언급을 통해 당시의 셰익스피어 수용 상황을 풍자적으로 비판하고 있다.

27 다음의 책과 저자를 가리킨다. Mary Wortley Lady Montagu, *An Essay on the Writings and Genius of Shakespeare Compared with the Greek and French Dramatic Poets, with Some Remarks upon the Misrepresentations of Mons, de Voltaire*, London 1770. 에셴베르크(J. J. Eschenberg)의 번역본(Leipzig 1771)에 대해 헤르더는 이것이 발간된 같은 해에 『일반 독일 총서(*Allgemeine Deutsche Bibliothek*)』에 서평을 기고한 바 있다. SWS V, 312 이하.

그리하여 고작해야 그의 작품을 관습적으로 분류하는 몸짓만 이루어지고 있다. 셰익스피어를 틀림없이 온전히 느꼈을 한 작가[28]는 최근에 무서운 수염에 주름진 얼굴, 짓무른 눈에 위트는 풍성하게 부족하지만 빈약한 햄을 지니고 있는 성실한 생선장수 같은 궁정신하, 즉 어린아이 같은 폴로니어스를 이 시인의 아리스토텔레스로 만들어, 그가 장광설에서 내뱉은 중언부언하는 용어들을 가지고 모든 작품을 진지하게 분류하자는 제안을 했다. 나로서는 의구심이 든다. 셰익스피어에게서는 물론 백 가지 방식으로 적용된 형식논리학, 도덕, 분류를 찾아낼 수 있을 것이다. 모든 것이 적용 가능하지만, 그 어느 것도 온전히 적합하지는 않으며, 어린이나 바보들에게만 통할 것이다. 이것은 기껏해야 스토바이오스의 금언과 인용문 모음집[29]의 새로운 형태나 셰익스피어의 지혜를 모아놓은 지식창고에 불과할 것이다. 영국인들은 이미 이런 것을 가지고 있고,[30] 독일인들도 곧 가지게 될 것이다.[31] 폴로니어스, 랜슬롯, 알레퀸, 어릿광대, 우둔한 리처

---

28 헤르더는 여기에 다음과 같은 주를 달고 있다. "Briefe Über Merkw. der Litter. 2te Samml." 이는 다음 책을 가리킨다. Wilhelm Heinrich von Gerstenberg, *Briefe über Merkwürdigkeiten der Literatur*, Schleswig 1766, 14-18번째 서한. 이 책의 2권 17번째 서한에서 저자는 『햄릿』 2막 2장에 나오는 폴로니어스의 대사에 의거하여 드라마 장르를 구분하고 있다.

29 마케도니아 스토보이(Stoboi) 출신의 스토바이오스(Johannes Stobaios, 450-500년경)가 500명이 넘는 그리스 시인과 작가들의 글에서 모은 『금언과 인용문 모음집(*Florilegium*)』을 가리킨다.

30 William Dodd, *The Beauties of Shakespeare; regularly selected from each play, with a general index*, 2 Vols., London 1752.

31 위의 주 30에서 언급한 것과 유사한 책을 당시 에센베르크가 계획하고 있었다.

드, 혹은 저 허풍쟁이 기사왕[32] 같은 사람들이 아마도 그런 책을 가장 기뻐할 것이다. 왜냐하면 온전하고 건강한 양식을 지닌 사람이라면 말하기보다는 행동으로 옮기는 쪽을 선택할 것이기 때문이다. 하지만 나는 이에 대해서도 의구심을 갖고 있다. 여기에서도 폴로니어스는 늙은 어린아이에 불과해서, 구름을 낙타라고 보았다가, 낙타를 콘트라베이스로 볼 것이고, 한때 청소년기에는 율리우스 카이사르였다가, 괜찮은 배우가 되었다가, 브루투스에게 살해당하고, 아마도 다음과 같은 것을 자신이 알고 있다고 생각할 것이기 때문이다.

왜 낮은 낮이고, 밤은 밤이고
시간은 시간인가[33]

why Day is Day, Night Night
and Time is Time

결국 여기에서도 연극의 언어가 쳇바퀴를 돌고 있는 것이다. 하지만 그 위에 건물을 짓고 싶은 사람이 어디 있겠는가? 그런 분류가 무슨 의미가 있겠는가? 비극, 희극, 역사극, 목가극, 비극적 역사극, 역사적 목가극, 목가적 희극, 희극적·역사적 목가극, 이처럼 '적'을 수백 개 갖다 붙인다 한들 결국 우리가 얻는 것이 무엇이 있겠는가? 그 어떤 작품도 그리스의 비극, 희극, 목가극이 아니고, 그렇게 될 수

---

32 우둔한 리처드는 리처드 2세를, 허풍쟁이 기사왕은 존 왕을 각각 가리킨다.
33 『햄릿』 2막 2장에 나오는 대사.

도 없을 터인데. 모든 작품은 넓은 의미에서 역사이고, 이는 또한 다소간 비극, 희극 등의 뉘앙스를 지니고 있다. 하지만 그 색채가 무한히 변화해도, 결국 모든 작품은 **그 작품 그대로** 남을 것이고, 그럴 수밖에 없을 것이다. **역사! 중세 시대의 환상을 불러일으키는 영웅극과 국가극!** 혹은 (몇몇 연극과 오락극을 제외하면) **완전한 통일성을 지닌 세계사적 사건, 인간의 숙명을 그린 연극으로.**

보다 비극적이고 중요한 것은 역사와 세계영혼의 이 위대한 창조자도 계속 노쇠해져서 사라져 가리라는 사상이다! 한 시대의 언어와 풍습과 장르들은 가을 낙엽처럼 시들어 떨어진다. 우리는 이미 기사적 본성의 위대한 폐허들로부터 멀리 떨어져 있어, 셰익스피어를 다시 일깨운 그의 묘지의 수호천사 개릭[34]조차도 많은 것에 변화를 주고, 생략하고, 불구로 만들 수밖에 없었다. 모든 것은 희미해져 가고 다른 곳으로 향하는 법이기 때문에, 아마도 이제 곧 그의 드라마도 생생한 표상을 불러일으키지 못하게 되어, 폐허가 된 콜로세움이나 피라미드처럼 모두가 경탄하지만 아무도 이해하지 못하게 될 것이다. 내가 아직 그를 이해할 수 있는 시대의 흐름 속에 살고 있다는 것은 그 얼마나 기쁜 일인가! 그리고 셰익스피어를 읽으면서 자기 자신을 인식하고 느낄 줄 알았던 그대 나의 친구여,[35] 그대가 자신에게 어울리는 감미롭고 존엄한 꿈을 지니고 있어, 우리의 기사 시대에서 소재를 취해와 너무도 타락한 우리 조국에 우리의 언어로 셰익스

34 자연스러운 연기로 명성을 떨친 영국 배우 데이비드 개릭(David Garrick, 1716-1779)을 가리킨다.

35 괴테를 가리킨다.

피어의 기념비를 세운 바로 그곳에서, 나는 그의 신성한 형상을 앞에 보며 그대를 거듭 껴안았다. 나는 그대의 꿈이 부럽다. 그대의 고귀한 독일 작품들은 저 높은 곳에 화환이 걸릴 때까지 중단되지 않을 것이다. 그대 또한 훗날에는 그대가 세운 건물 밑의 땅이 흔들리고, 천민들이 차분히 둘러서서 하품을 하거나 비웃는 것을 보며, 세월을 이겨낸 피라미드도 고대 이집트의 정신을 일깨울 수는 없다는 것을 깨달을 것이다. 그러나 그대의 작품은 남아, 그대의 후손들이 그대의 무덤을 찾을 것이고, 기도하는 손으로 세상의 모든 존엄한 삶에 어울리는 글귀를 적어 그대에게 바칠 것이다.

살았노라! 이제 쉬노라!

Voluit! quiescit!

3장

괴테

독일적 건축예술에 대하여
-에르빈 폰 슈타인바흐의 영전(靈前)에 바침

(J. W. Goethe: Von deutscher Baukunst D. M. Ervini a Steinbach)

고귀한 에르빈이여, 그대가 영면하고 있는 장소에서 그대에게 경의를 표하기 위해, "1318년 2월 14일 슈트라스부르크 성당 건설책임자 명인 에르빈"[1]이라고 적힌 묘비를 찾아 그대가 묻힌 땅 위를 헤매 다녔지만 찾아내지 못하고, 그대의 동향인들도 내게 그것을 알려주지 못했을 때,[2] 나는 내 영혼 깊은 곳에 이르기까지 슬픔에 젖었다. 그리고 지금보다 더 젊고, 따스하고, 어리석고, 선했던 내 가슴은 언젠가 유산을 물려받게 되면 대리석이건 사암이건 간에 내 능력에 닿는 기념비를 그대를 위해 세우겠노라고 다짐했었다.

하지만 그대에게 기념비가 무슨 소용이 있겠는가! 그대 스스로가 자신을 위해 더없이 훌륭한 기념비를 세웠거늘. 그 주위를 기어 다니는 개미들이 그대의 이름에 아무 관심이 없다면, 그대는 구름 위로 산을 쌓아 올린 건축가와 같은 운명을 지닌 셈이다.

완전하고 위대하며, 그 가장 작은 부분에 이르기까지 필연적으로 아름다운 신의 나무[3]와도 같은 바벨탑의 구상을 영혼에 품은 사람

---

1 Anno domini 1318. XVI, Kal. Febr. obiit Magister Ervinus, Gubernator Fabricae Ecclesiae Argentinensis.

2 성당의 북동쪽 모퉁이에 있는 에르빈의 무덤은 1816년에야 술피츠 부아세레(Sulpiz Boisserée)에 의해 발견되었다. 괴테는 에르빈의 묘비명을 다음의 소책자를 통해 알았다. *Straßburger Münster- und Thurn-Büchlein oder Kurzer Begriff der merkwürdigsten Sachen, so im Münster und dasigen Thurn zu finden*, Hrsg. von Heinrich Behr, Straßburg 1744.

3 전체와 부분, 부분과 전체의 내적 관계에 대한 이 비유는 신플라톤주의에 기원을 두고 있으며, 이러한 사상과 비유는 이 글 곳곳에서 찾아볼 수 있다. 이에 대해서는 다음의 텍스트 참조. Carl Hinrichs, *Ranke und die Geschichtstheologie der Goethezeit*, Göttingen/Frankfurt a.M./Berlin 1954, 6 이하; Gerhard Kaiser, *Pietismus und Patriotismus im literarischen Deutschland. Ein Beitrag zum Problem des Säkularisation*, Wiesbaden 1960, 164 이하.

은 소수에 불과했다. 그러나 함께 일하기를 원하는 수많은 사람들을 만나 암벽을 파내고, 그 위에 가파른 건축물을 쌓아 올리고는 죽음에 임하여 자신의 자손들에게 이렇게 말할 수 있는 사람은 더욱 소수였다. 내 정신이 만들어낸 작품 속에서 나는 너희들 곁에 머물 것이니, 내가 시작한 일을 구름 위까지 완성하라.

그대에게 기념비가 무슨 소용이 있겠는가! 내가 세워주는 기념비도 필요 없다! 군중들이 신성한 이름을 입에 올리는 것은 미신과 죄업에 불과하다. 무기력한 향락주의자는 그대의 거대한 성전 앞에서 현기증을 느낄 것이고, 온전한 영혼을 지닌 자는 설명해주는 자가 없어도 그대를 알아보리라.

그러니 탁월한 이여, 수리한 내 작은 배를 다시 대양에 띄워 승리보다는 죽음을 향할 항해를 시작하기 전에,[4] 내 사랑하는 이들의 이름이 그 주위에서 푸르러가고 있는 이 숲에서 그대의 탑처럼 훤칠하게 솟아 있는 한 그루 너도밤나무에 그대의 이름을 새기고, 그 네 귀퉁이에 그대에게 바치는 선물을 싼 이 손수건을 거노라. 구름으로부터 신성한 사도에게 내려진 보자기, 순결한 동물들과 순결하지 못한 동물들로 가득한 저 보자기를 닮은 손수건을. 그리고 또한 꽃, 꽃잎, 나뭇잎, 마른풀, 이끼, 밤사이에 돋아난 버섯 등, 내가 시간을 보내기

4 1771년 8월 7일에 괴테는 슈트라스부르크(Strasbourg) 시절에 머물던 제젠하임을 떠났다. 위에서 "수리한 내 작은 배"라는 표현은 심각한 병으로 인해 라이프치히에서 프랑크푸르트로 돌아와 요양하였던 것을 암시한다. 이 표현은 또한 1770년대 초 괴테의 생활감정을 표현하고 있기도 하다. 1772년 7월 헤르더에게 보낸 편지에서 괴테는 당시 자신의 내적 상황을 다음과 같이 표현하고 있다. "나는 여전히 별들도 모습을 감춘 깊은 강 위에서 내 작은 나룻배를 타고 운명의 손에 몸을 맡긴 채 노를 젓고 있습니다. 용기와 희망, 공포와 평온이 내 가슴속에서 교차하고 있습니다."

위해 차가운 대기 속에서 여기저기 돌아다니며 채집하고 모아온 모든 것을 그대에게 바쳐 사멸에 경의를 표하노라.

이탈리아인은 "졸렬한 취미로군" 하며 지나가 버린다. 프랑스인은 "어린애 장난이로군"[5] 하고 혀 꼬부라진 소리로 말하며 의기양양하게 그리스 양식의 코담배 통으로 걸음을 재촉한다. 그대들이 해놓은 것이 도대체 무엇이 있다고 감히 경멸한단 말인가?

무덤에서 나온 고대인의 정신(Genius)이 그대들의 정신을 묶어놓지 않았는가! 그대들은 고대의 거대한 유물 주위를 기어 다니며 비례를 구걸하고, 신성한 잔해들을 주워 모아 정자를 짓고, 거대한 건축물을 정확히 계산하여 설명할 수 있다는 이유만으로 예술의 비밀의 수호자로 자처한다. 그대들이 측량하기보다 마음으로 느꼈다면, 그대들이 경탄하는 건축물의 정신이 그대들을 찾아왔다면, 그대들은 단순히 고대인들이 그렇게 했으며 그것들이 아름답다는 이유만으로 그것을 모방하지는 않았을 것이다. 그랬다면 그대들은 필연적이고 진실한 계획을 세웠을 것이고, 그로부터 살아 있는 아름다움이 형성되어 그대들에게서 샘솟아 나왔을 것이다.

하지만 그대들은 자신들의 욕구에 진실과 미의 가상을 덧칠했다. 기둥의 웅장한 효과가 그대들의 마음을 사로잡아, 그대들은 이것을 사용하고 싶어서 이것을 벽에 끼워 넣었다. 그대들은 또한 열주랑(列

---

5 로지에의 저술에 나오는 고딕 예술에 대한 평가를 가리킨다. Marc-Antoine Laugier, *Essay sur l'architecture*, Paris 1753-1755, 3 참조. 이 글에서 고딕 건축을 폄훼하는 풍조에 대한 비판은 주로 이 저자와 저술을 겨냥한 것이다.

柱廊)을 갖고 싶어서 성 베드로 대성당의 앞마당을 이쪽이나 저쪽 어디로도 통하지 않는 대리석 회랑으로 둘러쌌는데,[6] 어울리지 않는 것과 불필요한 것을 경멸하고 혐오하는 어머니 자연은 이 웅장한 구조물을 공중화장실로 만들어 더럽히려는 욕구를 그대들의 천민들에게 불러일으켜, 그대들은 이제 이 세계의 기적 앞에서 눈길을 돌리고 코를 감싸 쥐게 되었다.

모든 것이 이렇게 진행되어, 예술가의 망상은 부유한 자의 편벽에 봉사하고, 여행기 작가는 입을 벌리고 바라보고, 철학자라 불리는 예술평론가들은 오늘날에도 예술의 기원에 대한 동화 같은 가설로부터 시답잖은 예술의 원칙과 역사를 가공해내고, 참된 인간들은 이 비밀의 앞마당에서 악령에 의해 살해당한다.

천재에게 더 해로운 것은 본보기보다 원칙이다. 천재에 앞서 개개의 인간들이 개개의 부분들을 만들어냈을 것이다. 천재는 그 영혼으로부터 부분들이 하나의 영원한 전체로 모아져서 성숙된 모습을 드러내는 최초의 인간이다. 하지만 학파와 원칙은 인식과 행동의 모든 힘을 속박한다. 그대 최신 프랑스풍으로 철학한다고 하는 예술평론가여,[7] 자신의 필요로 인해 발명가가 된 최초의 인간이 기둥 네 개

---

6 이탈리아 건축가 베르니니의 작품. 오늘날에도 바티칸의 베드로 대성당 앞 광장에서 볼 수 있는 이 대리석 회랑은 통로라는 실용적 목적이 아니라 단지 장식용으로 축조되었는데, 여기에서 괴테는 이것이 불필요한 것임을 지적하고 있다.

7 앞의 주 5에서 언급한 로지에를 가리킨다. 이하에서 괴테가 비판하고 있는 테제는 기원전 1세기에 살았던 로마의 건축가 비트루비우스(Marcus Vitruvius Pollio)에 기원을 두고 있는데, 로지에는 이를 그의 책표지 그림에서 제시하고, 앞에 언급한 그의 저서 9쪽에서 이에 대해 상세하게 논하고 있다. 최초의 건축에 대한 묘사는 괴테의 「프로메테우스(Prometheus)」(GA IV, 193)에서도 찾아볼 수 있으며, 괴테는 1788년

를 땅에 박고, 그 위에 막대기 네 개를 묶고, 나뭇가지와 이끼로 그 위를 덮었다는 것이 도대체 우리에게 무슨 의미가 있단 말인가? 이를 근거로 그대는 오늘날 우리의 필요에 적합한 것을 규정하려 하는데, 이는 마치 그대의 새로운 바빌론[8]을 소박한 부족 시대의 가부장적 정신으로 다스리려 하는 것과 마찬가지로 터무니없는 일이다.

게다가 그대의 오두막이 세상에서 최초로 만들어진 것이라는 주장도 잘못된 것이다. 오두막 꼭대기에서 교차하는 앞쪽의 막대기 두 개, 뒤쪽의 막대기 두 개, 그리고 마룻대 쪽으로 가로질러 하나의 막대기를 건 것이 훨씬 더 원초적인 발명품이고 앞으로도 그러할 것이다. 이런 것을 그대는 들판이나 포도밭의 오두막에서 언제라도 찾아볼 수 있을 것이다. 하지만 그대는 이로부터 그대의 돼지우리를 만들기 위한 원칙조차도 결코 추상해낼 수 없을 것이다.

결국 그대의 추론에서 그 어느 것도 진리의 영역에 올라갈 수 없으며, 그 모든 것이 그대가 세운 체계의 대기권 안에서 떠돌 뿐이다. 그대는 우리가 필요로 하는 것을 우리에게 가르치려 하는데, 그 이유는 우리가 필요로 하는 것이 그대의 원칙에 의거해서는 정당화될 수 없다는 데 있다.

그대는 기둥을 매우 소중하게 여기는데, 세상의 다른 지역에서라면 그대는 예언자가 될 수도 있었을 것이다. 그대는 이렇게 말한다. 기둥은 건물의 첫 번째 구성요소, 본질적인 구성요소이자 가장 아름

「건축예술(Baukunst)」(GA XIII) 57쪽 이하에서도 비트루비우스의 테제에 대해 논하고 있다.

8 프랑스의 수도 파리를 가리킨다.

다운 구성요소다.[9] 줄지어 서 있을 때, 그 형태는 얼마나 숭고하고 우아하며, 다양성의 순수한 통일을 보여주는가! 다만 그대들은 이것을 부적절하게 사용하는 것을 삼가야 한다! 기둥의 본성은 사방이 열린 곳에 서 있는 데 있다. 그 날씬한 몸매를 둔중한 벽에 박아 넣은 가엾은 자들에게 화가 있을진저!

하지만 친애하는 수도원장[10]이여, 기둥을 벽에 박아 넣는 이러한 볼품없는 짓거리가 되풀이되어, 근대인들이 심지어 고대 신전의 기둥 사이 공간조차 벽으로 메워버린 것은 그대에게도 몇 가지 의구심을 불러일으키지 않았을까 하는 생각이 든다. 그대가 진리의 소리에 귀먹지 않았다면, 이 돌들이 그대에게 설교를 했을 것이다.[11]

기둥은 우리 주택의 구성요소가 결코 아니며, 더 나아가 우리의 모든 건축물의 본질에도 맞지 않다. 우리의 집들은 네 귀퉁이의 네 기둥이 아니라, 네 측면의 네 벽면으로 이루어져 있다. 이 벽면이 기둥을 대신하고, 기둥을 배제한다. 여기에 기둥을 꿰매 넣는 것은 귀찮은 과잉 작업일 뿐이다. 여기에서 굳이 언급할 필요가 없는 사소한 예외를 제외하면, 이는 우리의 궁전과 교회에도 마찬가지로 적용된다.

요컨대 그대에게는 건물이 평면을 의미하는데, 이것이 옆으로 점점 더 확장되고 하늘로 대담하게 솟아오를수록, 그만큼 더 참을 수 없는 단조로움으로 그대의 영혼을 짓누를 수밖에 없다는 것이다! 수호신이 우리에게 도움의 손길을 내밀어, 에르빈 폰 슈타인바흐에게

9 Laugier, 앞의 책, 11. "La colonne est la partie la plus essentielle d'un ordre d'architecture."

10 예수회 소속 수도원장이었던 로지에를 가리킨다.

11 누가복음 19장 40절의 인유.

이렇게 알려주지 않았다면 물론 그랬을 것이다! 저 엄청나게 큰 벽에 다양성을 주어, 그것이 수천의 큰 가지와 수백만의 잔가지 그리고 바닷가의 모래처럼 수많은 잎새들로 둘러싸인 신의 나무처럼 넓게 퍼지고 높이 솟아올라, 그것을 창조한 이의 영광을 주위에 선포하도록 하늘로 높이 솟아오르게 하라.

내가 처음으로 이 대성당에 갈 때까지만 해도, 내 머리는 좋은 취미에 대한 일반적 지식으로 가득 차 있었다. 풍문에 의거하여 나는 여러 부분들의 조화와 형태의 순수성을 존중했으며, 고딕식 장식의 저 혼란스러운 자의성에 대한 단호한 적대자였다.[12] 사전의 항목에도 나와 있듯이, 나는 **고딕식**(*Gothisch*)이라는 표제어[13]에 불명료한 것, 무질서한 것, 부자연스러운 것, 끌어 모은 것, 기워 붙인 것, 과잉한 것

---

12 이러한 의고전주의(Klassizismus)적 입장을 괴테는 라이프치히 시절에 외저(Adam Friedrich Öser)로부터 받아들였다. "그가 처음에 우리에게 권하고 후에 거듭 강조한 것은 예술과 공예에서 만들어내는 모든 것의 단순성이었다." *Dichtung und Wahrheit*, 8. Buch, GA X, 341. 또한 괴테가 라이히(Philipp Erasmus Reich)에게 보낸 1770년 2월 20일 자 편지 참조.

13 Johann Georg Sulzer, *Allgemeine Theorie der schönen Künste nach alphabetischer Ordnung der Kunstwörter*, 1. Teil, Leipzig 1771. 여기에서 '고딕식'(Gotisch)에 대한 항목은 다음과 같이 서술되어 있다. "이 표현의 의미는 거의 정확하게 규정되어 있지 않지만, 사람들은 야만적인 취향을 암시할 때 이 단어를 다양하게 사용한다. 이 단어의 의미는 부조화, 가시적인 형태로 나타나는 미와 비례의 결핍을 가리키는 것으로 보이며, 그 어원은 이탈리아에 정착한 고트족이 고대 건축술이 낳은 건축물들을 서툴게 모방했던 것에 기인한다." 괴테는 이러한 정의 자체에 의구심을 품었던 것이 아니라, 이를 중세 독일의 건축에 적용하는 것을 비판하였다. 그리고 이어지는 글에서 보게 되듯이 괴테는 고트족이 실제로 그런 방식으로 건축을 했는가에 대해서도 의문을 표시하고 있다.

등 일찍이 내 머릿속을 스쳐 지나간 모든 것들의 동의어로 생각하는 오해를 쌓아 올렸다. 우리의 평민귀족[14]들이 집을 장식할 때 쓰는 서툰 솜씨로 만들어진 이런 저런 인형들과 조형예술품에서부터 중세 독일 건축술의 중요한 유물에 이르기까지 내 체계에 맞지 않는 모든 것을 고딕식이라고 불렀으니, 모든 이방 세계를 야만적이라고 불렀던 민족과 다를 바 없었다. 그리하여 나는 이런 중요한 건축물에 대해서도 몇몇 기이한 소용돌이 형태(Schnörkel)의 건축 장식들로 인해 "이 장식에 완전히 짓눌렸네"[15]라는 사람들의 노래를 따라 불렀고, 길을 가다가도 털을 곧추세운 괴물 같은 그 흉측한 모습을 보면 소름이 끼쳤다.

처음으로 대성당 앞에 섰을 때, 그 광경이 얼마나 예기치 못한 느낌으로 나를 놀라게 했던가! 그것의 완전히 거대한 인상이 내 영혼을 가득 채웠으며, 나는 조화를 이루는 수천 개의 개별적 부분들로 이루어진 그 인상을 맛보고, 즐겼지만, 도저히 그것을 인식하거나 설명할 수는 없었다. 바로 이것이 천상의 기쁨이라고 내게 말하는 듯했다. 나는 자주 이곳으로 돌아가, 천상적이면서 동시에 지상적인 기쁨을 맛보고, 우리의 옛 형제의 거인적 정신을 그의 작품을 통해 파악하려 했다. 모든 측면에서, 가까이 혹은 멀리 모든 거리를 두고, 낮 동안의

---

14 여기에서 평민귀족(bürgerliche Edelleute)은 시민계급의 신흥부자를 가리킨다. 몰리에르의 희곡 『평민귀족(*Le bourgeois gentilhomme*)』에서 유래한 표현.

15 침머만의 연구에 따르면 이 구절은 카시미르 폰 그로이츠(Kasimir von Creutz) 남작의 시를 인용한 것으로서, 괴테는 이 시를 헤르더의 서평(SWS V, 297)을 통해 알게 되었을 것이라고 한다. R. Chr. Zimmermann, Nachweis(Zur Datierung von Goethes Aufsatz "Von deutscher Baukunst", Euphorion 1957, 438-442).

모든 빛 속에서 그 위엄과 장엄함을 바라보기 위해 나는 그곳에 얼마나 자주 갔던가! 그 형제의 작품이 너무도 숭고해서 몸을 숙여 경배할 수밖에 없다면, 이는 인간의 정신에 얼마나 커다란 어려움을 안겨 주는가! 황혼의 빛을 받아 무수히 많은 부분들이 한 덩어리의 전체로 융합하여, 이것이 단순하고 거대한 모습으로 내 영혼 앞에 우뚝 섰을 때, 얼마나 자주 이 황혼은 탐구와 관찰로 피곤해진 나의 눈을 친절한 평온으로 위무해주었던가! 그리하여 향유하면서 동시에 인식하는 나의 힘이 얼마나 기쁨에 차서 펼쳐졌던가! 그때 이 위대한 장인의 정령이 조용한 예감 속에서 내게 모습을 드러냈다. 무엇이 그리 놀라운가 하고 그는 내게 속삭였다. 이 몸체를 이루는 부분들 하나하나는 모두 필수적인 것이었네. 그것을 그대는 이 도시의 모든 오래된 교회에서 볼 수 있지 않은가? 나는 단지 그것의 자의적인 크기를 조화로운 비례로 끌어올렸을 뿐일세. 양쪽에 작은 입구 두 개를 거느리고 있는 큰 입구 위로 원형의 넓은 창을 내어, 대개는 낮 동안 빛이 들어오는 구멍에 불과하였던 것이 교회의 회중석에 응답을 보내게 하였네. 그 위로 높이 솟은 종루는 작은 창들을 필요로 한다네. 이 모든 것이 필수적이었고, 나는 그것을 아름답게 조형했다네. 그러나 아, 공허하고 무의미하게 그곳에 서 있는 것처럼 보이는 어둡고 숭고한 입구를 통해 여기에서 내가 측면으로 흐르는 것은 어떻게 해야 하는가! 나는 저 두 개의 탑을 하늘 높이 들어 올리는 비밀스러운 힘을 그 대담하고 훤칠한 형상 속에 감추었다네. 아, 그러나 두 탑 중에 하나만 저기 슬픈 모습으로 서 있다네. 이 탑과 그의 왕족 형제에게 주변 지역 전체가 경배하도록 내가 지정한 오 층으로 된 장식도 없이 말일

세![16] 이렇게 그는 내게 작별을 고하고, 나는 그에게 공감하여 슬픔에 잠겼다. 대성당의 수많은 구멍에 깃들어 사는 새들이 태양을 향해 환호성을 올려 나를 졸음에서 깨울 때까지. 대성당은 반짝이는 아침 안개 속에서 신선한 빛을 내며 내게 다가왔고, 나는 기쁜 마음으로 그에게 팔을 뻗으며, 그의 거대하고 조화로운 몸체가 무수히 많은 부분들에 생명을 불어넣는 것을 보았다. 영원한 자연이 창조해내는 작품처럼 가장 작은 섬유에 이르기까지 모든 것이 형상을 이루고, 모든 것이 전체를 지향하는 그 모습을. 굳건한 토대 위에 서 있는 저 거대한 건물이 가볍게 하늘로 솟아오르는 그 모습을. 모든 것이 관통하여 영원한 형상을 이루고 있는 모습을. 이 가르침에 감사를 드리노라, 정령이여. 그대 덕분에 나는 더 이상 그대의 심오한 깊이에 현기증을 느끼지 않고, 내 영혼에 물방울 하나가 떨어져, 정신이 평온한 기쁨을 느끼며 그러한 창조물을 내려다보면서, 신처럼 "좋다!" 하고 말할 수 있게 되었다.

그리고 이제 독일의 예술평론가가 샘 많은 이웃나라 사람의 말에 넘어가, 자신의 장점을 알지 못하고, 당신의 작품을 '고딕식'이라는 잘못된 단어로 폄하하는데, 신성한 에르빈이여, 내가 어찌 격분하지 않을 수 있겠는가? 감사하는 마음으로 이것이 독일의 건축예술이라고, 우리의 건축예술이라고 큰 소리로 선언해야 마땅하지 않은가. 이탈리아인에게는 자신의 건축예술이라고 자랑할 만한 것이 없고, 프랑스인은 더더욱 없으므로. 그대가 자신의 이러한 장점을 인정하

16 괴테의 자서전 『시와 진실』의 11장에는 슈트라스부르크 대성당의 하나만 완성된 탑을 두고 그가 지인들과 나눈 이야기가 서술되어 있다(GA X, 546 이하).

고 싶지 않다면, 고트족이 실제로 그렇게[17] 건축했다는 것을 증명해 보라. 적잖은 어려움을 겪어야 할 것이다. 그리고 최종적으로 호메로스 이전에 또 한 사람의 호메로스가 있었다는 것을 그대가 제시하지 못한다면, 사소한 성공적 시도와 실패한 시도의 역사는 기꺼이 그대에게 맡기고, 산만하게 흩어진 요소들을 살아 있는 전체로 모아낸 최초의 장인이 창조한 작품 앞에 경외하는 마음으로 다가갈 것이다. 그리고 그대, 진리와 미를 탐구하는 정신을 지닌 나의 형제여, 무엇보다도 조형예술에 대한 모든 장광설에 귀를 막고, 여기로 와서 감상하고 보라. 가장 고귀한 예술가의 이름을 폄훼하지 않도록 주의하라. 그리고 이곳으로 달려와 그의 탁월한 작품을 눈으로 보라. 이것이 그대에게 역겨운 인상을 주거나, 아무 인상도 주지 않는다면, 마차를 준비하여 즉시 파리로 떠나라.

그러나 감동을 느끼며 그곳에 서서, 자신의 영혼 속에서 교차하는 모순을 통합하지 못하고, 한번은 이 위대한 전체의 불가항력적인 힘을 느끼다가, 다른 때는 그대가 강함과 투박함만을 보는 곳에서 아름다움을 보는 나를 몽상가라고 비난하는 친애하는 청년이여, 나는 기꺼이 그대의 벗이 되고자 한다. 오해가 우리를 갈라놓지 않도록 하라. 최근 미학의 유약한 이론이 그대를 연약하게 만들어, 결국 그대의 허약해진 감수성이 의미 있는 투박함은 견디지 못하고, 단지 의미 없는 매끄러움만 견뎌내도록 만들지 못하게 하라. 그들은 그대로 하여금 우리를 둘러싸고 있는 것을 미화하려는 성향에서 예술이 생겨났

---

17 소위 '고딕식'으로.

다고 믿게 만들려고 한다.[18] 하지만 이것은 진실이 아니다! 시민이나 수공업자에게는 이 말의 의미가 진실일 수도 있겠지만, 철학자에게는 아니다.

예술은 아름다운 것이기 이전에 이미 오랫동안 형상을 창조하는 것이었다. 그러면서도 그것은 진실하고 위대한 예술이었으며, 심지어 대개 아름다운 예술 자체보다 더 진실하고 위대한 예술이었다. 인간의 내면에는 형상을 창조하는 본성이 있어, 그의 생존이 안정되면 이것이 즉시 활동하기 때문이다. 걱정하고 두려워할 것이 없어지면 이 신을 닮은 존재는 즉시 안정 속에서 활동을 개시하여 자신의 정신을 불어넣을 소재를 찾아 주변에 손을 뻗는다. 야생의 인간은 대담한 형체와 끔찍한 형태와 강렬한 색채로 야자열매와 깃털과 자신의 신체를 치장한다. 이러한 조형놀이가 지극히 자의적인 형식으로 이루어졌다고 해도, 이것은 형태의 비례 없이도 조화를 이룰 것이다. 왜냐하면 느낌이 그것을 개성적인 전체로 만들어주기 때문이다.

이러한 개성적인 예술만이 이제 유일하게 진실한 예술이다. 그것이 내적이고, 통일되고, 고유하고, 독립적인 감성에서 생겨 나와, 낯선 모든 것에 개의치 않고, 아니 오히려 이를 전혀 모르고 주위에 영향을 끼친다면, 그것이 거친 야성에서 생겨난 것이건 아니면 교양 있는 감수성에서 생겨난 것이건 간에, 그 예술은 온전하고 살아 있는 것이다. 당신들은 제 민족과 개별적 인간들에게서 수많은 정도의 차

---

18 이러한 주장의 대표적인 예로는 Johann Georg Sulzer, *Die schönen Künste in ihrem Ursprung, ihrer wahren Natur und besten Anwendung*, Leipzig 1772. 괴테는 1772년 12월 18일 자 『프랑크푸르트 교양인 신문(*Frankfurter Gelehrte Anzeige*)』 101호에서 이 글에 대해 기고한 바 있다. GA XIII, 26 이하 참조.

이를 볼 수 있을 것이다. 비례만이 유일하게 아름답고 영원하다. 비례의 주된 화음은 증명될 수 있지만, 그 비밀은 오직 느낄 수 있을 뿐이다. 오로지 신과 같은 천재의 생명만이 그 안에서 지복의 선율에 맞춰 춤을 춘다. 영혼이 이러한 비례의 감성으로 고양되고, 아름다움이 정신의 본질에 깊이 파고들어, 이것이 정신과 함께 생겨난 것처럼 보이고, 이것만큼 정신에 기쁨을 주는 것이 아무것도 없고, 이것 외에는 정신에서 아무것도 작용하는 것이 없게 되면, 예술가는 그만큼 더 행복하고, 그만큼 더 위대하게 될 것이고, 우리는 그만큼 더 그 앞에서 고개를 숙이고, 이 서품 받은 신을 경외할 것이다.

그렇다면 우리의 시대는 어떠한가? 우리의 시대는 천재의 창조력을 도외시하고, 자신의 자식들을 여기저기로 내보내 외국에서 생겨난 것들을 주워 모으도록 함으로써 그들을 타락시킨다. 주워 모으는 일이라면 훨씬 지독한 경박한 프랑스인들은 적어도 일종의 기지를 지니고 있어, 그들의 노획물을 하나의 전체로 엮어낼 줄 안다. 그들은 그리스의 기둥과 독일의 아치를 가지고 막달레나 성당[19]을 경이로운 신전으로 건축하고 있다. 반면에 우리의 예술가는 오래된 독일 교회에 정문을 만들어 달라는 요청을 받고, 화려한 고대의 기둥 모델을 세우는 것을 나는 보았다.

분칠을 한 우리의 꼭두각시 화가를 내가 얼마나 혐오하는지에 대해 나는 굳이 열변을 토하고 싶지 않다. 이들은 연극적인 몸짓과 꾸

19 파리에 있는 상트 마리 마들렌(St. Marie Madeleine) 성당을 가리킨다. 1764년에 건축이 시작된 이 성당은 괴테가 이 글을 쓴 1772년까지 토대만 축조되었다. 반구형 천장과 열주 건축계획을 괴테가 알고 있었는지에 대해서는 알려진 바 없다.

며낸 안색, 화려한 의상으로 여인들의 눈길을 사로잡는다. 이 풋내기들이 조소하는 남성적인 알브레히트 뒤러와 그의 목각처럼 투박한 형상이 내게는 더 마음에 든다.

그리고 그대들, 최고의 미를 향유할 능력을 타고 태어나 자신들의 행복을 전하기 위해 아래로 내려온 그대들 탁월한 인간들도 천재의 창조력에 해를 입힌다. 천재는 심지어 새벽날개[20]라고 할지라도 타인의 날개에 실려 날아오르려 하지 않는다. 어린이의 꿈속에서 성장하고, 청년의 삶 속에서 단련되어, 먹이를 노획하러 달려가는 산중의 사자처럼 강하고 빠르게 만드는 것은 자기 자신의 힘이다. 결국 그 힘을 길러주는 것은 대부분 자연이다. 그대 교육자들은 천재가 지금 지니고 있는 힘을 발휘하고 그것을 즐기게 하는 다양한 무대를 인위적으로 만들어줄 수 없기 때문이다.

비례를 보는 날카로운 눈을 타고나 거침없이 형상에 자신을 시험해보는 소년이여, 그대에게 축복 있으라! 삶의 기쁨이 점차로 그대 주위에 깨어나고, 일한 후에 찾아오는 인간의 벅찬 즐거움과 공포와 희망을 그대가 느끼고, 가을의 풍요로움이 술통에 넘칠 때 포도원 주인의 기쁜 외침과 추수하는 자가 낫을 긴 막대에 높이 달았을 때 그의 활기찬 춤을 그대가 느낄 때, 그리고 보다 남성적이 되어 욕망과 고뇌의 강력한 힘이 그대의 붓끝에서 살아나고, 노력과 시련과 향락을 충분히 겪어 지상의 아름다움이 지겨워지고, 그리하여 이제 여신의 팔에 안겨 쉬면서 그녀의 젖가슴을 느낄 자격을 얻어, 신과 같은

---

20 시편 139편 9절의 인유.

헤라클레스를 새로이 낳았을 때, 그를 받아들이라, 천상의 아름다움이여, 그대 신과 인간의 중재자여, 그가 신들의 축복을 프로메테우스보다 더 많이 지상으로 가져오리라.*

* 이다음에 실린 글은 이 글과 거의 반대되는 내용을 대립되는 방식으로 주장하고 있는데, 이 텍스트를 여기에 싣는 이유는 제3의 중간적 입장에 자극을 주기 위한 것이다. 이 입장은 자료에 입각해 다음과 같은 문제를 다뤄야 할 것이다. "어디에서? 언제? 그리고 어떻게 고딕 건축은 생겨났는가? 그 안에 나타난 북구적 욕구는 무엇이고, 위대한 미의 규칙에서 벗어나는 예외는 무엇인가? 아니면 이것 자체가 새로운 종류의 미에 대한 보다 커다란 계획인가 등등이다.

4장

프리시

고딕 건축술에 대한 시론

(Paolo Frisi: Versuch über die Gothische Baukunst)

직선과 원호 곡선은 비트루비우스가 건축술에 대한 그의 저서[1]에서 언급한 유일한 선이고, 로마와 그리스 건축가들이 신전과 궁전 건축에서 사용한 유일한 선이기도 하다. 이 시대의 사람들은 화려함을 단순함과 결합하였으며, 직선과 원호 곡선의 문제가 해결된다면, 건축술은 조합된 선을 무시하는 기하학에 의지해야 한다고 생각했다. 사람들은 아치(Bögen)와 볼트(Gewölben)[2]와 페디먼트(Giebeln)[3]에 결코 만곡 곡선을 사용하지 않았다. 그러나 보로미니[4]의 시대 이후로 사람들은 만곡 곡선을 건물에 자주 사용해왔고, 심지어 주두(Knauf)의 소용돌이 장식(Schnecken)도 오로지 다양한 비례의 반원으로만 만들고 있다. 하지만 팔라디오[5]와 존스[6]는 자신들의 작품을 장식함에 있어 고대인들의 그러한 단순성, 위엄, 안정성, 절제를 충실하게 고수하였다.

1 비트루비우스(Marcus Vitruvius Pollio)는 기원전 1세기에 살았던 로마의 건축가로서 열 권으로 된 『건축 십서(*De Architectura libri decem*)』(기원전 25년경)를 저술하였다. 이 저서는 15세기에 재발견되어 르네상스 시대 이후로 건축의 기본서가 되었다.

2 볼트(vault)는 아치에서 발달된 반원형 천장이나 지붕을 이루는 곡면 구조체(曲面構造體)이다. 궁륭(穹窿)이라고도 한다.

3 박공이라고도 하며, 합각의 삼각형 면을 가리키는 건축용어.

4 보로미니(Francesco Borromini)는 17세기 이탈리아의 건축가로서 베르니니와 함께 이탈리아 바로크 건축을 대표하는 인물.

5 팔라디오(Andrea Palladio)는 16세기 이탈리아의 건축가. 베네치아의 산 조르지오 마조레(사후 스카모치에 의해 완성)와 비첸차의 테아트로 올림피코(사후 스카모치에 의해 완성)가 중요 작품이다. 『로마의 유적(*Antichita di Roma*)』(1554), 『건축 사서(四書)(*I Quattro Libri dell' Architettura*)』(1570) 등의 저서도 남겼으며, 18세기 영국의 신고전주의 건축에 많은 영향을 끼쳤다.

6 존스(Inigo Jones)는 16세기에 태어나 17세기에 주로 활동한 영국의 건축가. 이탈리아에서 유학하여 팔라디오의 건축을 연구하고 영국으로 돌아와 1616년 왕실 건축가가 된 후, 이탈리아 르네상스 양식을 독창적으로 소화한 걸작을 남겼다. 그리니치의 퀸스 하우스, 런던의 반케팅 하우스, 고벤드 기덴 및 세인트 폴 성당 등이 대표작이다.

고대인들은 회랑(Gallerien), 바실리카(Basiliken), 사당(Vortempel) 등에서 독립기둥[7]의 머리에 볼트를 직접 얹는 법이 없었으며, 바사리[8]가 건축술에 대한 그의 저서 3장에서 이미 언급했듯이, 아키트레이브[9]를 항상 그 밑에 깔았다. 그러나 이탈리아의 고트족과 스페인의 무어족은 볼트를 기둥 위에 직접 얹었을 뿐만 아니라, 규칙, 형식, 기둥과 기둥머리의 비례 등에 있어 고대인들에게서 이탈하였다. 그처럼 볼트를 독립기둥 위에 직접 얹은 최초의 사례를 541년경 아말라순틀라(Amalasuntla)[10] 치하에서 라벤나에 건축된 성 비탈리스 성당에서 찾아볼 수 있다. 그래도 건물의 아치는 모두 원호 곡선이었으며, 모든 아치는 중심점을 지니고 있었다. 콜메나르(Kolmenar)의 그림이 우리에게 그 모습을 전해주고 있듯이, 그라나다에 있는 무어족의 옛 궁전들, 톨레도의 대성당, 세빌리아의 궁전과 대성당 등 무어족의 모든 건물들이 그러했다. 13세기경부터 독일의 건축가들은 고트족과 사라

---

7 파르테논 신전 등 고대 그리스 건축에서 볼 수 있듯이 건물의 외벽이 없어 모든 곳이 실외로 통해 있는 건축물의 기둥.

8 출전을 표시하는 다음의 주가 원텍스트에 달려 있다. "Le Vite [de'più eccelenti architetti, pittori et scultori italiani da Cimabue insino à tempi nostri. Florenz 1550.]" 바사리(Giorgio Vasari)는 16세기 이탈리아의 대표적인 건축가, 건축이론가로서, 이 텍스트 주에 언급된 『미술가 열전(*Le Vite de Piu Eccelenti Pittori. Scultori et Architeili Italiani*)』은 치마부에(Cimabue Bencivieni di Pepo)로부터 자신에 이르는 약 300년에 걸친 기간의 미술가와 그 작품을 다룬 대작으로, 이탈리아 르네상스 예술연구의 가장 중요한 자료 중 하나이다.

9 고전건축에서 열주(列柱)에 받쳐서 그 위에 프리즈 및 코니스를 얹는 수평의 대들보 부분.

10 동고트족의 왕 테오드리히 대왕(Theodrich der Große)의 딸 아말라스빈타(Amalaswintha)를 가리킨다. 526년부터 어린 아들 아탈레리히(Athalerich)를 대리하여 섭정을 했다.

센족의 자유를 마음대로 사용하기 시작했다. 그들은 작은 크기의 기이한 장식, 높은 볼트, 터무니없는 기둥머리 같은 것들을 예각의 아치와 결합시켰다. 그러면서도 원호 곡선의 만곡에서 완전히 벗어나지는 않았는데, 왜냐하면 그들은 일반적으로 기둥 길이의 중간을 중심점으로 하고 기둥 넓이를 반지름으로 하는 두 원형 곡선의 교차점을 기준으로 삼아 이런 아치를 만들었기 때문이다. 그들이 도입한 이런 건축양식을 사람들은 고딕 건축양식이라고 불렀다. 슈트라스부르크 대성당, 랭스 대성당, 요크의 베드로 교회, 웨스트민스터 사원, 빈의 슈테판 대성당 등이 그러하며, 클레르보 성당, 몬자의 요하네스 성당, 파비아의 체르토사 성당, 밀라노 대성당 등이 그러하다. 밀라노 대성당은 몬자 성당 건축이 끝난 직후이자, 파비아 성당 건축이 시작되기 얼마 전인 1386년경에 조안 갈레아조 비스콘티 공작이 착공을 명하였다. 이 모든 건축물들은 바로 그러한 고딕 취향에 따라 축조되었다. 비트루비우스를 이탈리아어로 번역하고 주석을 달아 1521년에 코모에서 출간한 체사레 체사리노[11]는 이 책 1권 2장의 주석에서 고딕식 볼트는 거대한 하중을 충분히 견뎌낼 만큼 강하고 견고하지만, 옆으로 무너지기 쉽다고 말한 바 있다. 블롱델은 자신의 저서 『건축강의(*Cours d'Architecture*)』[12]에서 고딕 아치는 기둥을 직접 내리누르기

---

11 체사레 체사리노(Cesare di Lorenzo Cesariano, 1475-1543)는 이탈리아의 화가, 건축가, 건축이론가로서 비트루비우스의 저서를 최초로 이탈리아어로 번역하고 주석을 달아 출간하였다.

12 다음 저서를 가리킨다. FranÇois Blondel, *Cours d'Architecture enseigné dans l'Académie royale*, Paris 1675-1783. 블롱델은 17세기 프랑스의 건축가로서 왕립 건축 아카데미의 회장을 지낸 당대 건축이론의 대가였으며, 대표적 건축 작품으로는 생 드니 교회의 문이 있다.

때문에 아치대(Widerlage)를 필요로 하는데, 사람들이 이것을 사용하지 않는 것은 다른 이유가 아니라, 그것의 추한 외양 때문이라고 설명하였다. 크라프트[13]도 건축술의 몇 가지 과제에 대한 논문에서 (페테르스부르그 학술원의 새로운 주석의 첫 번째 장에서) 같은 의견을 피력하였다. 벨리도르[14]는 로마식 볼트와 고딕식 볼트가 하부에 가하는 수평 압력을 계산하는 안내서를 내놓았다. 여기에서 그는 고딕식 볼트가 포탄을 견디지 못하므로 탄약고에 사용하면 안 된다고 명시적으로 지적하고 있다. 몇 가지 예를 통해 우리는 실제로 로마식 볼트는 농성 시에 포탄을 견뎌낸 반면에 고딕식 볼트는 견뎌내지 못했다는 사실을 알고 있다.

이 글을 나는 전적으로 반구형 천장과 예각 아치 천장의 강도와 저항력에 대한 기하학 논문으로 저술할 수도 있었을 것이다. 하지만 나는 이 시론을 논증과 도형으로 혼란스럽게 만들지 않기 위해, 이에 대한 간단한 결론만 제시하는 것으로 만족하고자 한다. 첫째로 모든 종류의 돔과 볼트에서 굴곡의 중간, 혹은 삼단 부분과 사단 부분에 가해지는 상부 하중의 일부 영향이 그 아래 축조된 기둥이나 볼트에 수평으로 압력을 가한다는 것은 분명한 사실이다. 둘째로 반구형 아치가 아치대에 수평으로 가하는 압력은 정상부에 가해지는 압력의 절반이다. 예를 들어 아치의 정상부에 30만 파운드의 중량을 얹으면, 아치대에 가해지는 압력은 15만 파운드가 된다. 끝으로 하나는 반구형 아치, 다른 하나는 고딕식 예각 아치인 동일한 폭을 지닌 두 개의

13 독일의 건축가 크라프트(Georg Wolfgang Kraft, 1701-1754)를 가리킨다.

14 Bernard Forest de Belidor, *La science des ingenieurs*, Paris 1729 [?].

아치가 있다고 가정하고, 그 하나에 다른 하나와 동일한 중량을 얹는 경우, 전자의 지주(Stütze)에 수평으로 가해지는 압력은 후자의 지주가 견디는 압력에 비교해 15 대 13 정도이다. 이 두 개의 아치의 정상부와 지주 사이의 중간에서 같은 중량이 전자에 가하는 압력은 후자에 가해지는 압력과 비교해 5 대 7이다. 이에 비해 삼단 부분에서는 압력의 비율이 4 대 5가 되고, 중간 부분과 삼단 부분 사이에서 고딕식 아치에 가해지는 압력은 결과적으로 반구형 아치의 절반이 된다. 따라서 고딕식 아치의 아치대가 로마식 아치의 아치대보다 더 안전하다. 이에 반해 아치대와 정상부의 중간에서는 상황이 그 반대가 된다. 예를 들어 고딕식 아치의 정상부에 30만 파운드의 중량을 얹는 경우, 아치의 삼단 부분에 수평으로 가해지는 압력은 약 15만 파운드가 되는 데 비해, 로마식 아치의 경우에는 이것이 12만 파운드밖에 되지 않는다. 그리하여 드 라 이르[15]와 벨리도르는 아치와 볼트가 일반적으로 정상부와 아치대 사이에서 붕괴된다는 것을 경험에 입각한 정리로 제시했다. 아치의 삼단 부분에 고정쇠를 박는 것은 이 때문이다. 고딕식 아치는 정상부와 아치대 사이가 취약하여 이곳에서 무너질 위험이 크기 때문에, 사람들은 이것보다 로마식 아치를 더 선호할 수밖에 없다. 결국 이로 인해 독일 건축가들은 아름다움뿐만 아니라 건물의 강도와 견고성에서도 손실을 감수해야 했다. 그들은 아치의 형태에 최상의 아름다움과 안정감을 부여하지 못했을 뿐만 아니라, 사전에 이것을 충분히 견고하고 안전하게 만드는 조치를 취하지

15 다음의 저서를 가리킨다. Gabriel Phillipe de La Hire, *Sectiones conicae*, Paris 1685. 드 라 이르는 17-18세기 프랑스의 수학자, 천문학자.

않고 그 중량을 늘렸다는 점에서 부주의하기도 했다. 이에 반해 로마의 건축가들은 여기에 많은 주의를 기울였다. 비트루비우스 이후로 신전 모서리와 측면의 기둥들은, 신전 내실 벽을 향한 안쪽 기둥의 경우에는 곧은 수직선을 이루게 만들고, 바깥쪽 기둥만 위쪽으로 축소된 형태로 만들었다. 필란더[16]는 바깥쪽에 세워진 기둥만 기둥머리 쪽으로 축소되는 형태로 만들어야 하며, 이는 비록 눈으로 보기에 불만족스러울 수도 있지만, 측면 방향의 압력을 지탱하는 데 특히 커다란 이점을 지닌다고 말하고 있다. 이 점에 대해서는 산 갈로[17]와 당대 최고의 건축가들도 같은 의견이다. 베스타 여신에게 바쳐진 것으로 의견이 모아지고 있는 티볼리에 있는 고대 신전의 기둥도 이런 특성을 보인다고 팔라디오는 지적한 바 있다. 부오나로티[18]가 공사를 맡았던 베드로 대성당 돔의 탬버(Tambur)[19]도 이러한 기본원칙에 의거하여 축조된 것으로 보인다.

예전의 건축가들은 이처럼 간단한 방식으로 볼트를 건축하였다. 판테온 신전의 돔은 한가운데가 개방되어 있고, 폐쇄된 둥근 천장으로 되어 있는 그 외의 다른 신전들은 정상부에 기둥 아치대와 같은 크기의 꽃장식으로 되어 있고 여기에는 피라미드가 없었다. (비트루비우스 4권 7장) 따라서 이런 종류의 신전은 잘라낸 구형 혹은 반구형의

---

16 Guilleaume Philandier, *In decem libros M. Vitruvii Pollonis 'Architectura' annotationes*, Paris 1545 [?].

17 베드로 대성당 건축에 관여하였던 줄리아노 다 산 갈로 지암베르티(Giuliano da san Galo Giamverti)를 가리키는 것으로 추정된다.

18 미켈란젤로(Michelangelo Buonarroti)를 가리킨다.

19 돔과 아치대 사이의 원통형 부분을 가리킨다.

천장으로 되어 있다. 하지만 비트루비우스가 더 이상의 설명을 하고 있지 않아, 우리로서는 여기에서 꽃장식과 피라미드가 무엇을 말하는지 알 수 없다. 그럼에도 불구하고 갈리아니 후작[20]은 피라미드가 꽃장식 중앙을 채우고 있는 작은 장식이라고 서술하고 있는데, 아마도 그는 기념주화에서 이에 대한 몇몇 흔적을 보았던 것이 아닌가 싶다. 콘스탄티노플의 소피아 대성당과 다른 고대 성당들을 세운 건축가들은 돔을 폐쇄형으로 만들었으며, 중앙에 더 이상의 다른 하중을 주지 않았다. 테오드리히 시대에 라벤나에 세워진 원형홀(Rotonda)은 돔이 완전히 이런 방식으로 축조되었지만, 그 위에 쿠폴라(Kupoline)를 얹지는 않았다. 천 년 전에 그리스인 건축가들이 처음으로 베니스의 산마르코 성당 돔 위에 작은 쿠폴라 형태의 장식물 몇 개를 얹었다. 피사의 돔과 시에나의 돔, 파두아의 안토니우스 성당과 유스티누스 성당, 그리고 이것들과 마찬가지로 천 년 전에 건설된 다른 많은 건축물들은 돔을 하나의 둥근 장식과 몇 개의 장식물로 마무리했다. 근래에 브라만테는 베드로 대성당의 돔에 아무런 작은 장식도 얹지 않았다. 고딕 양식의 돔형 지붕에서는 몬자의 요하네스 성당의 예에서 볼 수 있듯이 중앙을 고대의 취향으로 마무리했다. 8각형의 형태로 축조되어, 그 길이는 $16\frac{1}{2}$엘레[21]이고 폭은 14엘레에 이르는 클레르보 대성당은 길이가 $9\frac{3}{4}$엘레, 폭이 9엘레인 탑을 머리에 얹고 있다. 이 탑의 높이는 31엘레이고 벽의 두께는 1엘레이며, 18엘레 높이

20 베르나르도 갈리아니(Bernardo Galiani)를 가리킨다. 이 문장의 내용은 갈리아니가 1758년 나폴리에서 간행한 비트루비우스 번역본 주석에 관한 것이다.

21 엘레(Elle)는 옛 독일의 치수명. 약 55-85cm.

의 첨탑으로 마무리되어 있다. 매우 특이한 것은 건물의 취약한 부분에 또 하나의 탑을 올려 돔지붕 정상부의 개방구로 삼았다는 것이다. 이처럼 기이한 것을 만든 건축가의 고집은 용서하기 어렵지만, 탑의 직경이 돔형 지붕 직경의 삼분의 일을 넘지 않도록 만든 솜씨는 정당하게 평가해야 할 것이다. 이러한 방식을 통해 탑 전체의 하중이 돔의 작은 한 부분에 얹히게 되는 경우에 비교할 때, 하부에 수평으로 작용하는 압력이 훨씬 적어지도록 만들었던 것이다. 이는 그에 앞선 모든 것만큼 훌륭한 방식임이 입증될 것이다. 브루넬레스키와 부오나로티는 로마와 플로렌스의 거대한 돔에 적합한 비율의 여러 개의 채광탑(Laternen)을 얹어 보다 많은 빛이 들어올 수 있게 하려는 계획을 세웠는데, 이는 그들 사후에 실제로 실현되었다. 바사리는 브루넬레스키의 생애에 대해 서술하면서, 이 건축가가 최후의 유언에서 플로렌스 돔 지붕에 채광탑들을 올리는 일을 완성하든지, 아니면 이 건축물 전체를 파괴하라고 지시했다고 한다. 볼트를 뾰족한 예각의 형태로 만든 것은 그 위에 하중을 더 실을 필요가 있도록 한 것이고, 이를 통해 견고성이 유지되도록 만들었다는 것이다. 이는 채광탑의 하중이 견고성을 증대시킨다는 편견에 근거를 두고 있다. 하지만 베드로 대성당의 돔에 대해 기술한 세 명의 수학자는 채광탑이 모든 종류의 돔에 측면방향의 압력을 가중시키고, 결과적으로 붕괴의 위험을 현저하게 증대시킨다는 것은 분명한 사실이라고 언급한 바 있다. 우리는 또한 피렌체의 돔과 베드로 대성당의 돔이 실제로 하중의 압박을 받고 있으며, 로마에 있는 다른 열두 개의 돔도 채광탑의 하중으로 인해 손상을 입고 있다는 것을 조사해서 알고 있다. 이에 반해 브라만테스는 몬토리오의 베드로 성당 돔에 채광탑을 올리지 않았는데, 이것이 그 어떤 손상을 입었다는 이야기를 우리는 들은 바 없다. 아에피누스는 1755년 베를린 학술원에서 발표한 글에서 바깥쪽을 향한 직선으로 마감되는 하부지지대(Unterlage) 형태의 커다란 장점을 정의하면서, 이 기회를 통해 몇 가지 근본원칙을 제시한 바 있다. 여기에서 그는 미켈란젤로가 다음과 같은 방식으로 베드로 대성당의 돔에 커다란 견고성을 부여했다는 것을 입증하였다. 즉 미켈란젤로는 아티카(Atticke)[22]를 만들어 돔을 떠받치도록 했으며, 이 아티카는 다시금 더 큰 하부에 기초를 둔 넓게 펼쳐진 아치와 각각 두 개의 기둥이 받치고 있는 16개의 아치대로 떠받치게 했다는 것이다. 이것이 그 어떤 고딕식 돔보다 더 튼튼하리라는 것은 당연해 보인다. 고딕식 돔은 베드로 대성당의 돔보다 더 큰 하중을 가하면서도, 측면 지지대(Flanke)와 아치대가 없어, 지면 쪽으로 더 많이 파고들기 때문에, 고딕식 돔에 균열이 많이 생기고, 이 중 상당수가 외부의 많은 석재들에 의해 위에서 아래쪽으로 갈라져 있다는 것은 결코 놀라운 일이 아니다. 몇몇 석재는 수평 방향으로 조각이 나고, 수평 방향의 압력을 더 많이 받는 고딕식 아치의 삼단 부분에서는 때로 고정쇠가 떨어져 나가기도 한다.

벨리도르와 드 라 이레는 앞에서 언급한 저서에서 모든 종류의 볼트에서 생겨나는 압력과 저항력의 모든 모멘트를 계산하는 기초적 원리에 대해 논한 바 있다. 그들은 볼트가 붕괴될 수 있는 곳은 세 곳뿐이라는 것을 조사를 통해 알아냈다. 즉 아치대의 안쪽 면이 바깥쪽

22 아치문이나 건물 돌출부(cornice) 위쪽의 용마루를 덮고 있는 부분을 가리키는데, 대개 조각이나 부조로 채워져 있다.

으로 기울어지는 경우에는 하부에서 붕괴가 일어나고, 천장 전체가 바깥쪽으로 밀려나가는 경우에는 그것이 얹혀 있는 바로 그곳에서 무너져 내리고, 정상부가 해체되어 채광탑이 밑으로 가라앉으면 꼭대기 부분에서 붕괴가 일어난다는 것이다. 하지만 이는 전체 건축에서 볼트에만 제한되어야 하고, 쐐기 형태로 탁마된 석재로 시공된 건축은 여기에서 제외되어야 한다. 비록 이 경우에도 하부지지대 방향으로 균열이 생길 수는 있지만, 이때 외부에서 갈라지기 시작한 쐐기에 내부에서 가해지는 압력이 미미하기 때문에 균열이 방지될 수 있다. 물론 돌은 그 본성에 따라 어느 정도는 전체적으로 함께 압력을 가한다. 무셴브뢰크[23]가 조사한 바에 따르면 돌은 날이 따듯하면 확장되고, 추우면 수축된다. 마리오트[24]도 관찰을 통해 돌의 이러한 속성을 확인한 바 있다. 동물의 피지로 덮은 모루 위에 돌구슬을 여러 개 올려놓고 망치로 내려치면, 이것들은 옆으로 펼쳐지면서 피지 표면에 둥근 자국을 남긴다. 앞에서 인용한 세 명의 저명한 수학자의 말에 따르면, 베드로 대성당의 아치와 아티카에 균열이 간 것은 돌이 너무 강하게 내리누르고 있다는 것 외에 다른 이유가 있을 수 없다고 한다. 물론 그럼에도 불구하고 돌의 이런 속성을 근거로 벨리도르와 드 라 이레의 체계에 반대되는 예외를 만들어낼 수는 없다. 아치가 베이스의 외부 모서리 방향으로 회전한다면 압력보다 저항력이 열 배 더 강할 것이지만, 그럼에도 불구하고 이 수학자들이 볼 때 외견상 돔은 매우 커다란 압력을 받고 있었다. 그리하여 그들은 아마도

23 무셴브뢰크(Petrus van Musschenbroek)는 18세기 네덜란드의 물리학자.

24 마리오트(Edme Mariotte)는 17세기 프랑스의 물리학자.

새로 균열이 생겨났을 수도 있으며, 이로 인해 내부의 모서리가 정지된 상태로 있어, 압력이 외부 모서리로 가해진다는 추정에 도달했다. 왜냐하면 운동의 중심점이 외부 모서리에 있는 경우에는 아치의 무게중심이 위로 올라가고, 반대의 경우에는 밑으로 내려갈 수밖에 없으며, 두 번째 경우가 첫 번째 경우보다 힘을 훨씬 적게 필요로 하기 때문이다. 두 번째 가설을 토대로 삼으면, 베드로 대성당 돔 아치의 모든 아치대가 손상된다 해도, 저항력은 압력보다 삼분의 일만 감소할 것이다. 다른 저자들은 이에 대해 설명하기를, 이 경우 압력과 저항력의 그러한 균형은 아치대가 손상된 원인이 아니라, 그 결과라고 하였다. 다시 말해 이러한 균형은 아치대가 손상되어서 생겨난 결과임에 틀림없다는 것이다. 반면에 또 다른 가설에 따르면 아치대가 아치에 결합되어 있는 경우 저항력은 더 크게 나타나며, 하부의 외부 모서리 방향으로 작용하는 모든 운동은 불가능했을 것이라고 한다. 이에 따라 그들은 아치대의 균열과 돔의 최초의 손상의 원인을 설명해줄 수 있는 제3의 또 다른 가설이 필요하다는 견해를 피력한다.

내 입장은 돔의 지붕과 천장은 천 가지 다른 방식으로 손상을 입을 수 있다는 것이다. 벨리도르는 공학에 대한 그의 저서[25] 13권 1장에서 건축물의 각 부분은 서로 불가분하게 연결되어 있어, 그 어떤 하나의 힘으로 붕괴시킬 수는 있지만, 해체할 수는 없다는 것을 그의 이론의 출발점으로 삼고 있다. 이로부터 출발하여 그는 드 라 이르가 자신의 가설의 토대로 삼은 가설, 즉 베이스 전체가 하부의 외부 모

25 앞의 주 14 참조.

서리 방향으로 회전한다는 가설로 나아간다. 하지만 여기에서 나는, 과부하를 받은 돔에서 볼 수 있듯이 너무 큰 하중은 그 압력으로 돌을 파괴하여 산산조각 낼 수 있다는 사실을 지적하지 않을 수 없다. 압력이 증가하면 부서진 돌들이 사방으로 퍼져나가고, 그 조각들은 수천 가지 방식으로 다양하게 변모한다. 이런 방식으로 돔은 때로는 이렇게 때로는 저렇게 손상을 입는다. 벨리도르의 가설과 드 라 이르의 가설은 볼트의 저항력에 매우 호의적이다. 이들의 가설에 따르면, 몇몇 고딕식 돔이 취약한 아치대로 받쳐지고 있는 경우, 베이스 방향으로 파고들고 특히 정상부에 과부하를 받게 되어, 전체 하중이 고딕식 아치에서 하부 지지대로 기능하는 삼단 부분에 힘을 가하면 수평적 압력의 모든 모멘트가 저항력의 모든 모멘트보다 더 크게 된다. 이로 인해 상당수의 고정쇠가 파열되고 균열과 틈새가 생겨나는 것은 전혀 놀라운 일이 아니다.

고딕식 벽면을 종횡으로 묶고 있는 두꺼운 고정쇠가 아치의 취약점을 충분히 대체하거나, 더 큰 하중도 견딜 수 있다고 믿어서는 안 된다. 그 이유는 첫째로 추위가 고정쇠를 수축시키고, 더위가 그것을 늘이기 때문이다. 그렇게 되면 팽창되어 강한 하중을 받는 고정쇠는 날씨의 변화에 굴복하게 된다. 이를 보여주는 수많은 사례를 나는 알고 있다. 둘째로 고정쇠의 강도에 대한 계산이 분명 잘못된 원칙에 토대를 두고 있기 때문이다. 여기에서 전제가 되고 있는 것은 철의 강도가 그 두께에 비례해 증가한다는 것이다. 하지만 반 무센브뢰크가 1, 2, 3, 4호 두께의 철사로 실험한 결과에 따르면, 그 중량은 130, 230, 310, 450이 되어 결과적으로 두께보다 더 적은 비율로 증가한다. 끝으로 거대한 건물의 부분들을 철사와 고정쇠로 묶어 유지하려는 것은 매우 서툰 방법이다.

여기에서 나는 비뇰라[26]의 멋진 금언을 언급하지 않을 수 없다. 펠레그리노[27]는 약한 재질의 석재 기둥 네 개가 달린 사각형 세례대를 고상한 주각 위에 축조하면서, 주각 사이에 12모델[28]의 간격을 두었다. 마틴 바소[29]는 이를 두고 그를 비난하기를, 기둥 사이의 간격을 이렇게 크게 한 것은 비트루비우스의 모든 가르침에 위배되며, 아폴론 신전, 디아나 신전, 불카누스 신전 등에서 볼 수 있는 본보기에도 어긋난다고 지적하였다. 펠레그리니는 자신의 과오를 깨닫고, 고정쇠로 기둥을 다른 기둥과 묶어 세례대를 안전하게 만들겠다고 제안했다. 유명한 건축가들이 바소의 편을 들어 그가 옳다고 했다. 팔라디오는 세례대를 팔각이나 원형으로 만들어야 하고, 그 기둥은 코린트 양식이 아니라, 이오니아 양식으로 해야 한다는 의견을 내놓았다. 비뇰라는 고정쇠를 도피책으로 삼는 것이 옳지 않다고 생각했다. 그의 판단에 따르면, 그것은 과오를 진정으로 지양하는 것이 아니고, 외견상으로만 강도를 높이는 것이다. 이를 계기로 그는 잘 축조된 건축은 스스로 지탱되어야지 다른 것에 의존해서는 안 된다고 말했다. 이 건축가들과 바소는 밀라노 대성당 합창단석을 성당 지면에서 4엘렌 위로 높이고, 비스듬한 기울기로 만들려 한 펠레그리니의 구상에도 반대를 표명했다. 이들은 또한 그 형태, 배열, 배치가 다른 신전과 달리

---

26 다음의 저자와 저서를 가리킨다. Giacomo Vignola, *Regole della della cinqua ordini d'architecttura*, Rom 1563.

27 펠레그리노(Tibaldi Pellegrino)는 16세기 이탈리아의 건축가를 가리킨다.

28 기둥의 폭을 재는 상대적 단위. 기둥 하나의 기저부 폭은 2모델.

29 바소(Martin Basso)는 16세기 이탈리아의 건축가.

원형의 형태를 취하고, 도리스식으로 배열된 여덟 줄의 열주와 이로부터 둘레에 이르기까지 동일한 폭과 넓이를 지닌 공간으로 이루어진 지하 신전에 대한 구상에도 반대했다. 바소는 논쟁의 여지없이 탁월한 건축가였다. 그는 밀라노에 비범한 건물들을 세웠으며, 특히 산 로렌조 대성당을 남겼다. 어느 시대에나 사람들은 이 건축물을 경탄의 눈으로 바라볼 것이다. 비록 불균등한 여덟 개의 측면에서 볼 수 있듯이 여러 결점을 지니고 있기는 하지만, 고딕식 돔은 이 점에서 대부분 많은 결점을 지니고 있다. 고딕식 돔형 지붕은 대개 8각의 형태를 취하고 있고, 네 개의 아치형 천장의 4각형 하부에 기초를 두고 있다. 이에 따라 이 팔각형 축조물의 여덟 개의 모서리도 네 개의 아래쪽 천장 아치가 만들어내는 빈 공간에 조응하고, 창문은 기둥의 상판에 조응한다.

체사레 체사리노는 4각의 기반 위에 8각의 축조물을 올리는 것을 완전히 불신했다. (비트루비우스의 저서 1권 2장에 대한 주석 참조) 공학자 부스카는 1597년에 이미 자신의 글에서 이에 대해 매우 탁월한 고찰을 한 바 있다.[30] 훌륭하고 안전하게 건축하려는 사람은 확고하고 견고한 지반 위에 수직으로 건물을 올려야 하며, 그렇게 하지 않으면 그 건물이 실제로 지반을 갖지 않는 것과 마찬가지라는 것이다. 돔형 천장의 갈비뼈와 신경과 뼈대는 나무의 중심에서 모이는 나뭇가지와 다를 바 없다. 이 가지들이 같은 형태로 휘어져 있다 할지라도, 이것들은 모두 그것이 자라난 줄기에 기반을 두고 있기 때문에

30 다음의 저자와 저서를 가리킨다. Gabrielli Buska, *L'Architecttura militaire*, Milano 1619 [?].

이것을 내리누를 수밖에 없다. 모든 사람들이 이 명제가 진리라는 것을 알고 있으면서도, 그 누구도 이것을 따르려 하지 않는다. 모든 사람들이 별 이유 없이 모든 훌륭한 규칙과 고대의 본보기에 반해 허공에 돔형 지붕을 세우고 있다. 그리고 그 원인은 4각의 토대를 만들고 그 위에 원형이나 8각의 건물을 짓기 때문이다. 이는 원형의 토대 위에 4각형 건물을 축조하려는 것과 마찬가지라고 할 수 있다. 이로 인해 모서리나 측면이 불가피하게 지면 위에서 밖으로 삐져나갈 수밖에 없다. 대부분의 건물들이 … 결국 고딕식 건축술은 참된 견고성은 물론이고 외견상의 견고성조차도 충분히 고려하고 있지 않다는 것을 알아야 하며, 그렇지 않으면 그들은 이미 가득 찬 것 위에 가득 찬 것을 올리거나, 텅 빈 것 위에 텅 빈 것을 올리게 될 것이다.

이러한 결함은 기분만 상하게 하는 작고 기이한 모든 고딕식 장식과 창문 아치 위 허공에 매달려 있는 조각상에서도 눈에 띈다. 이런 건축물에서 인정할 수 있는 유일한 가치는 엄청난 크기, 아치의 폭, 중앙 회중석의 구조, 주춧돌과 기둥과 내실의 각 부분들의 훌륭한 비례 등에 있다. 이에 반해 기둥의 폭은 대체로 지나치게 큰데, 이는 아폴로 신전이나 디아나 신전 등 고대의 디아스틸로스[31] 신전의 경우에도 해당된다. 밀라노 대성당의 바닥과 정면 양식은 많은 찬사를 받을 만하다. 이 정면양식은 펠레그리니가 도안하여 카를 황제의 허락을 받았으며, 프리드리히 추기경에 의해 바소의 감독하에 축조되기 시작했다. 펠레그리니는 고딕 양식과 그리스 양식을 절충했는데,

31 기둥 사이의 간격을 기둥 직경의 3배로 하는 건축방식을 가리킨다.

비뇰라와 줄리오 로마노[32]가 볼로냐의 베드로 성당 전면을 도안한 것과 브라만테[33]가 파비아의 체르토사 수도원 전면을 도안할 때도 이런 방식을 취했다. 이런 이유로 이 경이로운 건축물에 대한 건축가들과 여행자들의 다양한 판단이 하나로 모아질 수 있었다. 체사레 체사리노는 (비트루비우스의 저서 1권 2장에 대한 주석 참조) 밀라노 대성당과 그 전면양식에 대해 처음 설계한 건축가들이 규정한 개요와 기본설계를 유지하였다. 그는 이 기본개요가 올바른 규칙을 따르고 있다는 것을 알았으며, 밀라노의 바리셀라파[34]를 축조한 독일 건축가들도 이 규칙을 따랐다고 했다. 조르지오 바사리는 피사의 니콜로와 요하네스의 삶에 대해 서술하면서 니콜로의 시대에는 많은 사람들이 고귀한 경쟁심에서 많은 노력을 기울여 조각에 헌신했다고 말하고 있다. 이는 그 이전 시대에는 없었던 일이었다. 특히 밀라노에서 이런 일이 시작되었다. 롬바르디아와 독일의 수많은 예술가들이 이곳으로 몰려들었기 때문이다. 그러나 그 후로 이들은 프리드리히 황제와 밀라노 사람들 사이의 갈등으로 인해 이탈리아 전역으로 흩어졌다. 이 때부터 예술가들은 조각과 건축 분야에서 서로 경쟁하기 시작했다.

스카모지의 저서[35] 1권 1부 6장에는 다음과 같이 기술되어 있다. 위대했던 시기인 15세기에 우르비노 출신인 브라만테가 등장하여 베

---

32 로마노(Romano)라고 불리기도 했던 이탈리아의 화가이자 건축가 피피(Giulio Pippi, 1492-1546)를 가리킨다.

33 브라만테(Donato Bramante, 1444-1514)는 로마의 베드로 대성당 건축을 주도한 이탈리아 르네상스 시대의 대표적인 건축가.

34 밀라노 대성당을 가리킨다.

35 다음의 저자와 저서를 가리킨다. Vincenzo Scamozzi, *Idea dell'architettura*, Venezia 1615.

르나르디노와 체사레 체사리노가 밀라노 대성당을 건축하면서 범한 과오를 질책하였다. (위의 책 18장도 참조) 이탈리아가 다시 자유를 얻은 후에 밀라노의 공작 조안 갈레조가 시도했던 것보다 더 위대한 건축을 그 어떤 왕이나 심지어 황제라고 할지라도 과연 시도할 수 있었을까? 내 말은 규모, 석재의 탁월성, 조각과 부조의 양에 있어 그리스인이나 로마인들이 축조했던 모든 신전에 비견될 만큼 높이 평가받은 저 대성당을 두고 하는 것이다. 하지만 이 대성당은 석재와 다른 건축 재료를 무질서하게 마구 쌓아 올린 무정형의 산맥처럼 보인다. 그 이유는 여기에 미와 보편적 형식과 조화, 그리고 부분들과 요소들의 결합이 결여되어 있기 때문이다. 모든 것이 취약하고 서로 무관한 것처럼 분리되어 있기 때문이다. 이로 인해 건물의 전면 양식, 천장과 지붕, 건물의 다른 부분들을 어느 정도 나마 제대로 건축하는 것조차 불가능했다. 비록 마지막에 가서 펠레그리니와 바소가 전면 양식을 제대로 만들어낼 수 있는 수단을 찾아내기는 했지만.

블롱델은 건축에 대한 그의 저서 1장의 첫 페이지에서 훌륭한 건축술은 야만족이 침입해 들어온 이후로 오랫동안 고대 건축물의 폐허 속에 파묻혀 있다가, 우리 선조 시대에 고딕식 건축이라는 이름으로 흔히 불리는 저 기괴하고 참을 수 없는 양식에 자리를 내주고 말았다고 서술하고 있다. 그의 저서 5권 5부 16장에서 그는 전체적으로 보아 고딕식 건물은 그럼에도 불구하고 예술의 규칙에 입각한 순수한 비례를 지니고 있으며, 고딕식 건물을 뒤덮고 있는 수많은 작고 서툰 장식들에서도 어느 정도의 균형은 찾아볼 수 있다고 지적하고 있다. 이를 입증해주는 예로서 그는 다음 장에서 체사리노가 입수한 고대의 전면양식을 제시하고 있다.

바라티에리는 1651년 돔의 장식에 대한 자신의 논문에서 이것을 발명한 자는 자신의 뇌 속에 고딕식 기괴함의 카오스를 창조했다고 말한 바 있다.[36] 저 유명한 반비텔리[37]도 거의 같은 주장을 하였다. 그에 따르면 건전한 판단력을 지닌 모든 사람은 고딕 양식이 그 비용과 기둥, 그리고 다른 모든 장식을 보고 이것이 훌륭한 건축술의 몰락에 그 기원을 두고 있다는 것을 분명히 알 것이라고 했다. 훌륭한 건축술이 몰락하지 않았다면 사람들은 돔을 만들지 않았으리라는 것이다.

하지만 수학자에서 여행기작가에 이르게 되면 나로서는 미손[38]과 폼포네,[39] 그리고 다른 많은 사람들이 베드로 대성당 내부를 돔보다 훨씬 높이 평가했다는 것을 언급하지 않을 수 없다. 애디슨[40]은 이 놀라운 건물은 페디먼트를 제외하고는 모두 대리석으로 축조되었으며, 이 돌이 페디먼트에 쓰기에 너무 무겁다고 생각하지 않았다면, 이것까지도 대리석으로 만들었을 것이라고 말하고 있다. 물론 이러한 보고 내용은 다른 몇 가지와 함께 모두 마르티니에르[41]에게서 찾아낸 것이다. 유명한 스웨덴인[42]의 말을 소개하는 것으로 글을 맺고자

---

36 바라티에리(Barattieri)라는 인물과 그의 논문에 대해서는 알려지지 않았다.

37 다음의 저자와 저서를 가리킨다. Luigi Vanvitelli, *Trattato dell'arte pittura scultura e architettura*, Milano 1584.

38 François-Maximilien Misson, *Nouveau voyage d'Italie*, 3 Bde., Den Haag 1726.

39 폼포네(Pomponne)라는 인물과 그의 저서에 대해서는 알려지지 않았다.

40 다음의 저자와 저서를 가리킨다. Joseph Addison, *Remarks of Several Parts of Italy*, London 1705.

41 Antoine Auguste Bruzen de la Martiniere, *Dictionnaire géographique, histoire et critique*, 10 Bde., Den Haag 1726.

42 누구를 가리키는지 알려지지 않았다.

한다. 그는 이렇게 말하고 있다. 세월이 흘러 많은 부분들이 이미 쇠락했으나, 다른 부분들은 아직 공사가 끝나지도 않았다. 정문은 구상이 지연되고 있으며, 거대한 피라미드형 장식물이 탁마되고 있는데, 이것을 모든 주춧돌마다 올려 세울 것이라고 한다. 조각상들이 조형되고 있는데, 건물 안팎에는 이미 수천 개의 조각상이 놓여 있다. 작은 수호천사들과 장식물들이 상부와 연결되는 창문을 장식하기 위해 만들어지고 있는데, 사람들이 이곳에서 기대하지 않았던 정련된 금세공 작업을 통해 매우 세련되게 가공되고 있다. 그밖에는 …[43]

43 원텍스트에서 이 글은 여기서 끝나고 있다. 텍스트 중간의 빈 부분과 함께 이 글이 발췌 번역으로 추정되는 근거가 되고 있다.

5장

뫼저

독일 역사

(Justus Möser: Deutsche Geschichte)

내 판단으로는 우리가 국가의 진정한 구성요소인 평범한 토지소유자들의 모든 변화 양상을 추적하여 이것들로 몸체를 형성하고, 국가에 기여한 크고 작은 인물들은 선악을 차치하고 이 몸체에 딸린 우연사들로 고찰한다면 독일 역사학은 전적으로 새로운 전환을 이룰 수 있을 것이다. 그렇게 되면 우리는 서사시의 통일성과 흐름과 힘을 역사에 부여할 수 있을 것이고, 이 안에서 제후의 영토고권(領土高權)이나 전제정치는 기껏해야 다행스럽거나 불행한 결과라는 위치만 지니게 될 것이다. 뿐만 아니라 우리는 민족성의 기원, 연속, 상이한 상황을 그 모든 변화 속에서 보다 정돈된 모습으로 명료하게 풀어낼 수 있을 것이다. 이는 병든 육체를 떠올릴 필요 없이 의사의 삶과 노력만을 서술하는 것과 유사한 일이 될 것이다. 법과 관습, 통치자의 미덕과 결점, 잘못되거나 잘된 조치들, 무역, 화폐, 도시, 용역, 귀족, 언어, 여론, 전쟁, 관계 등이 그 몸체 자체와 이 몸체의 지위와 재산에 끼치는 영향력, 입법권이나 국가 기구 전반이 이러한 영향관계에서 때때로 겪게 되는 전환, 인간과 정의와 개념이 점차로 형성되는 방식, 인간의 성향이 영토고권에 역으로 작용을 가하게 만드는 저 놀라운 편협함과 뒤틀림, 독일의 심장인 기독교와 자유를 옹호하는 윤리가 초래한 저 다행스러운 절제, 내 생각에는 바로 이러한 것들이 완전하고 지속적인 화폭에 그려질 수 있을 것이고, 역사의 화가가 다른 모든 불필요한 것들을 포기할 수 있게 만드는 충만함이 이 그림에 부여될 것이다.

이 역사는 중요한 네 개의 시대로 구분될 수 있을 것이다. 그 첫 번째인 황금시대에는 모든 독일 농장주가 각기 자신의 재산과 군사를 소유하고 있었다. 그 어떤 농노와 평민도 군역제도에 예속되어 있지 않았다. 그들은 모두 자유를 누렸으며 기사들이 공동으로 참여해야 하는 방어전이라는 유감스러운 예외를 싫어했다. 높고 낮은 신분의 기사계급 외에는 국가에 대해 사람들이 알고 있는 것이 없었다. 농노와 평민 외에는 어느 누구도 한 사람의 영주를 따르도록 매어 있지 않았다. 선출된 기사가 기사계급의 통솔자가 되었으며, 그는 동등한 권리를 지닌 동료들이 제시한 판단을 확인하는 역할만 했다. 이 황금시대는 그 주된 목적을 이루기 위해 보다 매력적인 제도가 등장한 카롤루스 대제[1] 치하에 이르기까지 지속되었다. 그러나 카롤루스 대제도 이 고대의 몸통에 붙어 있는 유일한 우두머리였을 뿐이다.

두 번째 시대는 루트비히 경건왕[2] 치하에서 서서히 시작되었다. 봉록을 받지 않고 자신들이 비용을 충당하여 자신들의 집안과 국가를 지키려 하였던 봉신들은 루트비히 자신과 그의 치하에서 생겨난 파당들에게 군역의 의무를 거의 제공하지 않았다. 검소함, 신앙심, 재정적 궁핍, 잘못된 정책으로 인해 루트비히는 낮은 신분의 기사들을 성직자, 신하, 제국관리들에게 내맡겼다. 이전에는 두 명의 무사(武士)만을 휘하에 둘 수 있었던 대주교들, 그리고 자신의 직책과 집안을 지키기 위해 네 명의 무사를 휘하에 둘 수 있었던 백작들과 군대

---

1 카롤루스 대제(Carolus Magnus, 747/748-814)는 독일에서는 카를 대제, 프랑스에서는 샤를 대제를 의미하는 샤를마뉴(Charlemagne)로 불리는데 여기에서는 라틴어식 이름인 카롤루스 대제로 번역하였다. 그는 서유럽의 게르만족 지배 지역을 프랑크 왕국과 기독교로 통합하고 800년 크리스마스에 교황 레오 3세에 의해 서로마 제국 황제로 즉위함으로써 이후 중세 역사의 기틀을 만든 인물로서 역사에 커다란 족적을 남겼다.

2 루트비히 경건왕(Ludwig der Formme, 778-840)은 카롤루스 대제의 아들로서 후에 그의 제국을 물려받아 제위에 오른 루트비히 1세를 가리킨다. 계율을 철저하게 지키는 독실한 가톨릭 신앙인으로 살아 경건왕이라는 별칭으로 불린다. 그는 국가를 통치하는 정치적 능력에 있어서는 무능했다고 평가된다.

통솔자들은 이제 제국의 토지재산을 임의로 사용하여 무사가 전역한 자리에 사람들과 종복들을 임명했으며, 군사들에게도 동일한 조건을 감수하도록 강요했다. 하인리히 매사냥꾼왕[3]은 당시의 보편적인 궁핍에도 불구하고 제국의 재산을 되찾아, 다소 변화된 형태로 군역제도를 재건했다. 오토 대제만이 전혀 다른 길을 걸었는데, 그는 자신이 벌인 대외 정복전쟁에서 탁월하고 뛰어난 공훈을 세운 자들에게 공공재산을 나누어주었다. 부과금을 지불하지 않고, 영토를 방어하는 것 외에 다른 의무를 행하려 하지 않는 수천의 군사보다 그와 함께 알프스를 넘은 한 명의 기사가 그에게는 더욱 소중했다. 그의 위대함, 당시에 제국이 누렸던 명망, 그리고 그의 시대의 분위기가 그로 하여금 군역제도에 의해 징발된 군대가 더 이상 필요하지 않다는 확신을 갖게 했다. 그리하여 군역제도는 완전히 무시되고, 억압되고, 잊혀졌다. 카롤루스 대제 치하에서 군사들에게 휴가증을 발급하는 전권을 지니고 있었던 파견관 혹은 군대 사령은 관직을 잃게 되었다. 지휘권, 군사권, 명령권은 **단 한 사람**의 손에 쥐어졌는데, 이는 토지 소유자들이나 제국 관료들에게는 커다란 손실이었다.

이에 뒤이어 등장한 세 번째 시대에는 낮은 신분의 기사들이 거의 모두 사라졌다. 극히 소수의 하급 기사들만이 로마법에 의거하여 제국의 토지재산을 약간 소유하고 있었다. 심지어 소유라는 단어의 이름과 그 참된 개념 자체가 상실되었다. 제국의 토지는 도처에서 봉

---

3 하인리히 매사냥꾼왕(Heinrich der Finkler, 876-936)은 912년 작센의 군주가 되었다가 919년 독일 군주가 된 하인리히 1세를 가리킨다. 중세 독일의 황제 가문 오토 왕가의 시조로 꼽히며, 매사냥을 즐겨 매사냥꾼왕이라는 별칭을 얻게 되었다.

토, 대토(貸土), 소작지, 농장으로 변환되어, 제국의 수뇌들과 그 신하들에게 귀속되었다. 모든 기사계급이 군역에 종사하였다. 과거에는 토지를 소유한 하위 기사계급이 황제의 권좌를 장식하는 보석 역할을 했었다. 슈바벤의 프리드리히[4]는 군역에 예속된 기사들을 통해 황제의 권좌가 예전에 지녔던 영광을 되찾으려 했지만 수포로 돌아가고 말았다. 도시연합과 그 시민들이 새로운 소유권에 대한 희망을 국가에 불어넣기는 했지만, 너무 미약하고 미끄러운 황제의 손만으로는 한계가 있었다. 황제는 이 연합세력에 마그나 카르타의 은사를 베풀어 과거 토지소유자들의 몰락을 확실하게 대체할 수 있는 기반인 의회를 만들지 않고, 도시연합과 시민세력의 뜻에 반하여 모든 것 위에 있는 제국법을 만들 수밖에 없었다. 합스부르크 왕가의 루돌프[5]는 국가체제의 이러한 커다란 결함을 통찰하고 여러 차례 이를 개선하려 하였다. 카를 4세[6]는 국가의 중간 계층 세력에게 우호적인 정책을 펼침으로써 이전 황제와는 전적으로 대립되는 계획을 실행했다.

---

4 신성 로마 제국 황제 프리드리히 2세(Fridrich II, 1194-1250)를 가리킨다. 호엔슈타우펜 왕가에서 태어나 1220년 신성 로마 제국의 황제로 즉위하였다. 독일 왕(공식적으로는 로마 왕)과 이탈리아 왕도 겸임했으며, 원래는 시칠리아에서 태어나 시칠리아 왕이었다.

5 루돌프 1세(Rudolf von Habsburg, 1218-1291)를 가리킨다. 슈바벤 지방의 백작으로 태어났으나, 오스트리아 공작과 슈타이어마르크 공작의 자리에 올랐다. 이후 합스부르크 왕가는 600여 년 동안 두 지방을 지배하며 유럽 최고의 권력 가문으로 떠올랐다.

6 카를 4세(체코어: Karel IV, 독일어: Karl IV, 프랑스어: Charles IV, 영어: Charles IV, 1316-1378)는 보헤미아 왕(1346-1355)이자 룩셈부르크 왕가 출신의 신성 로마 제국 황제(1355-1378). 본명은 독일어식으로는 벤첼, 체코식으로는 바츨라프이다. 1356년 금인칙서를 공포하여 독일 7선거후를 정하고 독일 황제의 선거제를 확정하였으며, 독일 최초로 프라하에 대학을 세웠다.

당연히 제국의 제후들에게 미움을 산 그의 거창한 의도를 벤첼[7]은 적절한 조심성은커녕 심지어 악의적인 수단을 통해 시행하였으며, 그것도 대체로 절반만 실행하였다. 모든 관심은 신민들을 통해 신민들을 제어하는 것에 있었다. 이어지는 시기에 덴마크에서는 토지가 다시 왕권에 귀속되었다. 스페인에서는 군역으로 징발한 군대가 다시 창설되고, 영리한 이사벨라[8]의 도움으로 중간계층 세력의 도시동맹이 힘의 균형을 얻어냈다. 스위스에서는 3인 대표가 자치권과 소유권을 다시 수립하였으나,[9] 농민봉기와 그밖에 다른 중요한 움직임의 의도를 황제들은 거의 감지하지 못했다. 지기스문트[10]는 특히 프리스란트인들에게 우호적인 중요한 조치를 취하였다. 막시밀리안[11]은 가능

---

7 카를 4세의 본명.

8 트라스타마라 왕가 출신의 카스티야 여왕 이사벨 1세(스페인어: Isabel I de Castilla, 1451-1504)를 가리킨다. 남편 페르난도 2세와 더불어 가톨릭왕으로 불린다. 1474년에서 1504년까지의 재위기간 동안 그라나다에서 이슬람 세력을 몰아내 스페인 땅에 정치적·종교적으로 통일된 국가를 이룩했으며, 크리스토퍼 콜럼버스를 후원하여 아메리카 대륙을 발견하는 데 기여하는 등의 중요한 치적을 남겼다.

9 스위스 지역의 3인 대표가 1291년 베른에 모여 자치 보존을 요구하는 영구 동맹을 맺은 사건을 가리킨다. 이후 동맹에 가담하는 주가 늘어남으로써, 이 사건은 스위스 연방의 기원이 되었다.

10 지기스문트(Sigismund, 1368-1437)는 헝가리와 보헤미아의 왕이자 신성 로마 제국의 황제. 그는 신성 로마 제국의 황제 자리를 물려받은 룩셈부르크 왕조의 마지막 왕이었다. 그가 후사를 남기지 않고 죽은 후 합스부르크 출신인 그의 사위 알베르트가 왕위와 제위를 물려받았으며, 이후 합스부르크 가문이 신성 로마 제국의 황제 자리를 물려받게 되었다.

11 신성 로마 제국의 황제 막시밀리안 1세(Maximilian I, 1459-1519)를 가리킨다. 1493년에서 1519년까지 재위하였다. 에스파냐 왕가와 혼인관계를 맺고, 오스트리아의 구영토를 회복하는 등 혼인과 외교정책을 통해 영토를 확장하여 이후 합스부르크가가 번영하는 토대를 확립하였다. 그는 인문주의의 신봉자로 학자와 문인을 우대하였으며, 기사도 정신에 투철하여 독일 최후의 기사라고 일컬어진다.

한 모든 조치를 취하여 중간계층 세력을 다시 일으키고 자신에게 가까이 다가오도록 하였다. 그가 사용한 수단들은 세련되고 새로운 것이었지만, 이를 실행함에 있어 그 기획에 담긴 정신을 일깨우지는 못했다.

이 시기에는 보편적인 궁핍, 봉토문제, 대토문제, 소작문제, 농민문제 등의 걸림돌을 제국의 진로에서 다시 걷어내고, 농지를 소유한 모든 군사들에게 제국의 수호를 독촉하는 일이 거듭 요구되었다. 봉토가 상속된 이후로 봉토제도가 점점 더 붕괴되어 가고 있었기 때문이다. 이로 인해 무사들이 점점 줄어들고 있었다. 부분적으로 무사들은 고갈상태에 놓여 있었으며, 외국의 왕정들이 국민의 조력을 얻어 세력을 일으키고 있었던 데 반해, 이들은 영토를 그들만의 힘으로 지킬 수 있는 상황이 아니었다. 커다란 변혁을 가져올 수 있는 것은 농민봉기뿐이었을 것이다. 그리하여 많은 결함을 지닌 계획을 따를 수밖에 없었으며, 봉토나 은급을 주지 않는 인력, 부분적으로는 매우 열악한 인력으로 군사의 수를 증강하고, 온갖 종류의 종복의 무리를 구성하여, 이후에 이렇게 유지되는 군대에 사람들이 들어오게 하는 방법을 취할 수밖에 없었다. 한동안은 이런 방식으로 그들의 권력을 확장한 제후들의 재산으로 엄청난 비용을 감당할 수 있었다. 당시까지 사람들은 세금이라는 것을 모르고 있었으며, 실제로 세금을 부과할 수 있는 신민이 존재하지도 않았다. 농부들은 소작인으로서 계약에 예속되어 있었고, 그들의 주인들은 재산을 소유한 자로서는 조국을 위해, 그리고 봉신으로서는 봉토를 하사한 주군을 위해 검을 뽑는 자유로운 신분이었기 때문이다. 하지만 영주들의 재산은 곧 고갈되거나 저당 잡히거나 매각되었다. 이제 이들은 봉토와 재산을 소유한 주군들에게로 달아나 이들에게 예외적인 도움을 청할 수밖에 없었다. 이들은 서로 결속하거나, 아니면 우두머리 주군과 결속하는 것이 자신들의 안전을 보장한다는 것을 간파했기 때문에, 마침내 신분제 사회의 계급들이 생겨나게 되었다. 그리하여 이들은 모든 수단을 강구하여 당시 중요한 위치에 있던 도시들로 이주하였다.

토지를 소유한 제국의 기사들이 지배했던 황금시대에 생겨난 다른 모든 법률들은 이 시기에 완전히 소멸되고 말았다. 이렇게 된 데에는 작센 왕가가 그렇게 오랫동안 눈감아주고 싶지는 않았던 변칙적 상황의 몸체인 도시들이 적지 않게 기여했다. 이들은 작센의 법이 오래전부터 토대를 두었던 지위와 재산의 개념을 혼란케 하고 모호하게 만들었다. 금전재산이 토지재산을 능가하게 되자마자 명예작위(爵位)는 즉시 그 외적 가치를 잃고 말았다. 도시들의 교역이 눈에 띄지 않는 은밀한 재산을 가져다주게 됨에 따라, 인간의 자기방어가 더 이상 돈에 달려 있지 않게 되었다. 즉 신체형과 사형 제도가 도입되고, 다양한 사례에 대한 징벌이 당국의 자의에 맡겨졌는데, 이에 있어 과거의 권리는 더 이상 적용되지 않았고, 이처럼 불확실한 상황 속에서 새로운 권리는 아직 나타나지 않았다. 이로 인해 자유가 크게 위축되면서, 도시 전체가 이 새로운 법에 저항하였다. 그러나 이 법을 통해 점차로 모든 인간이 로마 시대 후기의 황제 치하에서처럼 시민이나 법적 신분을 가진 자가 되었고, 인간의 책임과 의무는 신민의 신분에 기초를 두게 되었다. 만일 이 법이 자신의 토대를 점점 더 상업에 두게 되고, 상업을 자신의 주된 관심사로 만들고, 개인의 근면에 그리고 특정한 상황하에서는 가처분 재산에 토지재산과 동일한 명예권을 부여했다면, 그리하여 당시 상호 결속되어 있고 강력한 힘을 지니고 있었던 도시들이 국가적 관심사 대부분을 오로지 제국의회에서만 결정하고, 함선과 인력과 세금을 승인하여, 한 국가의 이익이 항상 다른 국가의 손해를 가져오는 수많은 영방(領邦)국가로 제국이 갈가리 찢기지 않았다면, 독일은 행복한 상황으로 나아갈 수도 있었을 것이다.

네 번째 시기는 우리에게 영토고권이라는 행운, 혹은 더 나아가 그것의 완전한 성취를 가져다주었다. 그 가장 중요한 토대는 제국재판관구(Reichsvogtey)였는데, 이것은 오늘날에는 하나도 남아 있지 않은 카롤링거 재판관구가 그 제도와 권한과 지지를 잃어감에 따라 상승하고 확장하게 되었다. 개별적 제국재판관구로부터 귀족의 영토권이 성장해 나왔다. 귀족이 재판관구 여러 개를 함께 관할하다가 이를 하나로 합친 곳에서, 이렇게 모아놓은 재판관구를 어렵지 않게 하나의 영주재판관구로 격상시키고, 이를 통해 자신의 재판관구에서 상급재판소 관할권을 얻어낼 수 있었다. 주로 대주교, 공작, 궁중백작 그리고 황제의 다른 대리인들이 지방에서 자신의 영지에 있는 재판관구와 재판권을 손에 넣고, 더 나아가 아마도 재판권에 대한 일체의 외부의 개입을 막기 위해 공작재판관구와 백작재판관구에 대한 주권을 거머쥐었다. 재판관구의 관할하에 있지 않았던 귀족계급과 수도원 그리고 도시는 어느 정도는 기꺼이 이 황제의 대리인들에게 복종했다. 그리고 보편적인 소작제도가 허용되지 않았고 알려지지도 않았던 시대에 황제로서는 성가신 일만 많고 이익은 적은 권한의 행사를 각 지역의 최고위 관청에 맡겨 자신의 양심을 편하게 하는 그런 방식에 만족하였다. 그러다가 종교개혁이 일어나면서, 위에 서술한 것으로부터 쉽게 추론되는 권한을 철저하게 사용할 수 있는 기회가

지방의 모든 영주들에게 주어졌다. 그리고 특히 이들은 부분적으로는 기근을 통해, 또 부분적으로는 싸움을 벌이고 있는 종교당파에 대한 증오를 통해 전권을 획득함으로써, 황제의 은사로부터 독립된 그들 국가의 고유한 법에 둘러쳐진 울타리를 상당히 확장할 수 있었다. 따라서 모든 것이 너무도 오랫동안 혼란한 상황에 처해 있다가, 베스트팔렌조약이 체결된 후 제국의회의 귀족과 성직자들이 재판관구, 백작재판관구, 공작재판관구에 대한 관할권과 자신들의 영토 내에서 재판관 임명의 전권을 하나씩 얻어내고, 결국 영토에 대한 완전한 주권을 획득한 것은 결코 놀라운 일이 아니다. 이에 비해 지역재판관구만 소유하고 있어 고위 제국법관들에 저항했던 다른 귀족들은 직접 재판을 받을 권한과 종교문제에 대한 독립권을 획득했다.

독일 법의 초기 상황으로 되돌아가면, 그것이 취할 수 있었던 네 가지 주된 가능성이 나타난다. 첫째로 파견된 제국법관의 일차적 통제권이 유지되는 경우, 둘째로 각 지방이 모든 제국법관을 통제하고 감독하는 종신직 대리인을 갖고 있는 경우, 그리고 셋째로는 새로 생겨난 제국하원이 법관을 임명하는 경우가 있을 수 있는데, 이는 네 번째 경우인 영토고권이 허용되지 않았을 때 생겨날 수 있다. 첫 번째 가능성이 실현되었다면 여행을 하면서 약탈을 일삼는 터키 총독 같은 법관이 우리에게 주어졌을 것이다. 그렇게 되지 않으려면 모든 황제가 카롤루스 대제의 천재적 능력을 지속적으로 물려받았어야 했을 것이다. 두 번째 경우에 우리는 시간이 흘러감에 따라 프랑스인들처럼 엄청나게 많은 소작농의 희생을 감수해야 했을 것이다. 세 번째 경우도 우리의 어깨에 커다란 부담을 안겨주었을 것이다. 아니면 남부 독일과 북부 독일의 교역도시 연맹이 실제로 그러하듯이 세계 전역과의 교역을 주장하고, 모든 제국문제, 전쟁문제, 세금문제에 있어 그들의 승인을 받도록 했어야 할 것이다. 마지막의 경우는 모든 제후들이 그들에게 친숙한 제국의 평민들을 자신의 사람으로 여기고, 자신의 행복을 그들의 행복에서 찾고, 적어도 마음에 드는 궁전을 짓기 위해 모든 것을 한꺼번에 집어삼키지 않고, 무엇보다도 제국의 최고위 수뇌들에게 어느 정도 저항하고, 최상의 경우로는 언젠가 훗날에 거대한 제국이 생겨나면 모든 작은 지역, 도시, 요새에 사는 토지소유자들이 그럭저럭 살 수 있게 하고, 부유한 사람들은 입법에 참여할 수 있게 하고, 제후 스스로가 판관이 되어 판결을 내리는 권한을 더 이상 용인하지 않도록 해야 할 것이다.

이와 관련하여 황제가 실제로 일어날 수도 있었던 방식으로 종교개혁을 이용하지 않은 것은 가톨릭과 개신교 양쪽의 제후들 모두에게 다행스러운 일이었다. 루터의 가르침은 평민의 자유에 유리하게 작용하였다. 이 가르침을 부주의하게 사용했다면 백 명의 토마스 뮌처[12]가 생겨났을지도 모른다. 그가 최초의 봉기를 잘 이용하여, 소작, 대토, 이자와 관련된 제국의 제도를 송두리째 파괴하고, 농민을 토지소유자로 만들어, 영주와 법관과 부자들을 대적하는 데 농민들의 선의의 망상을 이용했다면, 황제로 하여금 완전한 전제정치로 방향을 돌리게 했을 수도 있다. 하지만 그는 그렇게 하기에는 너무 웅대한 사

---

12 토마스 뮌처(Thomas Münzer, 1490?-1525)는 독일의 급진적인 종교개혁가이자 농민전쟁의 지도자. 처음에는 루터파로 종교개혁에 참여하였으나, 점차 민중의 반교권적인 사회변혁운동으로 나아감으로써 루터의 개혁에서 이탈하여, 신에게 선택된 민중의 봉기에 의한 천년왕국의 꿈을 실현하려 하였다. 프랑켄하우젠 전투에서 영주 연합군에게 패하여 참수형에 처해졌다.

상을 품었었다. 이것이 결정적으로 작용했다면, 이 시도는 지극히 위대한 결과를 낳거나 아니면 더없이 비참한 결과를 초래했을 것이다.

아무튼 이 시기에 예전의 재산 개념은 완전히 소멸되었다. 제대로 재산을 소유하기 위해서는 법적 지위를 가져야 한다는 생각을 사람들은 더 이상 하지 않게 되었다. 이는 귀족계급이나 평민계급 모두에게 마찬가지였다. 귀족계급은 거의 대부분이 자유 신분으로 변신했다. 그리고 평민계급은 시민 신분(honore quiritario)이 되었다. 그럼에도 불구하고 시민의 명예가 과연 독일 헌법의 정신이었는지, 그리고 영원히 그렇게 남게 될지는 추측하기 어렵다. 사람들은 점점 더 종교와 과학을 시민보다 높이 올려 세웠으며, 인간의 제 권리가 제한과 비교에 입각한 법에 대해 승리를 거두었다. 편리한 철학[13]은 학식과 통찰 없이는 도달할 수 없는 추론보다는 보편적 원칙에 입각한 추론을 더 지지하였다. 인간애는 기독교의 도움을 받아 시민애(Bürgerliebe)와 같은 덕이 되어, 부족하지 않게 되었거나, 혹은 심지어 제국법이 기독교적 사랑에 입각하여 가장 명예를 실추당한 인간도 명예를 지니고 동업조합에 가입할 권리가 있다고 선언했을지도 모를 일이다.

제국의 토지재산이 겪은 운명은 더욱 기묘했다. 처음에는 모든 무사가 자신의 봉토의 지주들을 전쟁터에 출정케 했고, 그 후에는 농부를 고용하여 군역에 종사하는 자를 먹여 살리게 했으며, 마지막에는 그의 농부들도 군역에 종사하게 했다. 그런데 이제 이러한 부담에

---

13 편리한 철학(bequeme Philosophie)이란 수학과 기하학의 원리에 입각하여 근본 원리를 정립하고 이로부터 추론을 이끌어내는 근대 초기의 합리주의 철학을 가리킨다.

용병의 고용이 부가되어, 이들을 먹여 살리기 위해 토지세를 떠맡아야 했다. 프랑스가 독일처럼 수많은 영방국가로 해체되지 않고, 불안한 주군들 치하에서 통합된 후로, 영토고권은 자신을 유지하기 위해 강한 신경을 필요로 했고, 제국은 자신을 지키기 위해 보다 규모가 큰 관청들을 필요로 했기 때문이다. 이때부터 제국의 토지재산을 가능한 한 많이 되찾아 재정에 도움이 되도록 하는 것이 보편적인 정책이 되었다. 황제는 제후들의 이러한 계획을 지지하였다. 제후들은 제국의 토지재산에 대한 관심에서 신하와 성직자들과 도시의 법을 연구하게 했다. 이들은 제국의 토지재산을 제국과 국가의 토지대장에 등록하기 위해 최대한의 노력을 기울였다. 법학자들에게는 예전의 헌법에 대한 충분한 지식이 부족했을 뿐만 아니라, 또한 영국에서처럼 제국의 국토 전체에 재정지원을 요구하는 기본조항을 다시 도입할만한 대담성도 부족했다. 이에 따라 세금문제는 그 진행과정에서 한없이 구부러진 길을 횡보로 걸으며 나아가야 했다. 성직자, 귀족, 도시는 중세 시대에 다른 방어기구들을 통해 얻어내 소유하고 있던 많은 것들을 잃었다. 군주들은 제국의 토지재산을 이용하여 더욱 강력해졌다. 명예욕과 시기심과 환상이 이들에게 상비군을 갖도록 유혹했다. 처음에는 필요에 의해 상비군이 요구되었다. 황제는 제국의 방어라는 커다란 관점에서 상비군을 호의적으로 보았는데, 처음에는 그것의 안전한 규모를 규정하려 하지 않았으나, 곧 그것을 할 수 없게 되고 말았다.

하지만 독일 역사를 주의 깊게 연구하는 학자는 이 모든 것이 의미 있는 성과를 가져왔다는 것을 통찰할 것이다. 그는 또한 적절한 통찰력을 지닌 사람이 그 어떤 높이에 도달했을 때에야 비로소 우리는 조국에 대한 유용하고 실용적인 역사를 획득할 수 있으리라는 사실을 쉽사리 인식할 것이다. 제국의 국토와 토지재산과 관련된 이러한 모든 변화 및 그 원인과 결과를 독일 제국의 개별적인 모든 부분에서 굽어보고, 이를 하나의 대표 저서 안에 통합해 서술하고, 이 저서를 전체적으로 덧칠이나 칼질하지 않고 힘차고 순수하게 저술할 수 있는 높이를 그는 가져야 한다. 하지만 역사가가 그러한 높이에 올라 그의 영역 전체를 완전한 빛 속에서 굽어보기 전에, 가터러[14] 같은 사람이 얼마나 많은 것을 정당하게 요구할 것인가?

그럼에도 불구하고 그러한 저서는 독일인의 지적 재능과 근면성에 적합할 것이며, 노고에 상응하는 대가를 받을 것이다. 왕정으로 민족을 대통합하려는 강력하고 격렬한 성향, 그리고 이러한 성향과 조우하거나 아니면 무너지고 있는 기둥이 편안하게 추락하도록 만들려 하는, 명예를 향한, 또는 우리식으로 말한다면, 자유를 향한 이루 말할 수 없는 노력, 이 두 가지는 사람들에게 경탄과 교훈을 주는 장엄한 연극을 보여줄 것이다. 그러한 저서는 이처럼 양쪽으로 작용하는 힘들과 그것이 가져올 결과에 대한 계산서를 제시할 것이다. 그처럼 수많은 거대한 동기들이 우리를 일깨울 것이고, 우리 민족에게 명예를 가져다줄 것이다. 이러한 동기들은 모든 사람에게 자신의 지역을 조명하도록 자극하여, 위대한 역사가에게서 그 모습을 참된 빛 속에서 드러낼 것이다. 시대의 외양, 모든 헌법과 법률과 (나로서는 이렇게

---

14 가터러(Johann Christoph Gatterer, 1729-1799)는 『일반 역사 총서(*Allgemeine historische Bibliothek*)』(Halle 1767)에서 지리학적이고 연대기적인 관점을 넘어서는 역사서술을 요구하였다. 중요한 것은 사건들의 보편적인 맥락과 그 상호적 제약을 보여주는 일이라는 것이다.

표현하고 싶은데) 고대 언어의 양식이 예술을 사랑하는 사람들에게 만족을 주어야만 할 것이다. 종교와 법학과 철학과 예술과 미학의 역사가 국가의 역사와 불가분의 관계를 맺고, 위에서 언급한 계획과 탁월하게 결합되어야 할 것이다. 대가의 손에서는 이것이 자명한 것이 될 것이다. 모든 예술의 양식은 심지어 리슐리외 공작[15]의 급한 전갈과 연애편지에 이르기까지 서로 어느 정도 관계를 맺고 있다. 모든 전쟁은 그에 고유한 음조를 지니고 있으며, 국가의 정치행위는 종교 및 학문과 결합된 나름의 색채와 의상과 양식을 지니고 있다. 러시아는 일상적으로 우리에게 그 예를 보여주고 있다. 성급한 프랑스의 정신은 국가의 정치행위에 있어서도 낭만적 소설 같은 모습을 보여준다. 사람들은 이런 정신이 광맥을 찾아 땅을 파고들어 가는 모습을 보고 심지어 지하에서도 그것을 알아낼 수 있을 것이다. 역사를 서술하는 사람은 이런 것을 느낄 줄 알고, 그가 필요로 하는 만큼 많은 것을 예술사와 학문사에서 함께 끌어내, 국가의 양상이 변화해온 모습을 설명해야 한다.

베스트팔렌 조약의 역사는 이 조약을 작성한 사람들이 마음에 품고 있던 원칙들에 대한 방대한 지식을 요구한다. 토마시우스[16]를 언급하지 않고, 그리고 그가 얼마나 조심성 없이 자신의 시대를 이성적 사고로 이끌려 하였는가를 알지 못하고는 훗날 공적 정치행위가 나

15 리슐리외(Armand-Jean du Plessis Duc de Richelieu, 1585-1642)는 프랑스의 추기경, 재상을 지낸 프랑스의 정치가. 30년 전쟁에 개입하여 중요한 역할을 하였다.

16 토마시우스(Christian Thomasius, 1655-1728)는 독일의 철학자. 그는 철학적 이론보다 일반 민중의 건전한 사고력의 계발과 사회생활의 안녕과 질서를 목적으로 하는 철학사상을 전개하였다.

아간 방향에 대해 아무것도 설명할 수 없을 것이다. 후반기 전쟁의 양상은 모든 당파들이 그로티우스[17]에 의거하기보다는, 바로 그 직전에 학자들의 세계를 지배하였던 편안한 철학에 기댔다는 사실에서도 잘 나타난다. 그로티우스처럼 역사학, 법학, 철학을 강력하게 결합한 슈트루베[18]가 독일적 사고방식에 열어준 새로운 방향은 국가의 다양한 정치행위들에서도 눈에 띈다. 왕가들의 공적인 신뢰는 그러한 원칙들과 그러한 사람들에 기초하고 있으며, 그들의 이름은 위대한 야전사령관들의 이름과 함께 불리게 될 것이다. 종교적 의견으로 인해 마침내 내전이 발발하여, 그 역사는 국가에 현저한 영향을 끼친다. 자기애의 독선으로 인해 명예와 재산이 희생된다. 모든 시대에 걸쳐 승자는 너무 많은 것을 가져간다. 프랑스에서 그랬던 것처럼 승자는 가톨릭교도와 개신교도들을 자신의 마차에 사슬로 묶는다. … 이렇게 혼합된 것을 손에 쥐고 있지 못한 역사가에게 화가 있으리라! 그리고 그 결과에 제대로 다가갈 수 있는 역량을 지니지 못한 역사가에게도!

17 그로티우스(Hugo Grotius, 1583-1645)는 네덜란드 법학자로서 『전쟁과 평화의 법(*De Jure Belli ac Pacis*)』(1625) 3권에서 자연법적 국제법을 체계화하여 국제법의 아버지라 불린다.

18 다음의 저자와 저서들을 가리킨다. David Georg Strube, *Nebenstunden*, 6 Bde., Hannover 1747-1765; *Rechtliche Bedenken*, 4 Bde., Hannover 1761-1767.

『독일적 특성과 예술에 대하여』 -질풍노도 문예운동의 강령서

■ **해제**

1. 텍스트의 기원, 배경, 역사적 의미

『독일적 특성과 예술에 대하여』는 근대 독일 문화사에서 매우 중요한 의미를 지니는 텍스트이다. 그러나 이 책이 발간된 경위를 돌아보면, 훗날 이 책에 부여된 문화사적 가치와 의미는 여기에 실린 글의 저자들이 예상하지 못했던 의외의 사건이었을 것이다. 그런 의미에서 이 책이야말로 모든 책은 자신의 운명을 지니고 태어난다는 격언의 의미를 실증해 보여주는 예라고 할 수 있다. 이 책에 실린 다섯 편의 텍스트 자체가 원래 특정한 편집 의도나 목표에 따라 집필된 것이 아니라, 각각 다른 동기와 계기에 의해 집필된 이질적인 성격의 텍스트들이 우연한 계기로 하나의 책에 실리게 된 것이다.

1770년에 헤르더는 함부르크에 잠시 체류하는 동안 이곳의 출판업자 보데(Johann Joachim Christian Bode)를 만나 그가 발행하는 잡지 『문학의 특성에 대한 서한(*Briefe über die Merkwürdigkeiten der Literatur*)』에 글을 기고하겠다고 약속한 일이 있었다. 이 문예지는 원래 게르스텐베르크(Heinrich Wilhelm von Gerstenberg)에 의해 슐레스비히에서 발행되어 『슐레스비히 문학서한(*Schleswigsche Literaturbriefe*)』이라는 이름으로 불리고 있었는데, 보데는 1766년에 창간된 이래로 세 차례 발간된 이 잡지의 발행을 게르스텐베르크로부터 넘겨받아, 여기에 글을 기고해줄 필자를 찾고 있었다. 게르스텐베르크와 보데가 발행한 이 문예지의 편집 의도는 그 무렵 북해 너머 영국으로부터 독일로 불어오고 있던 새로운 문예운동의 바람을 독일 땅에 널리 전파하려는 데 있었다.

당시 독일에는 남구 문화와 북구 문화의 근본적 차이와 독일의 북구적 정체성을 강조함으로써 프랑스, 이탈리아 등 남구 문화의 식민 상태에 놓여 있던 독일의 문화상황을 혁신하려는 새로운 문화적 동향이 일어나고 있었다. 당시 독일의 궁정문화는 프랑스의 궁정문화를 수입하고 모방하는 데 급급하였는데, 특히 계몽주의 문예사상을 대표하는 볼테르는 계몽전제군주 시대 독일 궁정문화에 결정적인 영향력을 행사하고 있었다. 18세기 후반부터 독일 북부와 동부 지역 시민계급 지식인들을 중심으로 셰익스피어와 밀턴, 필딩과 스턴, 샤프츠버리, 존슨, 포프, 애디슨 등을 낳은 영국의 시민문화를 수용함으로써, 프랑스 문화의 지배하에 있던 독일의 궁정중심 문화를 혁신하려는 운동이 생겨나기 시작했다. 영국의 시민비극을 수용하여 독일 시민비극을 창시한 레싱, 밀턴의 송가 『실낙원』에 자극을 받아 독일적 송가 『메시아』를 내놓은 클롭슈토크는 그 대표적 예라고 할 수 있다. 이러한 문화적 동향 속에서 독일적 민족문학의 가능성을 모색하는 문예평론운동이 전개되었는데, 레싱이 선구자로서 그 길을 열었으며, 질풍노도 문예운동을 주도한 게르스텐베르크와 헤르더가 그 뒤를 이었다. 1766년에 게르스텐베르크가 『슐레스비히 문학서한』

을 창간하고, 헤르더가 『최근 독일 문학에 대한 단상(*Fragmente über die neue deutsche Literatur*)』을 발표하여 문학평론계의 새로운 총아로 떠올랐던 것은 이러한 시대 상황을 배경으로 하고 있다. 게르스텐베르크에게서 『슐레스비히 문학서한』의 발행을 넘겨받은 출판업자 보데는 스턴, 필딩 등 영국 작가들의 작품을 독일어로 옮긴 번역가이기도 하다. 함부르크를 방문했을 때, 헤르더는 『최근 독일 문학에 대한 단상』을 통해 북구적 독일 민족문학의 가능성을 모색하는 새로운 문예운동의 중심인물로서 괴테를 위시한 독일 시민계급 청년 지식인들의 추앙을 받고 있었다. 보데가 함부르크를 방문한 헤르더를 만나 오시안과 셰익스피어에 대한 글을 자신의 잡지에 기고해달라는 요청을 했던 것은 이런 상황을 배경으로 이루어진 일이었다.

1772년 초로 예정되었던 이 문예지의 발간은 원고 수급의 부족으로 인해 미수로 그치고 말았다. 이를 통해 새로운 문예운동이 위에 언급한 몇몇 선구자들에게만 맡겨져 있어, 텍스트 공급에 한계가 있었던 당시 독일의 문화적 상황을 엿볼 수 있다. 보데는 그 전 해에 헤르더로부터 이미 받아놓았던 오시안에 대한 텍스트만 따로 출판한 후, 헤르더에게 다른 몇 편의 글들을 보완하여 제대로 모습을 갖춘 책을 출간할 수 있도록 해달라고 부탁하였다. 헤르더는 이 부탁을 받아들여 이미 발표된 오시안 원고에 자신이 집필한 셰익스피어에 대한 글, 슈트라스부르크 대성당에 대한 개인적 체험을 바탕으로 고딕 건축양식을 재평가한 괴테의 글, 프리시의 고딕 건축에 대한 글, 뫼저의 『오스나브뤼크의 역사』 서문 중에서 일부분을 발췌한 글을 모아 보데에게 보냈다. 이 책은 1773년에 『독일적 특성과 예술에 대하여-몇 편의 팸플릿(*Von deutscher Art und Kunst-Einige fliegende Blätter*)』이라는 제목으로 간행되었다.

이 책의 초판본에서 발견되는 엉성한 편집과 조잡한 인쇄는 역사적으로 중요한 의미를 지닌 이 텍스트가 얼마나 조급하고 무성의하게 출간되었는가를 보여준다. 특히 초판본의 수많은 오탈자들은 이후 원전비평 텍스트를 편찬하는 과정에서 전문가들에게 많은 노고를 안겨주었다. 그럼에도 불구하고 이 책은 커다란 반향을 불러일으켜, 이후 독일 근대시민문화가 나아갈 새로운 방향을 예시하는 이정표이자 분기점이 되었다. 이 책에 실린 헤르더의 두 편의 글은 독일 땅에 오시안과 셰익스피어 열풍을 불러일으켰다. 헤르더의 글을 통해 고대 켈트족의 시인 오시안을 위시한 옛 민족과 민중들의 시가는 독일 민중의 북구적 영혼을 일깨우는 위대한 모범으로 받아들여졌고, 엘리자베스 시대의 영국 시인 셰익스피어는 북구의 근대를 대표하는 위대한 정신으로서 '독일의 셰익스피어' 출현을 위한 지표가 되었다. 후에 위작으로 판명된 오시안 서사시는 청년기 괴테의 대표작 『젊은 베르테르의 슬픔』에 실려 세계문학에 자취를 남기게 되었다. 괴테의 글 「독일적 건축예술에 대하여」는 고트족의 조야한 취향을 반영하는 양식으로 폄하되어온 고딕 건축이 고유한 가치를 지닌 건축양식으로 새로운 평가와 조명을 받게 되고, 특히 후에 독일 정신을 상징하는 위대한 건축양식으로 숭배되기에 이르는 전기를 마련하였다.

『독일적 특성과 예술에 대하여』는 오늘날 독일 문화사와 문학사 전문가들에 의해 "질풍노도 문예운동의 강령서"(Programmschrift des Sturm-und-Drangs)라는 이름으로 자리매김되고 있다. 이 책에 실린 다섯 편의 텍스트에서 프리시의 글을 제외한 네 편의 텍스트는 프랑스 문화를 찬양하고 모방하는 데 급급했던 당시 독일의 문화 풍토에 대한 단호한 비판, 망각되고 폄훼되어온 독일적인 것의 가치를 재발견하려는 문화적 자의식, 독창적 문화를 창조하는 천재에의 갈망 등, 당시 독일 시민계급 청년 지식인들이 마음에 품고 있던 새로운 문화를 향한 지향이 생생하게 표현되어 있다. 청년기 헤르더와 괴테의 새로운 문예사상, 근대 독일 시민계급의 새로운 역사의식이 표현된 이 책은 이후 독일어권 전역을 휩쓴 질풍노도 문예운동의 시작을 알리는 신호탄이 되었으며, 당시 성립 과정에 있던 근대 독일의 시민문화가 나아갈 방향을 제시하는 이정표 역할을 하였다.

2. 각 텍스트의 기원과 내용

이 책은 헤르더 자신이 집필한 두 편의 글과 괴테, 프리시, 뫼저의 글 각 1편 등 모두 다섯 편의 글로 구성되어 있다. 위에서 언급했듯이 헤르더의 글 두 편 외 세 저자의 글은 다른 계기로 집필되어 이미 다른 곳에서 발표된 것들로서, 헤르더가 보데의 부탁에 따라 책의 모양새를 갖추기 위해 자신의 글 뒤에 덧붙인 것 외에는 여기에 실릴 이유가 없었다. 다시 말해 이 책의 구성은 아무런 필연성 없이 우발적으로 이루어진 것이었다. 그런 이유로 이 책에 실린 텍스트들은 형식과 내용에 있어 상호 연관성을 지니고 있지 않다. 헤르더의 글은 고대 켈트족의 시인 오시안과 근대 영국의 시인 셰익스피어를 다룬 문학평론이고, 괴테와 프리시의 글은 고딕 건축에 대한 서로 다른 입장을 보여주는 텍스트이며, 뫼저의 글은 중세 독일사를 다룬 그의 저서 서문에서 발췌한 것이다.

그러나 헤르더가 볼 때 이 책에 실린 글들은 내적 연관성을 지니고 있었다. 문학, 고딕 건축, 중세사 등 각기 상이한 주제와 내용을 담고 있는 이 글들이 한 권의 책에 묶이게 된 것은, 헤르더가 그 안에서 '독일적인 것'의 원형을 발견하였기 때문이다. 헤르더는 이 텍스트들이 다루고 있는 여러 대상들에서 남구와 분명히 구분되는 북구적 정신과 역사, 궁정문화와 구분되는 민중문화의 정신과 역사를 제시하려 하였다. 그는 북구적·민중적 정신이 표현된 문화적 대상을 통해 시민계급 청년세대의 민족적·문화적 자의식을 고취하려는 의도에서 이 텍스트들을 "독일적 특성과 예술에 대하여"라는 제목으로 함께 묶었던 것이다.

이 책에 실린 텍스트들 중에서 문화사적으로 특별히 중요한 의미를 지니는 것은 헤르더, 괴테, 뫼저에 의해 집필된 네 편의 글이다. 이하에서는 여기에 실린 텍스트들이 생성된 기원과 배경, 그 안에 담긴 내용을 간략하게 소개하고자 한다.

1) 헤르더: 오시안 및 옛 민족의 시가에 대한 편지에서 발췌한 글 모음집

이 텍스트가 처음 집필된 것은 1771년 여름이었다. 이 텍스트 원고는 같은 해 9월에 보데에게 전달되어, 1772년 말에 함부르크에서 별쇄본 형태로 간행되었다. 그러나 텍스트에는 간행연도가 1773년으로 되어 있는데, 이는 인쇄할 당시 예상했던 것보다 출간 시기가 다소 앞당겨진 때문이다. 이후 헤르더는 이 텍스트를 일부 보완하여 『독일적 특성과 예술에 대하여』의 맨 앞에 실었다. 이 책의 편집자 이름셔(H. D. Irmscher)는 슈타이크(Reinhold Steig)가 편찬하여 SWS 5권에 실은 텍스트를 판본으로 삼았다.

이 텍스트에서 헤르더는 오시안을 둘러싸고 당대 유럽에서 벌어진 문학 논쟁을 계기로 민중의 삶과 정신이 담긴 시가에 대한 자신의 견해를 표명하고 있다. 오시안은 아일랜드의 전사이자 시인인 오이신(Oisin)을 가리키는데, 스코틀랜드의 시인 맥퍼슨(James Macpherson)이 1762년 그의 고대 서사시를 발견하여 현대어로 번역했다고 주장하며 『핑갈(*Fingal*)』이라는 제목으로 출간하고, 이어서 다음 해에는 『테모라(*Temora*)』를 내놓음으로써, 오시안이라는 이름이 유럽 전역에 알려지게 되었다. 이 서사시는 커다란 관심과 반향을 불러일으켜 유럽의 초기 낭만주의 운동에 결정적인 영향을 미쳤다. 그러나 이미 당대에 존슨(Samuel Johnson)을 위시한 비평가들로부터 위작이라는 의심을 받아 진위를 둘러싼 논쟁을 불러일으켰다. 처음에 헤르더는 이 서사시가 위작일 리가 없다는 입장에서 출발하였으나, 후에 영국 비평가들의 글을 통해 이 서사시가 위작이라는 것을 알게 되었다.

맥퍼슨은 자신이 게일어 원본을 발견하여 번역했다고 주장했으나, 오랜 논쟁과 연구 끝에, 이 서사시의 일부는 게일어 서사시에 기초한 것이지만, 그 대부분은 맥퍼슨이 영어로 창작한 것을 서툰 게일어로 번역한 것이며, 호메로스와 밀턴의 작품 그리고 성서에서 따온 부분도 있다는 사실이 후에 밝혀졌다. 맥퍼슨이 이처럼 위작 서사시를 발표한 동기 중 하나는 당시 스코틀랜드가 정치적으로 잉글랜드에 완전히 합병된 상황에서, 자신의 동족들에게 민족의식을 고취하기 위한 것이었는데, 이를 위해 그는 아일랜드의 전사 시인 오이신을 스코틀랜드의 시인으로 둔갑시킴으로써, 아일랜드인들의 공분을 사기도 했다.

사실관계를 둘러싼 이러한 역사적 문제점에도 불구하고, 헤르더의 이 텍스트는 독일에 새로운 문학관을 선포하여 독일 민족문학이 생성되는 결정적인 계기가 되었다는 점에서 문화사적으로 중요한 의미를 지닌다. 이 텍스트에서 헤르더는 다양한 민중시가를 소개하고 그 안에 담긴 소박한 정신과 정서, 그리고 이를 담아내는 운율의 가치를 역설하고 있다. 이러한 입장의 연장선상에서 헤르더는 이 텍스트를 발표한 얼마 후에 저 유명한 『민중시가집(*Volkslieder*)』(1778)을 펴냈다. 이러한 작업을 통해 헤르더는 "시가(Poesie)는 인류의 모국어"라는 하만의 사상을 바탕으로 '민중시가'라는 용어와 개념을 도입하였는데, 이는 그 후로 질풍노도와 낭만주의 문학운동이 나아갈 중요한 방향이 되었다.

2) 헤르더: 셰익스피어

이 텍스트 원고는 세 가지 판본으로 전해지고 있다. 첫 번째 판본은 게르스텐베르크가 『문학의 특성에 대한 서한(*Briefe über die Merkwürdigkeiten der Literatur*)』(1766)의 열네 번째와 열여덟 번째 서한에서 셰익스피어에 대해 상술한 견해에 대해 헤르더가 자신의 입장과 사상을 피력하고 있는 서한의 형태로 되어 있다. 두 번째 판본은 1772년 초에 집필된 것으로 추정된다. 이 두 가지 판본은 수고본의 형태로 전해지고 있다. 세 번째 판본은 1773년 1월에 집필되어 『독일적 특성과 예술에 대하여』 초판본에 실린 것이다. 이 책에 실린 텍스트는 라인홀트 슈타이크가 세 번째 판본에 대한 원전비평을 통해 편찬하여 SWS 5권에 실은 텍스트를 따른 것이라고, 이 책의 편집자 이름셔는 밝히고 있다.

이 텍스트에서 헤르더는 프랑스의 비극과 셰익스피어의 비극 중 어느 쪽이 더 우월한가에 대한 평가를 둘러싸고 벌어진 당대의 문학 논쟁에 개입하여 이에 대한 자신의 견해를 피력하고 있다. 이 논쟁은 셰익스피어 문학의 위대한 가치를 옹호하는 측과 이를 비판하는 측 두 진영으로 나뉘어 벌어진 것이었는데, 셰익스피어를 옹호하는 진영은 당시 문학규범의 금과옥조였던 시간, 공간, 줄거리 삼일치의 법칙을 셰익스피어가 지키지 않고 있다는 반대 진영의 비판에 대해 적절한 답변을 내놓지 못하고 있었다. 이 텍스트에서 헤르더는 그리스 비극이 폴리스라고 하는 고대의 소박한 사회체제에 기반을 두고 있는 반면에, 셰익스피어의 비극은 그 규모와 상황이 훨씬 복잡한 근대 국가의 사회체제를 배경으로 하고 있다는 점에서 그 기원이 전혀 다른 별개의 비극이라는 답변을 내놓았다. 이 텍스트에서 헤르더가 주장한 핵심사상은 고대 그리스 비극과 셰익스피어의 비극은 서로 다른 역사적 환경을 배경으로 하고 있는 다른 성격의 비극이므로 같은 잣대로 평가할 수 없다는 것이었다. 여기에서 헤르더는 이러한 설득력 있는 주장을 뒷받침하는 많은 날카로운 통찰을 제시함으로써, 셰익스피어를 옹호하는 진영이 논쟁에서 승리하는 데 결정적으로 기여하였다. 헤르더가 이 텍스트에서 전개하고 있는 문학에 대한 새로운 견해는 이후 헤겔에서 루카치를 거쳐 오늘날에 이르는 역사철학적 미학의 효시라는 점에서도, 문화사적으로 그리고 사상사적으로 중요한 의미를 지닌다.

이 텍스트에서 헤르더는 당대 프랑스 비극이 고대 그리스 비극을 모방한 아류에 불과하며, 이에 비해 셰익스피어 비극은 자신이 살았던 시대의 정신을 표현한 독창적인 문학이라고 평가함으로써, 단호하게 셰익스피어를 옹호하고 있다. 이러한 입장의 배경에는 자신이 살고 있는 시대의 정신을 독창적으로 표현해줄 '독일의 셰익스피어'가 출현하기를 바라는 헤르더의 소망이 자리 잡고 있었다. 이러한 그의 소망은 상당 부분 헤르더의 지적 자극에 힘입어 작품을 창작한 괴테의 문학을 통해 실현되었다고 할 수 있다.

3) 괴테: 독일적 건축예술에 대하여

이 텍스트는 1771년 제젠하임에서 집필을 시작하여 1771년과 1772년에 프랑크푸르트에서 집필되었거나, 아니면 『젊은 베르테르의 슬픔』의 무대인 베츨라에서 탈고된 것으로 추정된다. 이 텍스트는 처음에 다이네트(Johann Conrad Deinet)에 의해 1772년 11월에 (팸플릿에는 1773년으로 인쇄되어 있다.) 프랑크푸르트에서 익명의 팸플릿 형식으로 발표되었다. 그 후 괴테는 헤르더의 요청을 받아들여 이 텍스트를 『독일적 특성과 예술에 대하여』에 실었다.

이 텍스트는 괴테가 슈트라스부르크 대학 시절에 체험한 두 가지 중요한 사건에 그 기원을 두고 있다. 그 하나는 괴테가 이 도시의 대성당을 처음 보고 '계시'를 받은 이래로, 그 의미에 대해 숙고한 체험이고, 다른 하나는 당시 문학과 예술평론 분야의 샛별로 떠오른 헤르더와의 만남이다. 이러한 체험을 토대로 이 텍스트에서 괴테는 규범미학의 잣대로 고딕 양식의 가치를 폄하해온 프랑스와 이탈리아 예술평론가들을 비판하고, 자신이 발견한 이 건축물의 참된 의미와 가치를 열정적인 문체로 옹호하고 있다. 괴테에 따르면 남구의 예술평론가들은 고대 그리스 로마의 건축을 모범으로 삼아 이를 모방하는 것을 건축미학의 원칙으로 삼고 있으며, 이를 토대로 고딕 양식을 고트족의 조야한 취향의 표현으로 평가절하해왔는데, 이러한 견해는 '자연'이라고 하는 모든 예술의 근본 원리를 망각한 어리석음의 소산일 뿐이다. 자연의 본질은 창조력이며, 수많은 이질적 요소들이 함께 어우러져 빚어내는 자연의 창조활동은 외견상 무질서해 보이지만, 내적 연관성과 통일성 안에서 이루어진다는 것, 그리고 위대한 예술 작품은 외적으로 부과된 규칙이 아니라, 창조력이라는 내면의 규칙을 따르는 천재의 소산이라는 것이 이 텍스트에 담긴 괴테의 핵심사상이다. 괴테 청년기의 자연관과 예술론이 열정적으로 표현된 이 텍스트는 독일 땅에 질풍노도의 시대가 곧 도래할 것을 예고하고 있다. 이러한 질풍노도의 정신은 창조에의 열정을 일깨우고, 천재의 물결을 불러일으켜, 독일에 근대 시민문화가 성립하는 계기가 되었는데, 이 텍스트는 그 초기의 기록으로서 중요한 의미를 지닌다. 이 텍스트의 기원, 내용, 역사적 의의에 대한 보다 상세한 서술은 이 책 뒤쪽에 실린 텍스트 연구를 참조하기 바란다.

4) 프리시: 고딕 건축술에 대한 시론

이 텍스트는 고딕 양식을 비판적으로 평가한 이탈리아인 프리시의 글을 독일어로 발췌 번역한 것이다. 이 책의 편집자 이름셔는 프리시의 원본 텍스트(Paolo Frisi, *Saggio sopra l'architettura gotica*, Livorno Coltellini, 1766)를 일부 비교한 람벨(H. Lambel)의 텍스트를 기준 판본으로 삼았다고 밝히고 있다. 이 텍스트의 번역자는 오늘날 알려지지 않고 있다. 헤르더는 『미학과 자유예술 신총서(*Neue Bibliothek der schönen Wissenschaften und der freien Künste*)』(1767) 4권 1부 181쪽에서 이 텍스트에 대해 알게 된 것으로 추정된다.

헤르더는 괴테의 글에 대한 일종의 안티테제로서 이 텍스트를 괴테의 텍스트 다음에 집어넣은 것으로 보인다. 고딕 건축에 대한 괴테의 글 말미에 헤르더는 이 텍스트 다음에 이에 반대되는 입장을 피력하고 있는 텍스트를 싣는다고 밝히고, 그 이유는 "제3의 중간적 입장에 자극을 주기 위한 것"에 있다고 주석을 달고 있다. 실제로 감정이입과 감성적 직관에 의거하여 고딕 건축을 바라보고 있는 괴테의 텍스트와 물리학적이고 수학적인 냉정한 관점에서 고딕 양식의 제 요소를 비판한 프리시의 텍스트는 건축을 바라보는 관점에 있어 테제와 안티테제의 관계를 이룬다. 이 대립적 관점은 예술이론의 역사에서 거듭 충돌해온 규범미학과 천재미학의 근본적 차이를 명료하게 대비하여 보여준다는 점에서 오늘날의 관점에서도 주목할 만한 가치를 지닌다.

5) 뫼저: 독일 역사

이 텍스트는 오스나브뤼크의 역사에 대한 뫼저의 저서(Justus Möser, *Osnabrückische Geschichte, Allgemeine Einleitung*, Osnabrück 1768) 서문을 발췌한 것이다. 이 책의 편집자 이름셔는 뫼저의 저서 초판을 확인할 수 없는 관계로, 다음의 판본을 기준 판본으로 삼았다고 밝히고 있다. *Justus Mösers Sämtliche Werke*, Historisch-kritische Ausgabe in 14 Bde., Mit Unterstützung des Landes Niedersachsen und der Stadt Osnabrück, Hrsg. von der Akademie der Wissenschaften zu Göttingen, Bd. XII, 1, 3. Abteilung; *Osnabrückische Geschichte und historische Einzelschriften*, Bearbeitet von Paul Götsching, Flensburg, *Osnabrückische Geschichte*, Allgemeine Einleitung, 1768, Oldenburg/

Hamburg 1964, 34-44.

뫼저의 이 텍스트는 중세 독일의 토지소유의 역사에 대해 다루고 있다. 이 텍스트는 이 책에 실린 다른 글들과 주제 및 내용에 있어 다소 어울리지 않아 헤르더가 이 텍스트를 여기에 집어넣은 정확한 의도가 무엇인지에 대해 의문을 불러일으켜 왔다. 이 텍스트가 헤르더의 주목을 받아 이 책에 실리게 된 것은, 삶의 구체적인 조건과 밀접하게 관련되어 있는 토지소유의 문제가, 인간의 자유에 대한 계몽주의 시대의 추상적인 자연법사상과 대비되는 관점을 보여주기 때문인 것으로 추정된다. 헤르더는 개인이 전체 안에서 자신의 고유성과 특수성을 인정받지 못하고, 거대한 기계의 특수한 기능을 수행하는 존재로 취급받던 계몽전제군주 시대의 국가관에 커다란 반감을 지니고 있었다. 헤르더는 이러한 그의 입장을 1년 후 발표된 『인류의 교육을 위한 새로운 역사철학』에서 분명하게 표현한 바 있다.

뫼저는 이 텍스트에서 독일 역사의 실체를 토지소유의 문제라는 관점에서 바라보는 입장을 취하고 있는데, 그에 따르면 토지소유의 문제야말로 역사의 "몸체"로서, 이에 비교할 때 기존의 역사서술에서 중시되어왔던 왕조의 역사와 정치체제의 역사는 부차적인 중요성밖에 지니지 않는다. 독일 역사를 토대적 혹은 하부구조적 관점에서 바라보는 이러한 뫼저의 입장은 역사를 연대기적으로 서술하는 기존의 역사서술에서 벗어나, 역사의 전개를 원인과 결과의 연관 속에서 총체적으로 이해하는 가능성을 열어준다는 점에서, 헤르더의 관심을 끈 것으로 보인다. 뫼저의 텍스트를 접하기 전에 『비평총서』에서 헤르더가 이미 "제후의 역사, 황제의 역사, 교황의 역사가 아닌 독일 민족의 역사를 기술해야 한다"고 요구한 일이 있다는 점에서 이러한 추정은 설득력을 지닌다. 뫼저는 또한 이 책에 실린 그의 텍스트 말미에서, 역사의 개별 영역들을 분리해서 다루는 것에 대해 비판하고, 종교, 법제도, 철학, 미학, 예술, 정치 등을 "민족의 정신"(Genie der Nation) 전체와의 상호 관련 속에서 고찰할 것을 요구한 바 있는데, 이것 역시도 헤르더가 『인류의 교육을 위한 새로운 역사철학』 및 「중세 영국과 독일 문학의 유사성에 대하여(Von Ähnlichkeit der mittlern englischen und deutschen Dichtkunst)」에서 피력한 역사관과 일맥상통하는 관점을 보여준다. 이 텍스트는 상당히 높은 수준의 역사의식과 역사이해를 바탕으로 시민계급의 새로운 역사관을 보여주고 있을 뿐만 아니라, 하부구조를 중시하는 마르크스의 유물론적 역사관의 단초를 이미 그 안에 담고 있다는 점에서 오늘날에도 주목할 만한 가치를 지닌다.

「독일적 건축예술에 대하여」 -청년기 괴테의 예술론

■ **텍스트 연구**

1. 텍스트의 기원과 배경

괴테가 1772년에 발표한 「독일적 건축예술에 대하여」는 10쪽이 채 되지 않는 짧은 분량의 텍스트이지만 그 안에 담긴 사상과 그것이 끼친 영향으로 인해 문화사적으로 매우 중요한 의미를 지닌다. 이 텍스트는 그가 슈트라스부르크(스트라스부르) 시절에 겪은 두 가지 중요한 사건에 그 기원을 두고 있다. 하나는 그가 이 도시의 대성당을 처음 보았을 때 받은 '계시'의 체험이고, 다른 하나는 헤르더와의 만남이다. 이와 관련된 경위를 괴테는 자서전 『시와 진실(*Dichtung und Wahrheit*)』에서 여러 차례에 걸쳐 상세하게 전하고 있다.[1] 1770년 괴테는 라이프치히 대학을 다니다가 병을 얻어 중단한 법학 공부를 마무리하기 위해 슈트라스부르크로 간다. 그는 이 알자스 평원의 중심

1 슈트라스부르크 대성당과 관련된 괴테의 언급은 J. W. Goethe, *Dichtung und Wahrheit*. *Goethes Werke* in 14 Bde., Bd. 9, Hamburger Ausgabe, 10. Aufl., München 1982, 356-358, 382-389, 507 이하 참조. 이하에서 이 책에서의 인용은 약어 DW와 그 뒤의 쪽수로 표시한다.

도시에 도착하자마자 도시와 그 주변 경관을 조망하기 위해 도시 중심의 언덕 위에 서 있는 대성당으로 달려간다. 괴테는 대성당과의 이 첫 대면에서 "매우 독특한 인상"(DW 356)을 받았다고 회고하고 있다. 그러나 그는 처음에는 이러한 인상의 이유를 명백히 해명할 수 없어서 일단 모호한 느낌을 가슴에 품고 대성당의 꼭대기로 올라가 앞으로 그가 살게 될 이 아름다운 도시와 주변 풍경을 오랫동안 관찰한다. 다시 아래로 내려와 대성당과 제대로 대면했을 때의 체험을 괴테는 다음과 같이 묘사하고 있다.

> 꼭대기에서 내려와 나는 경탄을 자아내는 이 건축물을 한동안 바라보았다. 첫 대면에서, 그리고 그 이후에도 오랫동안 내가 분명히 이해할 수 없었던 것은 이 경이로운 예술작품의 엄청난 크기를 인지했음에도 불구하고 이것이 질서 정연하고 완전하게 구성된 것으로 파악되어, 나를 놀라게 하기는커녕 오히려 평안한 느낌을 불러일으킨다는 것이었다. 나는 이 모순에 대해 숙고하기보다는 이 놀라운 기념물이 그 현존을 통해 조용히 내게 영향을 미치도록 내버려두었다.(DW 357f.)

그 후 괴테는 "도시에서나 주변 농촌에서나 항상 눈에 띄는 이 경이로운 성당 건물"(DW 382)을 틈만 나면 찾아가 그것이 주는 인상을 마음에 되새기고 건축물 전체와 세부를 관찰함으로써 그가 느낀 모순의 실체를 해명하려 하였다. 괴테에게 있어 이 과정은 계시를 체험하고, 이 계시의 의미를 점차로 이해해나가는 종교적 체험과 유사한 성질의 것이었다. 괴테 자신도 슈트라스부르크 대성당에 대한 자신의 체험을 "새로운 계시"(DW 385)였다고 술회하고 있다. 슈트라스부르크 시절 괴테는 이 계시의 의미를 이해하기 위해 이 건축물을 탐구하는 일에 많은 시간과 노력을 바쳤다.

> 탐구하면 할수록 나는 그만큼 더 경탄에 빠졌다. 측량과 스케치에 매달려 몸이 지칠수록 그만큼 나의 애착은 더 커져갔다. 그리하여 나는 한편으로는 내 앞에 서 있는 것을 연구하고, 다른 한편으로는 빠져 있는 것, 완성되지 않은 것, 특히 탑을 머릿속에 그려보고 종이 위에 재현하는 데 많은 시간을 바쳤다.(DW 386)

괴테가 이 건축물을 얼마나 철저하게 관찰하고 연구하였는가는 그가 슈트라스부르크 시절 이후 40여 년이 지나 집필한 그의 자서전에서 이 건축물의 전체 구조는 물론 세부 장식에 이르기까지 대부분 기억에 의존하여 세밀하게 묘사하고 있는 것에서 확인된다.[2] 괴테는 이 건축물의 공간적 구조뿐만 아니라 시간적 변화에도 주의를 기울여 아침시간에서 저녁시간에 이르기까지 이 대성당이 주는 인상이 어떻게 달라지는가도 관찰한다. 이처럼 오랜 시간에 걸친 철저한 관찰과 연구를 통해 괴테는 그가 대성당에서 체험한 계시의 비밀이 전체와 부분 사이의 완전한 조화에 있다는 것을 점차로 인식한다.

고딕 양식의 건축물에서 괴테가 완전한 조화를 발견한 것은 당대 예술의 상식과 취향에 완전히 어긋나는 것일 뿐만 아니라, 괴테 자신

2 자서전 『시와 진실』에서 괴테는 슈트라스부르크 대성당의 전체 구조와 세부 장식이 어떻게 연관되어 있는가를 네 쪽 분량에 걸쳐 상세하게 묘사하고 있다. DW 382-386 참조.

에게도 생소한 체험이었다. 부조화하고 불균형하고 그로테스크한 거대함이 르네상스 이래 당시까지 고딕 양식의 특징을 규정하는 데 따라붙는 단어들이었다. '고딕식'(gothisch)이라는 단어 자체가 고트족의 야만적인 취향이 표현된 양식이라는 뜻에서 붙여진 것이었다.[3] 라이프치히 시절 예술과 건축에 대해 상당한 지식과 소양을 쌓았던 괴테는 고딕 건축에 대한 당시의 일반적인 견해를 잘 알고 있었으며, 그동안의 경험을 통해 그러한 평가를 정당한 것으로 받아들이고 있었다. 그러나 그는 슈트라스부르크 대성당을 처음 대면한 순간 기존의 고딕 건축에서는 느끼지 못한 '독특한 인상'을 받았으며, 이를 계기로 고딕 건축에 대한 새로운 미학적 평가의 문을 열게 되었던 것이다.

> 고딕 건축을 비난하는 사람들 속에서 자라난 나는 과도하고 혼란한 장식에 혐오감을 지니고 있었다. 이런 장식들은 그 자의성을 통해 종교적인 음울한 특징을 지극히 불쾌한 것으로 만들었다. 게다가 나는 훌륭한 균형이나 순수한 일관성이 결여된 영혼이 없는 것들만 보아왔기 때문에 이런 종류의 건축에 대한 나의 반감은 더욱 강화되었다. 그러나 여기에서는 그런 비난할 만한 것들이 전혀 눈에 띄지 않았고, 오히려 그와 반대되는 것이 나타남으로써 나는 새로운 계시를 체험하였다.(DW 385)

괴테는 이 계시체험의 실체를 규명하려는 오랜 노력 끝에 부분과

3 고딕이라는 명칭을 이처럼 폄하적인 의미로 처음 사용한 사람은 이탈리아 르네상스 시대의 저명한 예술사가이자 화가, 건축가였던 바사리(Giorgio Vasari, 1511-1574)였다.

전체, 다양성과 통일성의 완전한 조화가 그 안에 감추어진 비밀스러운 내용이라는 결론에 도달했다.[4] 괴테가 여기에서 말하고 있는 조화는 고대 그리스 로마의 건축이나 르네상스 건축의 특징을 설명하기 위해 사용되는 고전주의 미학의 조화 개념과는 다른 성질의 것이었다. 고전주의 미학에서 말하는 건축의 조화는 기하학적 안정감을 의미하며, 이는 균질적인 요소들을 균형과 비례의 원리에 입각하여 질서 정연하게 배치하는 데에서 생겨나는 효과이다. 이러한 의미에서의 조화 개념을 고딕 건축의 특징을 설명하는 데 사용할 수 없음은 물론이다. 괴테의 이 텍스트가 나오기 전까지 고딕 건축의 가치가 폄하되었던 것은 바로 그 때문이다.

괴테가 슈트라스부르크 대성당에서 관찰한 조화의 본질은 수많은 이질적 요소들이 어우러져 빚어내는 다양성 속의 통일이라는 말로 요약될 수 있다. 이러한 조화 개념은 프랑스와 이탈리아에 의해 대표되는 남구의 합리주의적 세계관과 의고주의적 예술관에는 낯선 것이었다. 괴테의 새로운 조화 개념의 배경에는 당시 독일 시민계층의 젊은 지식인들에게서 태동한 '질풍노도' 문예운동의 세계관과 예술관이 자리 잡고 있다. 자연의 본질은 창조력이며, 수많은 이질적 요소들이 함께 빚어내는 자연의 창조활동은 외견상 무질서해 보이지만 내적 연관성과 통일성 안에서 이루어진다는 것, 그리고 위대한 예술작품은 외적으로 부과된 규칙이 아니라 창조력이라는 내면의 규칙을 따르는 천재의 소산이라는 것이 이 시기 세계관과 예술관의 핵심사

4 DW 384 참조.

상이다.

질풍노도 문예운동의 이론적 지도자는 헤르더였다. 괴테가 슈트라스부르크에 온 해인 1770년에 헤르더가 1년여에 걸친 유럽 여행 끝에 눈병 치료차 이곳에 왔다. 괴테보다 다섯 살 위인 헤르더는 당시 이미 문예평론가로서 명성을 확립하였으며, 특히 청년 지식인들에게 커다란 인기를 누리고 있었다. 그의 자서전에서 괴테는 "헤르더가 이 도시에 도착했다는 소식을 듣자마자 이곳 사회는 그에게 다가가려는 열망으로 들끓었는데, 내가 그 행운의 주인공이 되었다"(DW 402)고 보고하고 있다. 헤르더가 슈트라스부르크에 머무는 동안 이 두 사람은 문학과 예술을 비롯한 당대의 거의 모든 문제들에 대해 많은 이야기를 나누었으며, 특히 헤르더의 문예사상은 청년 괴테에게 결정적인 영향을 미쳤다. 이후로 이 두 사람은 각각 이론과 창작의 분야에서 질풍노도 문예운동을 이끄는 쌍두마차가 되어, 독일에 시민문화가 뿌리내리는 데 결정적인 공헌을 하였다. "헤르더를 알게 되고 이후 가까운 관계를 맺게 된 것은 내게 더없이 중대한 결과를 가져다준 지극히 중요한 사건이었다"(DW 402)고 괴테는 회고한 바 있는데, 이 두 사람의 만남은 괴테 개인뿐만 아니라 독일 문화사에도 "더없이 중대한 결과를 가져다준 지극히 중요한 사건"이 되었다.

당시 헤르더는 유럽 여행 중에 구상한 것들을 하나씩 실행에 옮겨, 『언어의 기원에 대하여(*Abhandlung über den Ursprung der Sprache*)』(1772), 『독일적 특성과 예술에 대하여(*Von deutscher Art und Kunst*)』(1773)에 실린 오시안과 셰익스피어에 대한 두 편의 논문, 『인류의 교육을 위한 새로운 역사철학(*Auch eine Philosophie der Geschichte zur Bildung der Menschheit)*』(1774) 등 초기의 대표적 저작들을 준비하고 있었다.[5] 괴테 또한 창조에의 열정에 사로잡혀 파우스트, 괴츠 폰 베를리힝엔 등 독일 역사 속의 인물들을 소재로 한 문학작품을 구상하고 있었다. 이러한 상황은 슈트라스부르크 시절을 끝내고 자신의 집필구상을 실천에 옮기던 시기에 대한 괴테의 다음과 같은 회고에서 분명히 확인된다.

> 『파우스트』는 이미 어느 정도 진척되어 있었다. 『괴츠 폰 베를리힝엔』은 내 정신 속에서 점차로 구축되어 가고 있었다. 15세기와 16세기에 대한 연구가 나를 사로잡았다. 저 대성당이 내게 매우 깊은 인상으로 남아 있었는데, 이 건축물은 그러한 문학작품들의 배경으로 잘 어울리는 것이었다. 나는 저 건축에 대해 생각하고 상상했던 것을 글로 옮겼다.(DW 507)

괴테가 「독일적 건축예술에 대하여」를 집필한 근본 동기는 애국심과 천재예찬에 있었다. 이 두 가지는 질풍노도 문예운동의 근본 동기이기도 했다. 질풍노도 문예운동은 독일의 시민계급 청년 지식인들이 당시 문화적으로 프랑스의 식민지 상황 속에 놓여 있던 조국에 주체적 자아의식을 불러일으키려 한 일종의 문화적 독립운동이었

---

5 헤르더는 독일 근대문화와 문학에서 그가 차지하고 있는 중요한 위치에도 불구하고 오랫동안 국내에 제대로 소개되지 않았다. 최근에 들어와 그의 초기의 중요한 저서들인 『1769년 여행일지』, 김대권 역, 인터북스 2009; 『언어의 기원에 대하여』, 조경식 역, 한길사 2003; 『인류의 교육을 위한 새로운 역사철학』, 안성찬 역, 한길사 2011 등이 번역 소개되었다.

다. 이 운동은 프랑스의 궁정문화와 이를 모방하고 있던 독일의 궁정문화에 대한 비판이라는 이중의 투쟁방식으로 전개되었다. 헤르더가 남구의 정신에 대비되는 북구의 정신을 강조하면서 오시안과 셰익스피어를 그 모범으로 제시하였던 것이나, 규범미학에 입각한 궁정문화에 대항하여 천재미학에 입각한 민중문화를 새로운 가치로 내세웠던 것은 바로 그러한 정신의 발로였다. 이러한 입장에서 헤르더는 "모든 구슬이 각기 중심점을 지니고 있듯이 모든 민족은 자체에 행복의 중심을 지니고 있다"[6]고 선언하고, 모든 시대의 모든 민족은 자신의 영혼을 자신의 언어로 노래한 천재를 배출하였으며, 민중의 노래인 민요야말로 바로 이 천재의 표현이라고 설교하였던 것이다. 괴테의 「독일적 건축예술에 대하여」는 헤르더의 이러한 질풍노도 문예사상을 슈트라스부르크의 고딕식 대성당에 적용한 것이라 할 수 있다. 이는 자신의 글에 대한 괴테의 다음과 같은 언급을 통해 뒷받침된다.

> 나는 이 건축물이 옛날 독일 땅에 세워졌고, 또 진정한 독일의 시대에 이토록 훌륭한 모습을 갖추게 되었다는 것을 알게 되었을 뿐만 아니라, 검소한 묘비에 적힌 건축가의 이름도 조국의 음향과 어원을 지니고 있었기 때문에, 이 예술작품의 가치에 고무되어 '고딕 건축양식'이라는 모욕적인 말을 '독일적 건축예술'로 개칭하고, 이것을 우리 국민의 것으로 볼 것을 요구하고자 했다. 그래서 나는 이러한 나의 애국심을 처음에는 말로 이야기했고 후에는 에르빈 슈타인바흐에게 바치는

6 『인류의 교육을 위한 새로운 역사철학』, 74쪽.

소논문으로 발표했다.(DW 386)

괴테는 1771년 제젠하임 시절에 이 글의 집필에 착수한 후 고향 프랑크푸르트에 돌아가 좀 더 진척시키고 『젊은 베르테르의 슬픔』의 무대인 베츨라에서 탈고한 것으로 추정된다. 슈트라스부르크 대성당 앞에서 '계시'의 체험을 한 후 집필을 완료할 때까지 2년여의 세월이 걸렸던 것이다. 괴테는 이 글을 1772년 11월에 소책자로 발표하였다. 그 다음 해인 1773년에 괴테는 헤르더의 권유에 따라 이 글을 헤르더가 편찬한 『독일적 특성과 예술에 대하여』에 실었다. 후에 "독일 질풍노도 운동의 강령서"[7]로 불리게 된 이 역사적인 책을 통해 괴테의 이 글은 세상에 널리 알려지게 되었다. 지금까지 살펴보았듯이, 괴테의 이 글은 그의 초기 드라마와 초기 서정시 그리고 그를 세계적 작가의 반열에 오르게 한 『젊은 베르테르의 슬픔』 등에 그려진 질풍노도의 정신 속에서 집필된 것으로서, 이러한 생성과정을 고려할 때 이 텍스트는 질풍노도 시기 괴테의 문예사상이 집약된 예술론이라고 평가할 수 있다.

---

7 "Programmschrift der deutschen Sturm-und-Drang-Bewegung". H. D. Irmscher, Nachwort, in: Herder u. a., *Von deutscher Art und Kunst-Einige fliegende Blätter*, Hrsg. von H. D. Irmscher, Stuttgart 1999, 163.

2. 텍스트의 내용과 형식

그의 자서전에서 괴테는 이 텍스트의 성격을 "소논문"(Aufsatz)(DW 386)이라고 하였지만, 후대의 연구자들은 이것을 '찬가' 혹은 '랩소디'라고 부르고 있다.[8] 이 텍스트는 다섯 개의 장으로 구성되어 있다. 이하에서는 각 장의 내용과 그 안에 담긴 사상 그리고 문체의 특징을 살펴보고자 한다.

이 글의 첫 장은 슈트라스부르크 대성당이라는 "더없이 훌륭한 기념비"(DB 7)를 세운 건축가 에르빈 슈타인바흐에 대한 예찬으로 시작된다. 괴테는 에르빈 슈타인바흐를 "구름 위로 산을 쌓아 올린 건축가", "바벨탑의 구상을 영혼에 품은"(DB 7) 건축가에 비유하고, 그가 세운 건축물을 "완전하고 위대하며 그 가장 작은 부분에 이르기까지 필연적으로 아름다운 신의 나무들"(DB 7)과 비교함으로써 그에게 최대의 찬사를 보낸다.

두 번째 장에서 괴테는 건축예술에 대한 자신들의 잣대를 가지고 슈트라스부르크 대성당의 고딕 양식을 폄하해온 프랑스와 이탈리아의 예술평론가들을 비판한다. 괴테에 따르면 이들은 고대 그리스 로마의 건축을 모범으로 삼아 이를 모방하는 것을 건축미학의 원칙으로 삼고 있는데, 이는 "어울리지 않는 것과 불필요한 것을 경멸하고 미워하는 어머니 자연"(DB 8)이라는 모든 예술의 근본 원리를 망각

---

8 그 대표적인 예로는 Ernst Beutler, *Goethes Hymnus "Von deutscher Baukunst". Entstehung und Wirkung*, München 1943(Freies Deutsches Stift. Vorträge und Schriften 4); Norbert Knopp, *Zu Goethes Hymnus "Von deutscher Baukunst"*, DVjs. 53, 1979, 617-650.

한 어리석음의 소산일 뿐이다.

> 그대들은 고대의 거대한 유물 주위를 기어 다니며 비례를 구걸하고, 신성한 잔해들을 주워 모아 정자를 짓고, 거대한 건축물을 정확히 계산하여 설명할 수 있다는 이유만으로 예술의 비밀의 수호자로 자처한다. 그대들이 측량하기보다 마음으로 느꼈다면, 그대들이 경탄하는 건축물의 정신이 그대들을 찾아왔다면, 그대들은 단순히 고대인들이 그렇게 했으며 그것들이 아름답다는 이유만으로 그것을 모방하지는 않았을 것이다. 그랬다면 그대들은 필연적이고 진실한 계획을 세웠을 것이고, 그로부터 살아 있는 미가 형성되어 샘솟아 나왔을 것이다.(DB 8)

괴테는 고대의 건축을 계산하고 측량하여 이를 단순히 모방하는 남구의 기하학적 미학과 규범미학 대신에 진실한 자연을 마음에 느끼고 이로부터 새로운 것을 형성해낼 것을 요구하는 감수성의 미학과 천재미학을 예술의 새로운 가치기준으로 내세우고 있다.[9] 괴테의 천재미학은 헤르더, 그리고 그로부터 소개받은 하만에게 그 기원을 두고 있다.[10] 하만의 사상에 입각하여 헤르더는 고대의 호메로스와

---

9 「독일적 건축예술에 대하여」에 나타난 괴테의 천재사상에 대해서는 Jochen Schmidt, *Die Geschichte des Genie-Gedankens in der deutschen Literatur. Philosophie und Politik 1750-1945*, Bd. 1, Darmstadt 1985, 193-196 참조.

10 하만은 그의 주저 『소크라테스 회상록(*Sokratische Denkwürdigkeiten*)』에서 천재사상을 전개하였다. 쾨니히스베르크 시절 하만과 알게 되어 그로부터 커다란 정신적 감화를 받은 헤르더는 괴테에게 그의 천재사상을 소개하였는데, 이는 괴테의 질풍노도 시기 문학과 예술론에 커다란 영향을 미쳤다. Johann Georg Hamann, *Sokratische Denkwürdigkeiten*, Amsterdam 1759.

소포클레스, 그리고 근대의 셰익스피어 등을 그 민족의 진실한 영혼을 표현한 위대한 시인이자 독창적인 천재로서 높이 평가하였다. 그러나 그는 당대의 프랑스 문학과 문예이론은 고대의 아류에 불과하다고 하여, 그 가치를 인정하지 않았다. 괴테가 당대 프랑스와 이탈리아의 건축과 예술론을 비판하고 슈트라스부르크 대성당에 구현된 고딕 건축의 아름다움을 예찬한 것은 헤르더의 그러한 문예사상을 건축미학에 적용한 것이라 할 수 있다.

규범미학에 대한 비판에 뒤이어 괴테는 북유럽의 고딕 건축과 남유럽의 고전 건축의 차이를 야만적 취향과 고상한 취향이라는 기존의 가치평가가 아니라, 기후와 풍토의 차이라는 문화상대주의적 관점에서 설명한다. 그 요지는 맑고 따스한 하늘 아래 세워진 고대 그리스 건축은 당연히 개방적인 형태를 취하게 되며, 따라서 기둥들이 가장 중요한 건축요소였던 데 반해, 습하고 추운 북구의 하늘 아래서는 건축이 외부에 폐쇄적인 형태를 취하게 되므로, 벽면이 건축의 가장 중요한 요소일 수밖에 없다는 것이다.[11] 따라서 "벽면이 점점 더 확장되어, 더 과감하게 하늘을 향해 솟아오를수록 그 단조로운 형태가 우리의 영혼을 억누를 수밖에 없다"(DB 10). 바로 이것이 대부분의 고딕 건축이 불균형하고 부조화한 느낌을 주는 이유이다. 그

11 괴테의 이러한 논리는 문명과 야만의 구분을 정당화하는 이론으로 사용되어온 전통적인 풍토이론을 문화적 상대주의를 뒷받침하는 이론으로 전환시킨 헤르더의 새로운 풍토이론과 연결된다. 이에 관한 상세한 논의는 G. L. Fink, *Von Winckelmann bis Herder. Die deutsche Klimatheorie in europäischer Perspektive*, in: *Johann Gottfried Herder 1744-1803*, Hrsg. von G. Sauder, Hamburg 1987, 그리고 『인류의 교육을 위한 새로운 역사철학』, 213쪽 이하에 보론으로 실린 안성찬, 「풍토이론과 역사철학」 참조.

러나 에르빈 슈타인바흐라는 천재가 나타나 수많은 다양한 요소들로 구성된 거대한 벽면이 함께 조화를 이루며 하늘을 향하게 함으로써 슈트라스부르크 대성당에 "숭고하고 드넓게 펼쳐진 신의 나무와 같은"(DB 10) 새로운 차원의 미를 구현했다는 것이다.

세 번째 장에서 괴테는 그가 대성당과의 첫 대면에서 경이로움을 느낀 후 가까운 곳과 먼 곳에서 그리고 낮과 밤의 시간적 추이에 따라 이 대성당을 관찰하면서 받은 계시체험에 대해 서술하고 있다. 처음 대성당으로 갈 때만 해도 "풍문에 따라 전체의 조화와 형식의 순수성을 존중하여, 고딕 장식의 혼란스러운 자의성에 대한 단호한 적"이었으며, 고딕이라는 단어 아래 "불명료한 것, 무질서한 것, 부자연스러운 것, 주워 모은 것, 기워 만든 것, 과장된 것"을 떠올렸던 그가 "성당 앞에 섰을 때 예기치 못한 느낌에 놀란" 이래로 "천상적이면서 동시에 지상적인 환희를 맛보기 위해, 그리고 선조의 거인적인 정신을 그 작품 속에서 파악하기 위해 자주 그곳으로 달려가게 되었다"(DB 10, 11)고 괴테는 술회하고 있다.

이어지는 대성당에 대한 서술은 객관적 관찰에 대한 보고라기보다는, 그가 대성당과 함께 밤을 맞이하고 또 아침에 눈을 뜨면서 나눈 완전한 교감을 표현한 산문시에 가깝다. 저녁에서 아침에 이르기까지 그는 대성당과 교감을 나누고, 심지어 이 대성당을 건축한 "위대한 장인의 정신"(DB 11)이 예감 속에 그에게 계시되는 체험을 한다. 이를 통해 괴테는 이 건축가가 원래 계획한 대성당의 완성된 모습을 머릿속에 완전히 재현할 수 있게 된다. 감상적이고 시적인 표현으로 인해 모호하기는 하지만 괴테가 대성당을 오랫동안 연구하고 관찰한 끝에 내린 결론은 대략 다음과 같은 것이다. 전체와 부분, 통일성과 다양성, 육중함과 경쾌함, 정태성과 운동성의 완전한 조화가 이 건축물의 근본적 특징으로서, 저녁이면 모든 부분들이 중력의 방향으로 결집하여 정태적인 육중한 덩어리가 되고, 아침이 되어 빛을 받으면 모든 부분들이 하늘을 향해 경쾌하게 함께 솟아오르는 것처럼 느껴지는 것이 이 건축물이 지닌 경이로운 조화로움의 비밀이라는 것이다.

네 번째 장에서 괴테는 선조들이 물려준 유산의 위대성을 독일의 학자들이 인식하지 못하고, 프랑스와 이탈리아의 예술이론에 기대어 에르빈 슈타인바흐의 뛰어난 건축을 '고딕'이라는 용어로 폄하하는데 분노를 표시한다. 그는 이 양식을 "독일적 건축예술, 우리의 건축예술"(DB 12)로 부를 것을 제안한다. 더 나아가 그는 "이탈리아인에게는 자랑할 만한 건축물이 없고, 프랑스인들은 더더욱 그러하다"(DB 12)고 주장한다. 헤르더가 프랑스 문학이 고대를 모방한 아류에 불과하다고 폄하했듯이, 이탈리아와 프랑스의 건축도 고대를 단순히 모방했을 뿐 독창적인 것을 내놓지 못했다는 뜻이다. 이러한 주장을 뒷받침하기 위해 괴테는 고대 그리스 로마를 모범으로 삼는 고전주의적 규범미학을 대체할 근대 미학의 새로운 원리를 제시한다. 이것을 그는 "개성적 예술"(DB 13)이라고 부르고 있는데, 이 용어는 이후 괴테 시대의 문학과 예술이 고대와 구분되는 자신의 새로운 역사적 정체성과 새로운 창작의 원리를 모색하는 과정에서 매우 중요한 역할을 하게 된다.[12]

---

12 이에 관한 상세한 논의는 Peter Szondi, *Poetik und Geschichtsphilosophie I*, 5. Aufl., Frankfurt a.M. 1991, 34, 36, 111, 128, 169 참조.

그러나 그리스 로마의 고전예술을 보편적 규범으로 인정하지 않는다고 해서 개성적인 예술이 결코 자의적인 것을 용인하는 것은 아니다. 괴테는 고전주의적 규범미학에서 아름다움의 기준으로 삼고 있는 '비례'를 개성적인 예술에도 요구한다. 하지만 괴테가 여기에서 말하고 있는 비례는 기하학에 의거한 외적 비례가 아니라 천재의 창조력에서 생겨나 느낌으로만 확인되는 내적 비례라는 점에서 기존의 비례 개념과 구분된다. 이러한 비례를 괴테는 "유일하게 아름답고 영원한 비례, 그 주된 화음은 증명할 수 있지만 그 비밀은 오직 느낄 수 있을 뿐인 비례, 오로지 신과 같은 천재의 생명만이 그 안에서 지복의 선율에 맞춰 춤추는 비례"(DB 13)라고 표현하고 있다. 이어서 괴테는 에르빈 슈타인바흐가 슈트라스부르크 대성당에서 구현한 아름다움의 비밀이 바로 그러한 비례에 있다고 하면서, "에르빈이 오른 그 단계로부터 아무도 그를 끌어내리지 못할 것"(DB 14)이라고 이 천재 건축가를 찬양한다.

이 글의 마지막 장은 외래문화의 범람으로 인해 천재의 독창성이 질식되고 있는 당대의 상황에 대한 비판으로 시작된다. "우리의 시대는 천재의 창조력을 도외시하고, 자신의 자식들을 여기저기로 내보내 외국에서 생겨난 것들을 주워 모으도록 함으로써 그들을 타락시킨다"(DB 14)고 괴테는 한탄한다. 그리고 외래 취향으로 분칠을 하여 여인들의 눈길을 사로잡는 "꼭두각시 화가"(Puppenmaler)보다 그들이 야유하는 "남성적인 알브레히트 뒤러"(männlicher Albrecht Dürer)를 자신은 더 높이 평가한다고 하며 문화적 주체성을 촉구한다(DB 14). 이어서 괴테는 아무리 뛰어난 교육자도 천재의 창조력을 길러낼 수 없으며, 이것은 오로지 자연만이 할 수 있는 일이라고 지적한다. 끝으로 괴테는 "비례를 보는 날카로운 눈을 타고나 거리낌 없이 형상에 자신을 시험해보는 소년"(DB 15)에 천재를 비유하면서 "그가 신들의 축복을 프로메테우스보다 더 많이 지상으로 가져오리라"(DB 15)[13]는 기대로 글을 맺고 있다.

위의 인용문들에서 예시되듯이 괴테의 이 예술론은 격정적이고 시적인 표현으로 가득 차 있어 전형적인 질풍노도의 문체를 보여준다. 이 글이 논문이라기보다 찬가 혹은 랩소디로 불리는 것은 그 때문이다. 문제는 객관적 서술보다 주관적 표현이 두드러진 이러한 문체적 특징으로 인해 이 글에 담긴 사상을 파악하기가 쉽지 않다는 것이다. 후에 괴테 자신도 이러한 문제점을 의식하여, 원래 이 글에 담긴 사상은 매우 명료한 것이었는데, 문체 때문에 논지가 흐려졌다고 자서전에서 자인하고 있다. 그는 이 글에 담긴 자신의 견해를 다음 두 가지로 요약하고 있다.

> 첫째로 내가 목표로 하였던 것은 이 건축을 고딕식이 아니라 독일적이라고 부르자는 것, 외국의 것이 아니라 조국의 것으로 여겨야 한다는 것이었다. 둘째로 이 건축은 전혀 다른 원리로부터 생겨난 것이므로 이것을 그리스와 로마의 건축과 비교해서는 안 된다는 것이었다.(DW 507f.)

이어서 괴테는 이러한 논지를 보다 명료하고 평이한 문체로 서술

---

13 "mehr als Prometheus leit' er die Seligkeit der Götter auf die Erde".

하였다면 그의 글이 보다 일찍부터 광범위한 영향을 미칠 수 있었을 것이라고 애석해하고 있다. 그리고 그가 이처럼 질풍노도의 문체로 이 글을 집필하게 된 것을 하만과 헤르더의 영향 탓으로 돌리고 있다. "하만과 헤르더의 예에 오도되어, 이처럼 매우 명료한 사상과 관찰을 기묘한 어구들의 먼지구름으로 덮어버리고, 내게 비추어진 빛을 나 자신과 다른 사람들에게 어둡게 만들었다"(DW 508)[14]는 것이다. 60대의 괴테가 20대에 쓴 자신의 글에 대해 이런 평가를 내리고 있는 것은 나름의 의미를 지니는 것이지만, 과연 인생의 한 시기에 쓴 글에서 사상과 문체를 따로 분리할 수 있을 것인가는 의문이다. 오늘날의 관점에서 볼 때 이 텍스트는 그 안에 담긴 사상뿐만 아니라 문체까지도 질풍노도 시기의 문화사적 기록으로서 그 자체로 의미를 지닌다고 보아야 할 것이다.

3. 텍스트의 영향과 의의

괴테의 「독일적 건축예술에 대하여」는 무엇보다도 이탈리아 르네상스 시대 이래로 통용되어온 고딕 양식에 대한 부정적 평가, 즉 이 양식이 고트족의 조야하고 야만적인 취향을 반영하고 있다는 고정관념에 종지부를 찍고, 이것을 새로이 평가하는 전환점을 마련한 텍스

14 "so aber verhüllte ich, durch Hamanns und Herders Beispiel verführt, diese ganz einfachen Gedanken und Betrachtungen in eine Staubwolke von seltsamen Worten und Phrasen, und verfinsterte das Licht, das mir aufgegangen war, für mich und andere".

트로서 역사적 의미를 지닌다. 괴테 자신도 이 텍스트가 이루어낸 업적에 상당한 자부심을 표명한 바 있다. 이 청춘기의 텍스트를 발표한 지 50여 년이 지나 괴테는 같은 제목의 글[15]을 1823년에 다시 발표하는데, 여기에서 그는 그 사이에 고딕 건축에 대한 평가가 어떻게 변했는가에 대해 다음과 같이 보고하고 있다.

> 이 건축물은 수 세기 동안 대부분의 사람들에게 별다른 인상을 주지 못하고 그저 낡은 유물처럼 그 자리에 서 있었는데, 그 이유는 매우 잘 설명될 수 있다. 이에 반해 이에 대한 감각이 다시 깨어난 지난 얼마간의 시기에 그 영향력은 얼마나 강력했던가? 남녀노소를 불문하고 그러한 인상에 압도되고 매혹되어 반복된 관찰, 측정, 모사를 통해 그것에서 활력과 감동을 얻을 뿐만 아니라, 앞으로 지어 사용할 건물에 이 양식을 실제로 적용해 그 안에서 조상들처럼 느끼는 행복을 발견했다.[16]

하지만 괴테가 그의 새로운 건축예술론을 통해 이루어낸 업적은 완전한 성공은 아니었다. 고딕 건축양식이라는 원래 모욕적인 용어를 '독일적 건축예술'로 개칭하려 하였던 그의 의도는 후대에 받아

---

15 J. W. Goethe, Von deutscher Baukunst, *Goethes Werke* in 14 Bde., Bd. 12, a. a. O., 177-182. 이 글은 브레슬라우의 독문학자이자 고대 연구가인 뷔싱(Johann Gustav Büsching)이 1824년에 간행한 잡지 『예술과 고대(*Über Kunst und Altertum*)』에 괴테의 젊은 날의 글을 다시 게재하고 싶다고 요청하자, 이를 받아들여 그 서문으로 쓴 것이다.

16 위의 책, 178.

들여지지 않았기 때문이다. 괴테 이후 고딕 건축에 대한 예술론을 전개한 중요한 인물인 아우구스트 빌헬름 슐레겔과 프리드리히 슐레겔 등은 '독일적'(deutsch) 대신에 '고딕식'(gothisch)이라는 용어를 그대로 사용하여 이후 이것이 공식 명칭으로 굳어졌고, 특히 프리드리히 슐레겔은 고트족이 지배한 영역이 유럽의 동쪽 끝에서 서쪽 끝에 이르기 때문에 이 양식을 독일 땅에 국한시키는 괴테의 제안은 역사적 사실에 부합하지 않는다는 정당한 반론을 제기하기도 했다.[17] 하지만 괴테는 그의 제안을 끝까지 철회하지 않았다. 그가 젊었을 때 쓴 글과 같은 제목의 글을 다시 한 번 쓴 것도 예술사가들의 동의를 구해 자신의 제안을 관철하려는 노력의 일환이었다. 이러한 노력은 몇몇 사람의 동의를 구하는 작은 성과만 거두는 데 그쳤다. 그러나 적어도 이 양식에 대한 부정적 평가가 불식되어, 고딕이라는 용어가 원래 모욕적인 의미를 담고 있다는 것이 오늘날 역사적 에피소드로만 남게 되었다는 점에서 괴테의 원래의 의도는 실현되었다고 할 수 있을 것이다.[18]

「독일적 건축예술에 대하여」에 담긴 괴테의 예술론이 지니는 역사적 의의와 영향은 건축예술 분야에 국한된 것이 아니다. 질풍노도 시기 괴테의 세계관과 예술관이 집약적으로 표현된 이 텍스트는 무엇보다도 독일 낭만주의, 표현주의 등 이후 등장하게 될 모든 반규범

---

17 이에 관해서는 위의 책, 주석(654 이하) 참조.

18 괴테의 글이 나온 이후 18세기 후반 독일 낭만주의 시기와 19세기 민족주의 시기를 거치면서 고딕 건축은 예찬을 넘어 숭배의 대상이 되었다. 이러한 조류의 연장선상에서 고딕 건축은 나치 시대에 게르만의 정신적 위대성을 선전하는 민족 이데올로기의 도구로 사용되기도 했다.

적인 예술운동의 사상적 특징을 함축적으로 예시하고 있다는 점에서 주목을 요한다. 이와 관련하여 앞에서 간략히 언급한 '개성적 예술'의 개념은 특별한 중요성을 지니는데, 특히 이 개념에 대한 괴테의 다음과 같은 설명은 오늘날의 예술에도 그대로 적용될 수 있을 만큼 현대적이다.

> 예술은 아름다운 것이기 이전에 이미 오랫동안 형상을 창조하는 것이었다. 그러면서도 그것은 진실하고 위대한 예술이었으며, 심지어 빈번히 아름다운 예술 자체보다 더 진실하고 위대한 예술이었다. 인간의 내면에는 형상을 창조하는 본성이 있어, 그의 생존이 안정되면 이것이 즉시 활동하기 때문이다, 걱정하고 두려워할 것이 없어지면 이 신을 닮은 존재는 즉시 안정 속에서 활동을 개시하여 자신의 정신을 불어넣을 소재를 찾아 주변에 손을 뻗는다. 야생의 인간은 대담한 형체와 끔찍한 형태와 강렬한 색채로 야자열매와 깃털과 자신의 신체를 치장한다. 이러한 조형놀이가 지극히 자의적인 형식으로 이루어졌다고 해도, 이것은 형태의 비례 없이도 조화를 이룰 것이다. 왜냐하면 느낌이 그것을 개성적인 전체로 만들어주기 때문이다. 오늘날 유일하게 진실한 예술은 개성적인 예술이다.(DB 13)

다소 긴 인용문을 여기에 제시한 것은 지금으로부터 240년 전에 청년 괴테가 쓴 이 글에 담긴 사상이 모더니즘이나 포스트모더니즘의 강령선언으로 제시해도 그대로 받아들일 수 있을 만큼 놀라운 시의성을 지니고 있기 때문이다. 주지하다시피 인상주의 이후 모더니즘 예술가들은 아름다움에 대한 기존의 관념 그리고 인습적인 선이나 형태를 거부하고, 자신들의 '개성'을 표현하는 것을 예술의 목표로 삼았다. 모더니즘 예술가들이 자신들의 과제로 삼았던 것은 인습적 기법을 완벽하게 체득하여 거장의 솜씨를 보여주는 것이 아니라 독창성을 추구하는 것이었다. 그리하여 그들은 "'품위 있는 주제'니 '균형 잡힌 구도'니 '정확한 소묘'니 하는 과거의 낡아빠진 허깨비들"을 내던지고 "오직 자기 자신의 감각에 대해서만 책임"을 지려 하였다.[19] "유럽 미술의 막다른 골목에서 빠져나오는 길을 모색"하는 이 과정에서 모더니즘 예술가들은 원시적이고 주술적인 아프리카 미술에 주목하여 그로부터 선과 색과 형상의 새로운 가능성을 찾았다.[20] 위에 인용한 괴테의 글은 모더니즘 예술이 전개되어나간 이러한 방향 전체를 그 안에 함축하고 있다.

「독일적 건축예술에 대하여」에 표명된 괴테의 예술론이 오늘날의 포스트모더니즘과 직접적으로 연결될 수 있다는 것은 다음의 예에서 실증된다. 이 텍스트에서 괴테는 "본보기보다 천재에게 더 해로운 것은 원칙"이고 "학파와 원칙은 인식과 활동의 모든 힘을 속박한다"(DB 9)[21]고 하며 당대의 문화와 예술 취향을 지배하고 있던 규범

---

19 에른스트 곰브리치, 『서양미술사』, 백승길/이종승 역, 예경 1999, 522쪽.

20 위의 책, 502, 503쪽 참조.

21 『젊은 베르테르의 슬픔』 5월 26일 자 편지의 마지막 부분에 나오는 다음과 같은 베르테르의 절규는 이러한 괴테의 언급과 직접적으로 연결된다. "오 친구들이여, 왜 천재의 물결이 분출하여, 홍수를 이루고 쏟아져 내려와 그대들의 영혼을 뒤흔들어 놓는 일이 이리도 희귀한 것이냐? 사랑하는 친구들이여, 천재의 물결 양쪽 언덕에는 범용한 신사 양반들이 살고 있어 자기들의 정자나 튤립 꽃밭이나 채마밭을 망치게 될까 봐 재빨리 둑을 쌓고 하천공사를 해서 장래에 닥쳐올 위험을 막고 있는 것이다."(이 인용문의 원문은 여기에서 굳이 제시하지 않고 이하의 원문 위치표시로 대신한다.) J. W. Goethe, *Die Leiden des jungen Werther*. *Goethes Werke* in 14 Bde., Bd. 6, *Romane*

미학의 폐단을 비판한다. 괴테에게 있어 천재란 자신의 예술의 규칙을 스스로 찾아내 만들어가는 자를 의미한다. 포스트모더니즘의 대표적 이론가 리오타르의 다음과 같은 주장은 괴테의 이러한 사상과 정확히 호환된다. "포스트모더니즘의 작가나 화가들은 철학자와 같은 위치에 놓여 있다. 즉 그가 집필하는 텍스트, 그가 만들어내는 작품은 원칙적으로 어떠한 기존의 규칙에 의해서도 지배당하지 않으며, 그것들은 또한 어떠한 결정적인 판단에 따라서, 즉 기존의 익숙한 범주를 텍스트나 작품에 적용함으로써 평가될 수 없다. 그러한 규칙이나 범주는 그 예술작품 자체가 추구하고자 노력하고 있는 것이다. 그렇다면 그 예술가나 작가는 '앞으로 행해질 것'에 관한 규칙들을 만들어내기 위해서 어떠한 규칙도 없이 작업하고 있는 셈이 된다."[22] 위에 인용한 괴테의 글과 리오타르의 글이 보여주는 내용상의 일치는 질풍노도 문예운동과 포스트모더니즘 사이의 긴밀한 내적 연관관계를 드러내 보여준다는 점에서 주목을 요한다. 이러한 사실은 결과로서의 모더니티를 올바로 비판하기 위해서는 출발선상의 모더니티에 눈길을 돌려야 한다는 것을 시사한다. 하지만 이에 대한 상세한 논급은 이 글의 범위를 벗어나므로 여기에서는 다만 위의 사실을 지적하는 것으로 만족하고자 한다.

이 텍스트가 지니는 또 하나의 중요한 문화사적 가치는 바이마르라는 도시와 괴테 자신의 이름으로 상징되는 이른바 괴테 시대의 위

---

und Novellen 1, Hamburger Ausgabe, 10. Aufl., München 1982, 16.

22 장 프랑수아 리오타르, 「포스트모더니즘이란 무엇인가」, 김욱동 편, 『포스트모더니즘의 이해』, 문학과 지성사 2004, 265-280쪽. 위의 인용은 279쪽.

대한 문화적 업적인 독일 신인문주의의 근본 사상과 핵심 개념이 괴테 청년기의 이 글 안에 이미 온전한 모습을 드러내고 있다는 데 있다. 앞에 길게 인용한 글에서 괴테는 "형상을 창조하는 본성"(bildende Natur)이 인간에게 있다고 말하면서 이것의 본질을 "활동적"(tätig)이라는 단어로 규정하고 있다. 이는 괴테가 평생 견지한 인간관과 세계관을 함축적으로 표현하고 있다는 점에서 주목을 요한다. 여기에서 'bildend'라는 단어는 이 텍스트에 빈번하게 등장하는 '형상'(Gestalt)이라는 단어와 연결되고, 'tätig'는 역시 빈번하게 등장하는 '힘'(Kraft)이라는 단어와 연관된다. 비가시적인 힘이 자연 안에 깃들어 있어 끊임없는 활동을 통해 가시적인 자연계를 창조해내듯이, 인간의 내면에도 동일한 힘이 깃들어 있어 인간을 부단히 활동케 하며, 인간이 창조해내는 가시적 형상들인 예술과 문화는 바로 그 소산이라는 것이 괴테의 세계관과 인간관의 바탕에 깔려 있는 근본 사상이다. 괴테가 평생에 걸쳐 조형예술(bildende Kunst)을 관찰하고 자연을 탐구하는 일에 많은 시간과 노력을 쏟아붓고, 이로부터 얻은 경험과 성찰을 자신의 문학작품으로 형상화했던 것은 그의 이러한 세계관에서 비롯된 것이었다. 그 독특한 함의로 인해 다른 나라 말로는 번역이 불가능한 'bilden'과 그 명사형인 'Bildung'은 그의 세계관에서 핵심을 이룬다. 자신을 괴테의 정신적 아들이라 여겼던 빌헬름 폰 훔볼트는 이와 관련하여 다음과 같이 말한 바 있다. "조형예술에 대한 그의 애착 및 소질과 얽혀 있는 괴테의 문학적 충동, 그리고 형상과 외적 사물을 자연대상의 내적 본질과 형성의 법칙으로부터 탐구하려는 그의 열망은 근본적으로 동일한 것으로서 결과적으로만 상이하게 나타날 뿐이다."[23] 여기에서 '조형예술'(bildende Kunst), '형상'(Gestalt), '형성'(Bildung)은 괴테의 내적 성향과 외적 지향의 핵심을 표현하는 단어들로 등장하고 있다.

인간과 자연의 내면과 외양을 매개하여 하나로 결합해주고 있는 '형상화'(Gestaltung)와 '형성'(Bildung)이라는 개념은 이후 독일의 근대문화와 근대교육의 핵심 용어로 자리 잡게 된다.[24] 에른스트 카시러가 독일의 신인문주의를 르네상스 이래 유럽 다른 나라들의 인문주의 전통과 구분시켜 주는 고유한 특성이 "형상화에의 의지"(Wille zur Gestaltung)에 있다고 지적하고,[25] 가다머가 독일 인문주의 전통의 핵심 개념들을 제시하면서 'Bildung'을 그 첫 번째 위치에 내세운 것[26]은 이 개념들이 독일 근대 시민문화에서 차지하는 중요한 위치를 예증한다. 바로 이 단어들을 중심으로 전개되고 있는 「독일적 건축예술에 대하여」는 이 용어들의 개념이 형성되어 가는 과정과 그 근원적 의미를 보여준다는 점에서 중요한 의미를 지닌다.

19세기를 거치면서 'Bildung' 개념은 독일 시민계층의 문화

---

23 Wilhelm v. Humboldt, *Rezension von Goethes 2. Römischem Aufenthalt. Gesammelte Schriften*, I, Werke VI, 1 Hälfte. "Goethes Dichtungstrieb, verschlungen in seinen Hang und seine Anlage zur bildenden Kunst, und sein Drang, von der Gestalt und dem äußeren Objekt aus dem inneren Wesen der Naturgegenstände und den Gesetzen ihrer Bildung nachzuforschen, sind in ihrem Prinzip eins und eben dasselbe und nur verschieden in Ihrem Wirken."

24 이에 관한 상세한 논의는 안성찬, 「전인교육으로서의 인문학-독일 신인문주의의 '교양'(Bildung) 사상」, 『인문논총』 제62집, 99-126쪽 참조.

25 Ernst Casssirer, Naturalistische und humanistische Begründung der Kulturphilosophie, in: *ders*, *Erkenntnis*, *Begriff*, *Kultur*, Hrsg. von Ranier A. Bast, Hamburg 1993, 245.

26 H.-G. Gadamer, *Wahrheit und Methode*, 5. Aufl., Tübingen 1986, 15.

와 교육제도의 근간으로 자리 잡았다. 그러나 시민계층이 지배계급의 위치로 부상하여 보수화하는 과정에서 시민사회의 고착화된 인습과 규범들이 이 단어의 개념에 점차 스며들었다. 그리하여 '형상의 창조'라는 이 개념의 원래 의미는 퇴색하고, 시민사회의 사교계에서 요구되는 '교양'이라는 어의가 이 단어의 일반적인 용법이 되기에 이르렀다. 이러한 용법의 대표적인 예로서 이른바 '교양시민계층'(Bildungsbürgertum)을 들 수 있을 것이다.[27] 19세기 말 이래로 교양시민계층은 고루하고 인습화된 규범적 가치의 대명사로서 당대 사상의 중요한 두 조류인 개인주의와 사회주의 양쪽으로부터 공격을 받았다. 속물적 교양에 물들어 개성을 상실한 "동시대인의 비소함"[28]을 비판하고 자신의 삶을 스스로 창조해나가는 주인이 되라고 요구하였던 니체는 전자를 대표하는 인물이다. 그리고 보수화된 시민사회에 대한 비판을 마르크스의 사상과 연결시켜 노동자 계층에게서 새로운 역사를 창조하는 활력을 기대하였던 게오르크 루카치와 에른스트 블로흐[29] 이래의 이른바 네오마르크스주의는 후자를 대표하는 사조였다. 어떤 의미에서 이 두 사조의 목표는 모두 인습적 규범이 되어버린 'Bildung'을 비판하고 '형상의 창조'라는 'Bildung'의 원래 이념을

27 독일 교양시민계층의 형성과정에 대한 논의는 Jürgen Kocka, Hrsg., *Bildungsbürgertum im 19. Jahrhundert*, Stuttgart 1989 참조.

28 프리드리히 W. 니체, 「이 사람을 보라」, 『니체 전집 15권』, 백승영 역, 책세상 2002, 323쪽.

29 에른스트 블로흐는 독일에서는 루카치만큼 중요한 사상가로 평가되는 반면, 국내에서는 루카치에 비교할 때 거의 주목을 받지 못했다. 블로흐의 핵심사상에 대한 소개는 안성찬, 「에른스트 블로흐의 희망의 철학-맑스주의와 기독교신학의 변증법」, 홍승용 편, 『변증법』(현대사상 7호), 현대사상연구소 2010 참조.

되찾으려는 데 있었다고 할 수 있다. 실제로 니체와 루카치는 모두 그들이 추구하는 창조적 인간상의 전형을 괴테에게서 발견하였다.[30]

우리 시대의 학문과 예술에서 주류 담론으로 부상한 포스트모더니즘도 고착된 인습이 강요하는 획일성에 저항하여 참된 개성의 가능성을 추구하는 것을 근본동기로 하고 있다. 이 점에서 포스트모더니즘은 질풍노도 이래로 일정한 시간 간격을 두고 나타났던 반규범적 문화운동의 연장선상에 있다. 역사적으로 이러한 운동은 신분사회에서 시민사회로, 시민사회에서 대중사회로의 사회적 변화에 직면하여, 이에 부응하는 문화운동으로서 등장했다. 기존의 문화제도가 의미 있는 창조의 가능성을 담보해주지 못하고 오히려 인간의 활력을 억누르는 화석화된 구각이 되어버렸을 때, 굳은 껍질을 파괴하여 새로운 창조의 가능성을 모색하는 운동이 생겨나는 것은 매우 자연스러운 현상이다. 다만 문제는 이러한 운동이 기존 전통의 반대 극단으로 달려가 과도한 자의성을 용인하는 위험성을 항상 내포하고 있다는 것이다. 방향성을 잃은 과도한 자의성으로 인해 결국 제풀에 지쳐 다시금 극단적인 보수의 방향으로 선회하는 사례들을 이 운동의 역사는 거듭 보여준 바 있다. 프리드리히 슐레겔을 위시한 독일 낭만주의자들이 메테르니히 체제하에서 '복고운동'(Restauration)의 사상적 종복으로 귀의하고, 고트프리트 벤을 위시한 표현주의자들이 나치와 그 지도자 히틀러에게서 구원의 가능성을 찾았던 것은 그 대표적 예

30 나치 시대 독일에서 국가철학자로 추앙되었던 니체와, 그를 나치 시대의 정신적 상황인 "이성의 파괴"를 초래한 원흉으로 지목하였던 루카치가 출발점과 지향점을 공유하고 있다는 것은 묘한 역설이다. Georg Lukács, *Die Zerstörung der Vernunft*, Berlin (Ost) 1954.

라고 할 수 있다. 오늘날의 포스트모더니즘 주변에서도 과도한 자의성의 폐단과 보수로의 복귀라는 도착된 현상이 적지 않게 발견된다.

괴테의 「독일적 건축예술에 대하여」는 이러한 폐단을 예방하는 처방을 이미 제시하고 있다는 점에서 주목을 요한다. 여기에서 괴테는 개성을 단호히 옹호하면서도 자의성을 결코 용인하지 않는 균형 잡힌 입장을 견지하고 있다. 단적인 예로서 그는 전통 미학의 규준인 비례 개념을 비판하지만, 이를 폐기하지 않고 오히려 이 개념에 새로운 차원을 부여한다. 즉 그는 기하학적 측량에 입각한 외적 비례 대신에 자연과 소통하는 감수성에 입각한 내적 비례를 예술의 새로운 원리로 제시함으로써 기존의 비례 개념을 심화하고 확장한다. 이는 자의성을 용인하여 예술가의 책임을 방기하는 것이 아니라, 자연의 비밀을 해독하여 이를 원리로 형상을 창조하라는 더욱 무거운 책임을 예술가에게 요구하는 것을 의미한다. 이러한 요구를 실현한 개성적인 예술, "어머니 자연"(DB 8)이 그런 것처럼 다양성 속의 통일을 이루어낸 "진실하고 위대한 예술"(DB 13)의 예를 그는 에르빈 슈타인바흐가 건축한 슈트라스부르크 대성당에서 발견하였다. 괴테는 이 천재 건축가가 대성당을 통해 그에게 계시한 체험을 이후 그의 예술의 원리로 삼았다. 그가 이 대성당에서 체험한 계시의 비밀은 '자의적이지 않은 개성'이었다. 이는 오늘날은 물론 앞으로도 문화와 예술의 근본 원리로 받아들여질 수 있을 것이며, 이 점에서 괴테의 첫 예술론 「독일적 건축예술에 대하여」에 담긴 사상은 언제까지나 시의성을 잃지 않을 것이다.

❁ 참고문헌

1차문헌

괴테, 『괴테 자서전 시와 진실』, 전영애/최민숙 역, 민음사 2009.

Goethe, J. W., *Schriften zur Kunst und Literatur. Maximen und Reflexionen. Goethes Werke* in 14 Bde., Bd. 12, Hamburger Ausgabe, 10. Aufl., München 1982.

Goethe, J. W., *Dichtung und Wahrheit. Goethes Werke* in 14 Bde., Bd. 9, Hamburger Ausgabe, 10. Aufl., München 1982.

Goethe, J. W., *Die Leiden des jungen Werther. Goethes Werke* in 14 Bde., Bd. 6, Romane und Novellen 1, Hamburger Ausgabe, 10. Aufl., München 1982.

2차문헌

곰브리치, 에른스트, 『서양미술사』, 백승길/이종승 역, 예경 1999.

니체, 프리드리히 W., 『이 사람을 보라』(니체전집 15권), 백승영 역, 책세상 2002.

리오타르, 장 프랑수아, 「포스트모더니즘이란 무엇인가」, 김욱동 편, 『포스트모더니즘의 이해』, 문학과 지성사 2004, 265-280쪽.

안성찬, 「에른스트 블로흐의 희망의 철학-맑스주의와 기독교신학의 변증법」, 홍승용 편, 『변증법』(현대사상 7호), 현대사상연구소 2010.

안성찬, 「전인교육으로서의 인문학-독일 신인문주의의 '교양(Bildung)' 사상」, 『인문논총』 제62집, 99-126쪽.

헤르더, 요한 고트프리트, 『인류의 교육을 위한 새로운 역사철학』, 안성찬 역, 한길사 2011.

헤르더, 요한 고트프리트, 『1769년 여행일지』, 김대권 역, 인터북스 2009.

헤르더, 요한 고트프리트, 『언어의 기원에 대하여』, 조경식 역, 한길사 2003.

Beutler, Ernst, *Goethes Hymnus "Von deutscher Baukunst". Entstehung und Wirkung*, München 1943. (Freies Deutsches Stift. Vorträge und Schriften. 4)

Casssirer, Ernst, *Naturalistische und humanistische Begründung der Kulturphilosophie*, in: *ders, Erkenntnis, Begriff, Kultur*, Hrsg. von Ranier A. Bast, Hamburg 1993.

Fink, G. L., *Von Winckelmann bis Herder. Die deutsche Klimatheorie in europäischer Perspektive*, in: *Johann Gottfried Herder 1744-1803*, Hrsg. von G. Sauder, Hamburg 1987.

Gadamer, Hans-Georg, *Wahrheit und Methode*, 5. Aufl., Tübingen 1986.

Herder, J. G., u. a., *Von deutscher Art und Kunst-Einige fliegende Blätter*, Hrsg. von H. D. Irmscher, Stuttgart 1999.

Knopp, Norbert, *Zu Goethes Hymnus "Von deutscher Baukunst"*, DVjs. 53, 1979, 617-650.

Kocka, Jürgen, Hrsg., *Bildungsbürgertum im 19. Jahrhundert*, Stuttgart 1989.

Lukács, Georg, *Die Zerstörung der Vernunft*, Berlin (Ost) 1954.

Schmidt, Jochen, *Die Geschichte des Genie-Gedankens in der deutschen Literatur, Philosophie und Politik 1750-1945*, Bd. 1, Darmstadt 1985.

Szondi, Peter, *Poetik und Geschichtsphilosophie I*, 5. Aufl., Frankfurt a.M. 1991.

❁ 이 책에 대한 주요 연구 목록

Arbusow, Leonid, Herder und die Begründung der Volksliedforschung im deutsch-baltischen Osten, in: *Im Geister Herders*, Gesammelte Aufsätze zum 150. Todestage J. G. Herders, Hrsg. von Erich Keyser, Kitzingen 1953. (Marburger Ostforschungen 1, 129-256)

Belhalfaoui, Barbara, Johann Gottfried Herder: Shakespeare-Ein Vergleich der alten und der modernen Tragödie, in: *Deutsche Vierteljahrsschrift für Literaturwissenschaft und Geistesgeschichte* 61 (1987), 89-124.

Beutler, Ernst, *Goethes Hymnus "Von deutscher Baukunst". Entstehung und Wirkung*, München 1943. (Freies Deutsches Stift. Vorträge und Schriften 4)

Böckmann, Paul, Der dramatische Perspektivismus in der deutschen Shakespearedeutung des 18. Jahrhunderts. Ein Stück Selbstverständnis des handelnden Menschen, in: *Vom Geist der Dichtung. Gedächtnisschrift für Robert Petsch*, Hrsg. von Fritz Martini, Hamburg 1949, 65-119.

Fischer-Lamberg, Hanna, *Der junge Goethe*, Neu bearbeitete Ausgabe in fünf Bänden und einem Registerband, Hrsg. von H. Fischer-Lamberg, Berlin 1963-1974.

Gillies, Alexander, *Herder und Ossian*, Berlin 1933. (Neue Forschungen 19)

Gundolf, Friedrich, *Shakespeare und der deutsche Geist*, 2. Bde., Godesberg 1928. (Zahlreiche Auflagen bis zur Gegenwart)

Haym, Rudolf, *Herder. Nach seinem Leben und seinen Werken*, 2 Bde., Berlin

1880-1885, Neudr., Berlin 1954.

Irmscher, Hans Dietrich, Grundzüge der Hermeneutik Herders, in: *Bückeburger Gespräche über Johann Gottfried Herder 1971*, Hrsg. von Johann Gottfried Maltusch, Bückeburg 1973. (Schaumburger Studien 33)

Irmscher, Hans Dietrich, Goethe und Herder im Wechselspiel von Attraktion und Repulsion, in: *Goethe-Jahrbuch* 106 (1989), 22-52.

Kindermann, Heinz, *Von deutscher Art und Kunst*, Hrsg. von H. Kindermann, Leipzig 1935 (Deutsche Literatur, Sammlung literarischer Kunst- und Kulturdenkmäler in Entwicklungsreihen, Reihe Irrationalismus 6), Reprogr. Nachdr., Darmstadt 1968.

Kleinau, Anneliese, *Herders Volksliedbegriff*, Diss., Marburg 1945. (Masch.)

Lambel, H., *Von deutscher Art und Kunst*, Hrsg. von H. Lambel, Stuttgart 1892. (Deutsche Literaturdenkmale 40, 41)

Lugowski, Clemens, Der junge Herder und das Volkslied, in: *Zeitschrift für deutsche Bildung* 14 (1938), 265-277.

Pascal, Roy, *Der Sturm und Drang*, Autorisierte deutsche Ausgabe von Dieter Zeitz und Kurt Mayer, Stuttgart 1963.

Schneider, Ferdinand Josef, *Die deutsche Dichtung der Geniezeit*, Stuttgart 1952. (Epochen der deutschen Literatur 3,2)

Schöffler, Herbert, Ossian. Hergang und Sinn eines großen Betrugs, in: H. Schöffler, *Deutscher Geist im 18. Jahrhundert. Essays zur Geistes-und Religionsgeschichte*, Hrsg. von Götz von Selle, Göttingen 1956, 135-154.

Steig, Reinhold, Herder: Auszug aus einem Briefwechsel über Ossian und die Lieder alter Völker. Shakespeare, Hrsg. von R. Steig, in: *Herders sämmtliche Werke*, Hrsg. von Bernhard Suphan, Bd. 5, Berlin 1891.

Steinen, Wolfram von den, Mittelalter und Goethezeit, in: *Historische Zeitschrift* 183 (1957), 249ff.

Sturm und Drang, *Kritische Schriften* (Plan und Auswahl von Erich Loewenthal, Anmerkungen und Register von Lambert Schneider und Waltraut

Schleuning), Heidelberg 1949.

Trunz, Erich, Goethe. Von deutscher Baukunst, in: *Goethes Werke in vierzehn Bänden*, Hrsg. von E. Trunz, Hamburg 1948-1960 (Hamburger Ausgabe), Bd. 12, Textkritisch durchges. von Erich Trunz und Hans Joachim Schrimpf, Komm. von Herbert von Einem und Hans Joachim Schrimpf, Hamburg 1953, 9. neubearb. Aufl., München 1981.

Wolffheim, Hans, *Die Entdeckung Shakespeares. Deutsche Zeugnisse des 18. Jahrhunderts*, Hrsg. von H. Wolffheim, Hamburg 1959.

❁ 찾아보기

안성찬

서강대학교에서 독어독문학을 전공하였고, 독일 레겐스부르크 대학에서 독문학, 철학, 고전어, 예술사를 수학한 후, 서강대학교에서 문학박사 학위를 취득했다. 서강대, 연세대, 중앙대 등 여러 대학에서 강의하였으며, 현재 서울대학교 인문학연구원 부교수로 재직 중이다. 독일의 근현대 문예사상을 연구하고, 번역을 통해 독일의 문학과 사상을 소개하며, 독일 통일의 경험을 한반도 통일의 전망과 연결하는 일에 연구 중점을 두어왔다. 이러한 연구의 성과로 『이성과 감성의 평행선』, 『숭고의 미학』, 『변화를 통한 접근』(공저) 등 10여 권의 저서와 헤르더의 『인류의 교육을 위한 새로운 역사철학』, 니체의 『즐거운 학문』, 가이젠한스뤼케의 『문학이론 입문』(공역) 등 15권의 번역서, 그리고 다수의 논문을 펴냈다.

❁ 문명총서 발간사

서울대학교 인문학연구원은 2007년 11월 한국연구재단의 인문한국(HK) 사업을 수탁하여 HK문명연구사업단을 출범시켰다. 한국과 아시아, 세계를 향한 문명연구의 허브를 구축하기 위해 '한국 인문학'의 정립을 목표로 인문학 제 분야는 물론 인근 분야의 전공자들까지 한 지붕 아래 모였다.

인문학연구원이 한국 인문학의 도약을 위해 핵심과제로 주목한 것은 문명에 대한 새로운 이해이다. 문명이란 장구한 세월 동안 인류가 일구어 낸 정신적·물질적 성과들의 종합이며, 타 문명들과 서로 영향을 주고받으며 진화해 온 복합적 실체이다. 이에 대한 심층적인 이해가 선행되지 않는다면, 현재와 미래에 대한 유효적절한 준비와 대응은 불가능하다.

'문명텍스트총서'는 인문학 안팎의 다양한 전공을 가진 우리 연구원의 연구자들이 자신의 영역에서, 과거와 현재 문명의 정수와 그에 대한 인식을 담은 중요한 텍스트를 선정하여 번역하고 주해한 결과물이다. 이는 긴 시간의 노동을 요하면서도 성취가 단기간에 가시화되지 않는 우직한 작업이지만, 인류의 유산을 한국화하는 이 같은 작업이 주체적으로 세계문명을 사유하고 새로운 문명을 개척하는 데 발판이 되리라고 믿는다. 문명텍스트총서가 현재와 과거를 엮는 씨줄 놓기 작업이라면, 문명공동연구총서는 인간과 세계를 총체적으로 이해하려는 날줄 얽기라고 할 수 있다. 오랫동안 자신의 분야에서 전문화를 추구했기에 공동연구가 쉬운 일은 아니지만, 문명 이해의 융합적 시각뿐만 아니라 한국 인문학의 새로운 전망을 써 내려가는 방법론을 제시할 수 있기를 희망한 결과물이다. 또한 문명지평총서는 연구원 안팎의 연구자들이 참여한 연구서와 교양서를 아우르고 있다.

아무쪼록 문명총서 시리즈가 동서고금의 문명을 더 깊고 더 넓게 이해하는 창발의 효과를 가져오길 기대하며, 국내외의 학자들이 참여하고 교류하는 열린 연구공간이 되길 바란다.

2014년 4월

서울대학교 인문학연구원 원장